高职高专教育法律类专业教学改革试点与推广教材

法学基础与宪法

（第二版）

杨德志　主编

清华大学出版社
北京

内 容 简 介

为了适应高职高专教育法律类专业教学改革和建设的需要,根据专业人才培养目标和课程标准,遵循高职学生自身的认知规律和理论教学必须够用的原则,本书结合近年来有关专业人才培养模式和法律基础理论课程教学模式改革实践,以未来基层法律事务工作者的预设职业岗位(群)就业者的学习主体需求为视角,以培养完成相应工作岗位的任务要具备的职业能力为主线,以有利于基本法律职业素养的形成,以切实能为后续的法律专业课程学习打好基础来构建学习内容、设计学习单元。

本书分为两大部分:第一部分紧扣社会、人、法律三者关系及法律创制和实施的基本问题阐述法的基础理论知识,包括社会现象与法律现象、社会行为与法律行为、社会规范与法律规范、社会关系与法律关系、法律的创制、法律的实施、社会主义法治理念;第二部分紧扣公民与国家两者关系及宪法的创制和实施的基本问题阐述宪法的基础知识,包括社会发展与宪法、公民与国家、国家的基本制度、国家权力、国家标志。

图书在版编目(CIP)数据

法学基础与宪法 / 杨德志主编. --2 版. --北京:清华大学出版社,2014(2023.9重印)
(高职高专教育法律类专业教学改革试点与推广教材)
ISBN 978-7-302-36557-0

Ⅰ. ①法… Ⅱ. ①杨… Ⅲ. ①法学－高等职业教育－教材 ②宪法－中国－高等职业教育－教材 Ⅳ. ①D90 ②D921

中国版本图书馆 CIP 数据核字(2014)第 112341 号

责任编辑:王巧珍
封面设计:傅瑞学
责任校对:宋玉莲
责任印制:刘海龙

出版发行:清华大学出版社
    网   址:http://www.tup.com.cn,http://www.wqbook.com
    地   址:北京清华大学学研大厦 A 座   邮   编:100084
    社 总 机:010-83470000   邮   购:010-62786544
    投稿与读者服务:010-62776969,c-service@tup.tsinghua.edu.cn
    质量反馈:010-62772015,zhiliang@tup.tsinghua.edu.cn
印 装 者:三河市铭诚印务有限公司
经   销:全国新华书店
开   本:185mm×230mm   印   张:16.5   字   数:336 千字
版   次:2009 年 7 月第 1 版 2014 年 6 月第 2 版   印   次:2023 年 9 月第 10 次印刷
定   价:42.00 元

产品编号:058124-02

总 序

FOREWORD

我国高等职业教育已进入了一个以内涵式发展为主要特征的新的发展时期。高等法律职业教育作为高等职业教育的重要组成部分，也正经历着一个不断探索、不断创新、不断发展的过程。

2004年10月，教育部颁布《普通高等学校高职高专教育指导性专业目录（试行）》，将法律类专业作为一大独立的专业门类，正式确立了高等法律职业教育在我国高等职业教育中的重要地位。2005年12月，受教育部委托，司法部牵头组建了全国高职高专教育法律类专业教学指导委员会，大力推进高等法律职业教育的发展。

为了进一步推动和深化高等法律职业教育的改革，促进我国高等法律职业教育的类型转型、质量提升和协调发展，全国高职高专教育法律类专业教学指导委员会于2007年6月，确定浙江警官职业学院为全国高等法律职业教育改革试点与推广单位，要求该校不断深化法律类专业教育教学改革，勇于创新并及时总结经验，在全国高职法律教育中发挥示范和辐射带动作用。为了更好地满足政法系统和社会其他行业部门对高等法律职业人才的需求，适应高职高专教育法律类专业教育教学改革的需要，该校经过反复调研、论证、修改，根据重新确定的法律类专业人才培养目标及其培养模式要求，以先进的课程开发理念为指导，联合有关高职院校，组织授课教师和相关行业专家，合作共同编写了"高职高专教育法律类专业教学改革试点与推广教材"。这批教材紧密联系与各专业相对应的一线职业岗位（群）之任职要求（标准）及工作过程，对教学内容进行了全新的整合，即从预设职业岗位（群）之就业者的学习主体需求视角，以所应完成的主要任务及所需具备的工作能力要求来取舍所需学习的基本理论知识和实践操作技能，并尽量按照工作环节或流程，以典型案件、执法项目、技术应用项目、工程项目、管理现场等为载体，重新构建各课程学习内容、设计相关学习情境、安排相应教学进程，突出培养学生一线职业岗位所必需的应用能力，体现了课程学习的理论必需性、职业针对性和实践训练性要求。

　　这批教材无论是形式还是内容，都以崭新的面目呈现在大家面前，它在不同层面上代表了我国高等法律职业教育教材改革的最新成果，也从一个角度集中反映了当前我国高职高专教育法律类专业人才培养模式及教学模式改革的新趋势。我们深知，我国高等法律职业教育举办的时间不长，可资借鉴的经验和成果还不多，教育教学改革任务艰巨；我们深信，任何一项改革都是一种探索、一种担当、一种奉献，改革的成果值得我们大家去珍惜和分享；我们期待，会有越来越多的政法院校能继续深化教育教学改革，在教材建设等方面不断取得新的突破、获得新的成果、作出新的贡献。

全国高职高专教育法律类专业教学指导委员会

2008 年 9 月

修订说明

《法学基础与宪法》出版已经将近 5 年了,为了更好适应全国高等法律职业教育改革的需要,根据党的十八大和十八届三中全会精神与高等职业教育的宗旨,结合高等法律职业教育相关专业人才培养目标与培养要求,我们对《法学基础与宪法》教材的部分内容进行了修订。修订内容包括:从结构方面调整了一些先导和后续的相关知识;根据时代发展,更新了部分内容,如学习单元 6 中的"六五"普法,学习单元 10 增加的"混合所有制经济"等。本教材的体例和内容仍分为两大部分,共 12 个学习单元。

第一部分为法学基础知识。以作为社会现象之一的法律现象为切入点,确立了社会现象与法律现象、社会行为与法律行为、社会规范与法律规范、社会关系与法律关系、法律的创制、法律的实施、社会主义法治理念 7 个学习单元。

第二部分为宪法基础知识。以公民与国家的关系为脉络,构建了社会发展与宪法、公民与国家、国家的基本制度、国家权力、国家标志 5 个学习单元。

在《法学基础与宪法》这部教材的编写过程中,我们参阅、吸收、采纳的许多专家、学者的著述以及引用的一些相关资料,有的列于章后参考书目中,有的疏于呈列,在此我们一并向有关专家、学者致谢!

编写分工:

闵 敏(浙江警官职业学院教授)编写:学习单元 1;

杨德志(浙江警官职业学院副教授)编写:学习单元 6 之 一、二、三、四,学习单元 10 之二(三)、三、四、五,学习单元 11 之一;

郭 菲(浙江警官职业学院应用法律系讲师、课程建设负责人)编写:学习单元 2,学习单元 3;

柳 捷(浙江警官职业学院兼职副教授、浙江通纬律师事务所律师)编写:学习单元 4,学习单元 5,学习单元 6 之五,学习单元 11 之三;

郑曙鸣(中共浙江省委政法委员会基层处处长)编写：学习单元 7；

赵保胜(浙江警官职业学院教授)编写：学习单元 8，学习单元 10 之二(一)、(二)、(四)、(五)；

郑 艳(浙江警官职业学院讲师)编写：学习单元 9，学习单元 10 之一，学习单元 11 之二；

童付章(浙江警官职业学院副教授)编写：学习单元 10 之六、学习单元 12。

沈 波：附录。

杨德志担任主编并负责统稿，沈波负责编辑、文字校对。

本教材由浙江警官职业学院副院长金川教授审定。

由于编者水平和掌握的资料有限，加之时间短促，教材中的缺点和疏漏、谬误在所难免，敬请读者斧正。

编者

2014 年 4 月修订于杭州

目 录
CONTENTS

学习单元1 社会现象与法律现象

学习目的与要求

了解社会现象、法的现象和法律现象等方面的知识；明确法的现象和法律现象与一般社会现象的区别；充分认识学习和研究法的现象和法律现象对解决社会矛盾、促进社会发展的重要性。

学习重点与提示

法产生的原因；法的概念和特征；法的本质。

一、社会现象

现象是事物的外部联系和表面特征，是事物的外在表现。它能被人的感觉器官所感知。它按照是否有自然属性分为自然现象和社会现象。

社会一是指由一定的经济基础和上层建筑构成的整体，即社会形态如原始社会、奴隶社会、封建社会、资本主义社会、社会主义社会等；二是指由共同的物质条件和生活方式而联系起来的人群。它是和自然界相对应的一个概念，专指人类的存在和组织形式。

社会现象是人类社会在存在和发展中表现出来的一系列表面特征。它包括社会存在和社会意识。社会存在即社会物质生活方面，如地理环境、人口因素、物质资料生产方式等；社会意识即社会生活精神方面，如政治法律思想、艺术、道德、宗教、哲学、科学以及风俗习惯等。

二、法律现象

法律是指国家立法机关依照法定权限和程序制定的具有国家强制力的规范性文件的总称。

法律现象是全部法律上层建筑现象的泛称，包括法及因法而存在或取得法律意义的一切社会现象。如因诉讼法存在而产生的在司法人员、当事人、律师之间的诉讼关系和诉讼活动中的法律行为，在生产中人们遵行的技术规范经过国家制定或认可为国家技术法规而使有关人员的关系和行为具有了法律意义，这些关系和行为便构成法律现象。在法律创制和实施过程中会产生大量的法律现象，如各种法律意识、法律制度、法律规范、法律机关、法律事实、法律行为、法律关系、法的使用、法律保护、法律制裁等。

法律现象是法的现象与法的本质相统一的法律整体现象。

（一）法的现象

法的现象就是法的外在表象。法作为一种社会现象，是人类社会发展到国家阶段的产物。在此之前，人类社会经历了数百万年之久的没有国家和法的原始社会时期。

1. 法的现象的演变

（1）原始社会的生产方式、社会组织和行为规范

在原始社会里，社会生产力发展水平极端低下，大家共同占有生产资料、共同劳动、平均分配，没有私有制、剥削和阶级，也没有国家和法。在原始社会，社会组织只有以血缘关系为基础的氏族组织。氏族之上还有胞族、部落、部落联盟。氏族有议事会，经选举产生的酋长和军事首领。但氏族并不是国家，氏族首领也不是阶级社会中的国王和总统。氏族首领由选举产生，随时可以撤换，只负责处理内部日常事务和领导对外战争，没有任何特权。那时，有调整人们行为的规则（社会规范或习惯），它是与图腾、道德、宗教规则联系在一起的。

原始社会没有国家，也没有法律，却是一个有秩序的社会。维护社会秩序的力量除了氏族组织外，还有为人们共同遵循的、带有一定强制性的行为规范，即氏族习惯。原始社会氏族习惯的产生，经过了漫长的历史演化，是一个由低级到高级、由简单到相对复杂的过程。

① 禁忌。禁忌的产生首先来源于原始人对"超自然神秘力量"的认识和崇拜。与此相适应，最早出现的原始人类的禁忌多带有禁止性规定的特点，而原始的禁忌就成为人类后世社会的一切规范（包括道德、宗教、法律）的总源头。原始社会的人类，在其与自然和相互之间交际中发现，某些特定的现象、事物和人本身，附着一种神秘的"灵力"，而成为似"魔鬼的"、"不洁的"或"神圣的"、"不可接触的"对象。这种原始的观念就形成了原始人心中的禁忌物，并由此产生了人类历史上最早的禁忌。食物和性的禁忌，被看作是人类社会最早的禁止性规定。

② 图腾崇拜。图腾就是标志或象征某一群体或个人的一种动物、植物或其他物体。图腾崇拜是指相信人与某一图腾有亲缘关系或相信一个群体、个人与某一图腾有神秘关

系的信仰。图腾崇拜是随着氏族社会的出现而同时产生的,是氏族社会的自然崇拜。图腾崇拜的规范主要体现为原始人对图腾的行为、食用、称谓(语言)及婚姻的禁忌规定,如禁止直呼图腾之名,禁止观瞻图腾物,属于同一图腾群体的氏族男女成员之间禁止通婚等。一旦有人触犯氏族的图腾禁忌,则可能被处以忏悔、献祭或驱逐出氏族。这种伴随人类惩罚的禁止性规范,是后世一切惩罚性规范的萌芽。

③ 复仇。复仇是指被害人或其亲属对加害人所采取的报复行为。它是人的自卫本能的体现。随着氏族社会的逐渐形成,复仇变成了受害者的整个家庭或整个氏族的集体行动,成为整个家庭或整个氏族的共同义务。复仇经历了由简单到复杂、由非理性到理性的发展过程。起初为血族复仇,即被害的整个氏族向加害的氏族施以报复。后为血亲复仇,即被害人近亲属对加害人近亲属进行报复。最后发展成同态复仇,即以大体相当的程度、方式和数量对加害行为实施的报复,也就是所谓的“以眼还眼,以牙还牙”。

④ 其他的氏族习惯。随着原始社会的发展,到了母系氏族社会晚期以后,除了复仇习惯外,原始氏族的习惯还包括:有关氏族酋长或军事首领的推选和撤换;氏族内禁止通婚;氏族成员财产的相互继承;外族人的收养和接纳;宗教节日和宗教仪式的举行;氏族议事会的活动,等等。

法的现象是在原始氏族习惯的基础上逐渐演变发展而来的。然而,法的现象毕竟不是氏族习惯的简单延续,两者还存在着较大的区别。

第一,体现的意志不同。法是在阶级社会的经济基础之上产生和存在的上层建筑,法体现了在社会中占主导地位的统治阶级的意志,维护和发展有利于统治阶级的社会关系和社会秩序;而氏族习惯是在原始公有制的经济基础之上产生和存在的上层建筑,代表全体氏族成员的共同意志。

第二,产生的方式不同。法是由国家制定和认可的,它的产生是一个比较自觉的过程;而氏族习惯不是由特殊机关制定和认可的,而是人们在长期的共同劳动和共同生活过程中自发形成的。

第三,适用范围不同。法的适用范围是以属地主义为基础的,一般适用于一国或一定地域中的所有居民,即适用于国家权力管辖范围内的所有居民;而氏族习惯的适用范围以属人主义为基础,适用于具有血缘关系的同一氏族或部落的所有成员,不以地域划分为标准。

第四,实施方式不同。法是由国家的强制力,即警察、法庭、监狱和各种强制力量作为后盾来保证其实施的;而氏族习惯是依靠当事人的自觉、舆论和氏族首领的威望来保证其实施的。

总之,在原始社会氏族(尤其是母系氏族)制度下,没有私有制、阶级、国家,自然也没有军队、警察、监狱和法庭,“一切争端和纠纷,都由当事人的全体即氏族或部落来解决;……在大多数情况下,历来的习俗就把一切调整好了”(《马克思恩格斯选集》,第4

卷,92 页,北京,人民出版社,1972)。

（2）奴隶制社会的法

奴隶制社会的法是人类社会最早出现的剥削阶级类型的法,是随着原始社会解体,私有制、阶级、国家的产生而产生的,是在氏族制度的废墟上建立起来的。其中,比较典型的有古代的埃及、巴比伦、印度、希腊、罗马及中国的法。

奴隶制社会的法是奴隶主阶级意志的体现,这是由奴隶制社会的物质条件,特别是经济基础决定的。在奴隶制社会,奴隶主不仅占有生产资料,而且还占有生产者——奴隶本身;奴隶主阶级不仅支配社会生产,而且还占有全部劳动产品;奴隶从事繁重的劳动,没有独立的人格,奴隶不被当人看待。由此决定了奴隶制社会最基本的阶级关系为奴隶主与奴隶两大阶级的对立和斗争。奴隶主阶级在政治、经济和文化领域都占据着绝对的统治地位,因此,奴隶制社会的法自然是奴隶主阶级意志和利益的体现,目的在于维护有利于奴隶主阶级的社会关系和社会秩序。奴隶制社会的法具有以下基本特征。

① 公开确认奴隶主对奴隶的人身占有。奴隶主对奴隶的人身占有,是奴隶制生产方式最突出的特征。奴隶在法律上是没有人格的,被视为纯粹的财产。因此,他们不能享有任何权利,只能成为权利客体,可以像财产一样,由主人任意处置,包括出卖或处死。

② 公开确认自由民在法律上的不平等。自由民是除奴隶之外的一切居民的通称,包括奴隶主、商人、独立经营的农民、手工业者、外来人等。自由民之间的法律地位完全不同,等级越高特权越多、义务越少,只有奴隶主才是社会的全权公民。

③ 刑罚特别野蛮残酷。奴隶社会是刚刚脱离了蒙昧状态的社会,这就决定了奴隶制社会的法必然带有野蛮残酷的特点。这一特点主要表现在两个方面:一是死刑范围非常广泛;二是制裁手段极端残忍。

④ 明显带有原始习惯的残余。奴隶制社会是从原始社会脱胎而来的,其政治、经济和法律制度不可避免地带有原始社会规范的残余。

（3）封建制社会的法

封建制社会的法是继奴隶制社会的法之后又一以私有制为基础的剥削阶级类型的法。封建制社会的法的典型是西欧中世纪封建制社会的法和中国封建制社会的法。封建制社会的法是封建主阶级意志的体现。封建社会的经济基础是地主或领主占有土地和部分占有农民或农奴,以地租形式进行剥削。由此决定了封建社会的基本阶级关系是地主（领主）阶级和农民（农奴）阶级的斗争。地主阶级占据了政治、经济、文化领域的统治地位,农民阶级是被统治阶级。地主阶级同农民阶级的矛盾是封建社会内部各种阶级矛盾中的主要矛盾。封建制社会的法必然体现封建主阶级的意志。封建制社会的法具有以下基本特征。

① 确认和维护封建社会的生产关系。封建制社会的法严格保护封建土地所有制,保护封建租税关系,严格维护地主对农民的剥削关系和封建社会的经济秩序。严格保护封

建私有财产,特别是严惩偷盗行为。

②维护封建等级特权,君主的地位高于一切。地主阶级是封建社会中的特权阶级。根据地主阶级对土地的占有程度不同以及政治地位不同,形成了一个从皇帝到诸侯、家臣和一般地主的"金字塔"式的等级,并按照这些等级来确定他们的权力和地位。在封建社会皇权至高无上,不受法律限制。

③刑罚严酷、野蛮擅断。封建制社会的法在刑罚的严酷程度上只是稍次于奴隶制社会的法。法的刑罚种类繁多,手段残暴。侮辱刑、肉体刑和恐怖痛苦的死刑执行方法在各个封建制法律制度中普遍存在。

(4) 资本主义社会的法

资本主义社会的法是人类历史上最后一个私有制类型的法,它是建立在资本主义经济基础之上的法,是与以资本家占有生产资料并剥削雇佣劳动者为基础的经济制度相适应的法。因此,资本主义社会的法体现和反映了资产阶级的意志和利益。为了缓和阶级冲突,发展资本主义经济和维护社会秩序,资本主义社会还制定了不少有关调整经济、文化关系和社会公共事务的法律,但根本上还是对工人阶级和广大劳动人民实行统治,维护有利于资产阶级的社会关系和社会秩序。资本主义社会的法具有以下基本特征。

①确立了私有财产神圣不可侵犯原则。这一原则是所有资产阶级宪法的一项基本原则,也是资产阶级法律制度的核心。因为私有财产是资本主义社会的物质生活条件,不维护它,资本主义法本身就没有赖以生存的基础。按照这一原则,人们对自己的财产具有占有、使用、处分的绝对权利,任何人非经所有权人许可不得干涉其行使财产权。法律保护私有财产不受他人侵犯,而且国家、政府也不得任意侵犯、剥夺他人财产。

②确立了契约自由原则。资本主义经济是商品经济,商品经济的一个根本特征是要求商品能够自由流通和买卖。资本主义商品经济如要自由发展,就需要契约自由。早期资本主义国家法律一般都有契约自由的规定,反对国家和法律直接干预经济生活,鼓励自由竞争。人们享有订立契约的绝对自由,政府不得干预。契约成为人们行使财产权的基本形式,国家在经济活动面前是消极的。

当资本主义由自由竞争进入到垄断时期后,国家加大了对经济生活的干预,私有财产神圣不可侵犯及契约自由原则都发生了一定的变化,受到一定的限制。

③确立了法律面前人人平等的原则,维护资产阶级人权。法律面前人人平等包括三方面的基本内容。其一,所有自然人的法律人格(权利能力)一律平等,这种权利能力生而具有,它实际上就是人权。其二,所有公民都具有平等的基本法律地位。"公民"这一法律称呼代表着一种法律地位,它与基本权利和义务相联系。在一国主权管辖范围内,任何人只要具有公民资格,就与其他公民享有平等的权利,应履行平等的义务。其三,法律平等地对待同样的行为,法律在对行为施加保护和惩罚时,只关注行为的性质和后果,而不关注行为人的身份(张文显主编:《法理学》,184 页,北京,高等教育出版社,2003)。

（5）社会主义社会的法

社会主义社会是建立在社会主义经济基础之上的社会形态,它是人类历史上由劳动者作为统治阶级的社会。社会主义社会的法是社会主义国家意志的体现,它反映的是工人阶级领导的最广大人民的意志。以中国为代表的社会主义法具有以下基本特征。

① 阶级性与人民性的统一。我国社会主义法从本质上来说仍然有阶级性,它体现了工人阶级领导的广大人民群众的共同意志和利益。正因为它代表了绝大多数人的意志和利益,所以它具有广泛的人民性,这也是它与其他历史类型的法的区别所在。

② 权利确认与权利保障的统一。我国社会主义法是建立在社会主义经济基础之上的,因此,它不仅使公民的权利得到平等的确认,还给这些权利的实现提供了大体平等的保障条件。在奴隶制和封建制社会,广大人民在法律上不能享有与少数统治阶级和其他特权阶层平等的权利;而在资本主义社会,保障权利得以实现的各种资源却被按严重的不平等方式加以分配和占有。

③ 一国与两制的统一。香港、澳门回归祖国后,在一个中国的前提下,形成了一个以大陆社会主义法律制度为主体,在香港实行具有英美法系传统的资本主义法律制度,在澳门实行具有大陆法系传统的资本主义法律制度的格局。

④ 国情与公理的统一。在当代世界政治、经济格局下,中国是一个社会主义国家、发展中国家、人口大国、具有悠久文明历史的东方古国,这是中国的特殊国情。当代中国的法首先反映了中国的国情。同时,中国又是在社会主义制度下实行市场经济和民主政治的国家,市场经济和民主政治都具有内在的一般规律,中国社会主义法也必须反映这些规律(社会主义法的基本特征的观点,来源于葛洪义主编:《法理学》,357-358 页,北京,中国人民大学出版社,2003)。

2. 法的现象产生的原因

（1）经济根源

法起源的根本原因是社会生产力的发展。在原始社会末期,由于生产工具的改进,尤其是金属工具的使用,使生产力水平有所提高。生产的发展引起了社会分工和交换的出现。原始社会曾经先后出现过三次社会大分工,即畜牧业和农业的分工、手工业和农业的分工以及商业的出现。社会分工的结果,引起原始部落之间的物物交换。在物的交换过程中,氏族代表将氏族财产转归己有成为可能,私有财产具备了存在的土壤,氏族内部出现了贫富分化。新的经济关系需要有新的行为规范来规制,氏族习惯就逐渐被新的规则所代替。这种反映的不再是全体氏族成员意志而首先是一部分人的意志的规则就是法。

（2）政治根源

随着社会生产力的发展,社会分工以及生产与交换的发展,部落之间战争的加剧,导致社会上逐渐出现了本族人和外族人、富人和穷人、剥削者和被剥削者、奴隶和奴隶主。在这种情况下,经济上占统治地位的集团(阶级),为了维护其集团(阶级)统治,不仅需要建立国家政权,而且需要制定新的社会规范来规制人们的行为,使人们的行为符合统治集团(阶级)的利益。这种新的社会规范就是法。

（3）社会文化根源

社会的发展和人类文明的进步,使人们不再自发适应传统的习惯,而是在认识自然法则的基础上主动选择和创造社会规范。文学、艺术、科学和哲学的产生和发展,丰富了人们的精神生活,原始社会一些非理性的氏族习惯已经不能适应人的精神状态的变化。语言的发达和文字的发明,为制定法律规则奠定了基础。

（二）法的本质

法的本质是相对于法的现象的范畴。法的本质问题是过去若干年中国法学所特别关注的一大主题。我们认为,法的本质应该表述为如下内容。

1. 法首先要体现执政阶级的意志

法是由执政阶级所掌握的国家政权机关制定、认可并运用国家强制力保证实施的,它首先并且主要体现执政阶级的意志。执政阶级从来都注意使本阶级的某些意志通过国家政权上升为法,用以建立、维护和发展有利于自己的社会关系和社会秩序,维护对自己有利的经济、政治和其他各项制度。在阶级对抗的社会,执政阶级是统治阶级,法所体现的意志首先且主要是统治阶级的意志。在社会主义社会,执政阶级是工人阶级以及人民内部其他各阶级,法所体现的意志则表现为工人阶级和广大人民的意志。

法体现执政阶级的意志,是指体现阶级对抗社会中整个统治阶级的共同意志或社会主义社会人民的共同意志,而不是统治阶级或人民中的个别人或个别集团的意志。

法体现执政阶级的共同意志,不等于任何法在实际上都能体现执政阶级的共同意志。实际上,执政阶级中的个别人或个别集团任意地把他们同整个阶级的共同意志相抵触的东西变为法,是屡见不鲜的,特别是在封建君主专制和法西斯专政的条件下,这种情况更为明显。

法体现执政阶级的意志,具有阶级性,并非意味着法完全不反映其他社会主体的利益和愿望,也并非意味着法不具有社会性。法虽然是执政阶级意志的体现,但它具有广泛的社会价值和作用,既要服务于一定阶级的政治统治,执行政治职能,又要处理社会公共事务,执行社会职能。法在执行政治职能时表现为充当调整各阶级关系的工具;在执行社会职能时,法往往以反映全社会利益的面目出现,表现为充当管理社会生产、管理社会公共事务和维护社会公共秩序的角色。

2. 法的内容最终决定于社会物质生活条件

法首先且主要体现执政阶级的意志,但是执政阶级的意志不是凭空产生的,而是由执政阶级所在社会的物质生活条件决定的。马克思主义法学理论认为,法是社会关系的反映。社会关系的核心是经济关系,经济关系的中心是生产关系,生产关系是由生产力决定的,而生产力是不断发展变化的,这种发展变化最终导致包括法在内的整个社会的发展变化。

法的内容是由社会物质生活条件决定的,也意味着任何执政者在立法时都应注意现实的经济条件以及相应的经济基础。

法的内容是由社会物质生活条件决定的,这是从最终决定意义上来说的。除了物质生活条件外,政治、思想、道德、文化、历史传统、民族、风俗习惯等因素也对执政阶级的意志和法律制度产生不同程度的影响。如果不考虑这些因素,也就不能解释为什么同样或相似的社会物质生活条件所决定的法律制度之间有很多差别;为什么几个国家或一个国家在不同地区、不同时期,虽然就经济制度和经济发展水平来说是同样的,但它们的法律却可能存在着千差万别(法的本质的表现的观点来源于周生旺主编:《法理学》,54 页,北京,北京大学出版社,2006)。

（三）法的特征

法的特征就是指法区别于其他社会规范(包括道德规范、习惯规范、宗教规范、政党的政策等)的显著特点。

1. 法是调整人们行为的规范

首先,在社会体系中,法属于社会规范的范畴。社会规范是调整社会生活中主体之间相互关系的规范,它是不同的社会主体参与和处理社会关系的基本准则。社会规范的范围非常广泛,它包括法、道德、习惯、社团章程、组织纪律、乡规民约、技术规范等。

其次,法是调整人们行为的规范。人的行为是法律规范直接调整的对象,社会关系是法律规范间接调整的对象。法律规范和其他社会规范一样,都是针对社会关系进行调整和控制的,但法律规范在调整社会关系时,只能针对人们的行为进行约束,不能以某种观念或者想法作为调整对象。马克思指出:"对于法律来说,除了我的行为以外,我是根本不存在的,我根本不是法律的对象,我的行为就是我同法律打交道的唯一领域。"(《马克思恩格斯全集》,第 1 卷,16～17 页,北京,人民出版社,1995。)

2. 法是由国家制定和认可的规范

法是由国家专门机关制定和认可的规范,也就使法具有了"国家意志"的形式。这一特征明显地表明了法与其他社会规范,如道德、习惯、社团章程等的区别。

法由国家制定和认可,这是从法作为一个整体并以国家名义制定和认可来说的。实际上,构成这一整体的各个法、法规是由各种不同层次或不同类别的国家机关制定和认可的。这也就有了宪法、法律、行政法规、地方性法规之分,这些法的效力或地位是不同的。

法是以国家名义创制的。法以外的其他社会规范无一例外都不是国家创制的。例如,习惯和道德往往是人们在长期的共同生活中自发形成的;宗教教规是由各宗教组织制定的;政党的政策是由政党的领导机构发布的。法的国家创制性意味着法出自国家。法与国家之间存在着内在的、不可分割的联系。没有国家权力的支撑,任何法都将无从产生。换言之,一切法都是以国家名义创制的。因此,立法者在创制法的时候必须站在国家利益的立场上,把"国家意志"上升为法。

3. 法是由国家强制力保证实施的规范

从实施方式上看,法律和其他社会规范的区别在于它具有国家强制性,即法是由国家强制力来保证实施的。其他社会规范在贯彻实施时也有强制性。例如,习惯规范的实施主要靠传统力量的强制;道德规范的实施主要靠社会舆论的强制;宗教规范的实施主要靠精神力量的强制;政党规范主要靠党内纪律来保证实施。然而,这些社会规范的强制性都仅仅是一般的强制性,并非国家强制性,因为它们是靠一般的强制力而非国家强制力来保证实施的。

在所有社会规范中,只有法是靠国家强制力来保证实施的。国家强制力是指一定的阶级为了一定的政治目的而建立起来的军队、警察、法庭、监狱等国家暴力,它由专门的国家机关按照法定程序来运用。

法的强制力的实现是不以被强制者的意志为转移的。法以强制力作为后盾,就使得法的运行有了可靠的保障。不论其主观愿望如何,任何人必须严格遵守法,否则,就会招致国家的干预,受到相应的法律制裁。

4. 法是以权利和义务为主要内容的规范

法对社会的调整,主要是通过安排权利和义务的内容来加以实现的。权利意味着人们可以做或不做一定行为,以及要求他人做或不做一定行为;而义务则表征着人们必须做或不做一定行为。义务包括作为义务和不作为义务两种,前者要求人们必须做出一定行为,如依法纳税;后者要求人们不得做出一定行为,如不得侵害他人身体、健康等。

必须注意的是,权利、义务的内容并不是法与其他社会规范的本质区别。其他规范,如宗教规范、政党章程等,实际上也是通过规定其信徒、成员的权利与义务来调整其内部关系的,但它们在内容、范围和保证实施的方式等方面,与法的权利和义务有很大区别。

综上所述,法是由一定社会物质生活条件所决定的执政阶级意志的体现,它是由国家通过一定的程序制定和认可,并由国家强制力保证实施的具有普遍约束力的行为规范的总和,它通过确定权利义务的方式,维护和发展有利于执政阶级的社会关系和社会秩序。

三、社会现象与法律现象的联系

社会现象与法律现象具有不可分割的联系，具体表现为：

① 社会现象是种概念，它包括人类社会的一切外在表现形式。法律现象是属概念，它从属于社会现象，只包括法律领域出现的社会现象。

② 社会现象和法律现象是整体和局部、包含与被包含的关系。社会现象是整体，包含法律现象；法律现象是局部，是社会现象的重要组成部分。

③ 社会现象与法律现象是不可分割的。社会现象是法律现象的源泉，没有社会现象，法律现象就会成为无源之水、无本之木，失去它的活力。法律现象是社会现象的补充，法律现象的大量涌现能为社会现象丰富、充实大量的内容。

四、法学是研究法律现象及其规律的科学

（一）法学的含义

法学是研究法这一特定社会现象及其发展规律的社会科学，又称法律学或法律科学。它的研究对象包括法的产生、本质、特征、形式、发展、作用、制定和实施，以及与其他社会现象的关系等一系列问题。

法学肯定法律对社会的制约和调整。因而，法学对于教育全体人民遵纪守法具有特殊的价值。

法学在我国先秦时期被称为"刑名法术之学"或者"刑名之学"。据考证，虽然"律学"一词的正式出现是在魏明帝时国家设立"律博士"以后，但是自汉代开始就有了"律学"这门学问，主要是对当时的现行律例进行注释。在我国古代，"法学"一词最早出现于南北朝时期，然而，那时所用的"法学"一词，其含义仍接近于"律学"。因此，中国古代的"法学"一词与来自近现代西方的"法学"概念有着很大区别。

现代意义上的汉语"法学"一词，最早由日本输入。日本法学家津田真道于1868年首次用它来对应翻译英文 jurisprudence、science of law 以及德文 rechtswissenschaft 等词汇，并对之作了详细说明，该词于戊戌变法运动前后传入我国。

在西方，古罗马法学家乌尔比安（Ulpianus）对法学（古代拉丁语中的 jurisprudentia）下过一个经典性的定义："法学是关于神和人的事物的知识；是关于正义和非正义的科学。"德文、法文、英文以及西班牙文等西方语种，都是在 jurisprudentia 的基础上，发展出

各自指称法学的词汇,并且其内容不断丰富,含义日渐深刻。

(二)法学的学科体系

法学可以分为很多分支学科,主要有如下几种。

① 理论法学,又称基础法学。它研究法的基本概念、原理和规律。中国法律院系为这个学科开设的课程称为法学基础理论(简称法理学)。

② 法律史学。它可分为法制史和法律思想史。

③ 国内法学。它是指一国各部门的法学,包括宪法学、行政法学、民法学、经济法学、劳动法学、环境法学、刑法学、诉讼程序法学以及军事法学等。宪法是一国的根本法,因此,在国内法学体系中,宪法学占有主导地位。

④ 国际法学。它包括国际公法学、国际私法学和国际经济法学等。

⑤ 立法学。它研究立法原则、规划、立法体制、立法风格、立法程序、立法技术以及法律汇编、立法评价等问题。

⑥ 法律解释学。它对法律条文的内容和文字进行阐释,相当于中外历史上所称的注释法学。

⑦ 法社会学。它通常是指通过社会现实问题来研究法律的社会功能、实行和效果等问题。

⑧ 比较法学和外国法学。比较法学是对不同国家(或特定地区)法律(包括本国法和外国法之间、外国法之间)的比较研究。因此,比较法学和外国法学是密切联系的。

⑨ 法学和自然科学、技术科学或其他社会科学之间的一些边缘、交叉学科。如科技法学、法医学、司法鉴定学、司法精神病学、法律统计学等。

在每一独立的分科中,法学又可再划分为不同层次的较低的分科。在各分科中,每个国家的法学都总是以研究本国现行法为重点的。

(三)法学的研究方法

任何一门科学都有相应的研究方法。法学研究也不例外,概括地说,法学研究主要有以下几种方法:

1. 以马克思主义的哲学方法为指导进行研究

马克思主义法学从其产生之日起,就是以唯物主义辩证法为其总的方法论,其实这就是马克思主义法学与以往法学的根本区别所在。在运用唯物主义辩证法指导法学的研究中,应遵循如下基本原则。

（1）坚持存在决定意识，经济基础决定上层建筑的唯物主义原理

在法学研究中，我们必须把法学与经济联系起来考察，要从法的根基、本源中即经济关系中去探求法和法律现象及其发展规律。

（2）坚持理论结合实际的原则与方法

理论结合实际是马克思主义的学风，是唯物主义辩证法最基本的要求。法学研究必须结合实际，立足国情。世上只有具体的法，而没有也不可能有抽象的法。我们是在当代中国研究法学，首先应该联系的是当代中国的实际，应该立足于中国国情。

（3）坚持用普遍联系的观点、发展的观点、全面的观点来研究法学

要运用质量互变规律、对立统一规律、否定之否定规律来探索法与法律现象，用本质与现象、内容与形式、原因与结果、必然与偶然等哲学基本范畴来揭示法与法律现象及其规律。

2. 阶级分析法

法是执政集团（统治阶级）意志的体现。因此，必须运用阶级分析的方法，才能揭示不同类型法的本质及其代表的利益、服务的经济基础等。运用阶级分析方法时，必须注意两点：①不能把它作为法学研究的唯一方法，更不能教条主义地使用这一方法。因为法和法律现象是复杂的，阶级分析法只能揭示某一层面的内涵。②不能抛弃这一方法，对它的作用不能否定，也不能采取虚无主义的态度。在阶级对立社会，用阶级分析的方法，有利于对中外法律制度的属性作出正确判断。在社会主义社会，也不能轻视这一研究方法的作用，阶级分析法要求人们在研究和对待法和法律现象时，要站在人民大众的立场，把先进阶级的阶级性和科学性统一起来，全面分析问题。

3. 价值分析法

采取价值分析法可以使我们在复杂的利益关系中能作出正确的取舍，从而得出保护哪种或哪几种利益的结论，这对于维护社会的稳定、促进社会的发展起着重要作用。很显然，价值分析法首先涉及依据的准则或尺度问题，一般来讲，不同学派是不一样的。例如，社会法学派依据的是所谓的"社会利益"，自然法学派依据的是"人类理性"；马克思主义法学派依据的是"人民的利益"，等等。

4. 比较分析法

比较分析法有两种基本形式，即纵向比较与横向比较。有比较，才能有鉴别；有比较，才能发现不同国家、不同法系乃至不同法律部门、法律规范的特征和特色，有利于取长补短，共同提高。

5. 实证分析法

该方法主要通过对经验事实的取得、分析来建立和论证各种理论命题。实证分析法是个大范围的研究方法，其研究形式是很多的，如我们常说的社会调查的方法、历史考察

的方法、定性定量分析的方法,甚至还包括逻辑分析的方法等。其中,社会调查和历史考察的方法对法学研究的意义很大,我们中国学者对此极感兴趣,且经常用这些方法来分析法和法律现象,取得了不少成果。

6. 规范注释的方法

该方法是对法律规范加以注释,以引导人们更好地了解具体法律规范的内容。这种方法在我国古代就有,西方法学中的分析法学派也重视这个问题。我们法学研究的重要内容必须包括法律规范,但又不能唯法律规范。无论是古代的、现代的或是现行的法律规范,都应加以研究,必要时应加以注释。有人称此为注释法学,并一概否定,这显然不对。一国的法学不研究本国的法律规范,其生命力肯定不长,但也不能局限于法律规范的研究,还要研究它们与其他社会现象的联系、与该国国情的关系,要把实然与应然研究统一起来。

7. 法典编纂、法规汇编的方法

法典编纂、法规汇编的方法是法律系统化的重要形式,同时也是研究法律规范本身的方法。通过法典编纂与法规汇编的方法,有利于人们对法律规范的深入了解,通过整理与比较可以发现问题,从而使该国法学研究直接影响立法工作,何况法典编纂本身就是立法活动。

8. 法律推理的方法

法律推理的方法是逻辑推理的一种,"大体上是对法律命题运用一般逻辑推理的过程"。这种方法的适用范围很广,且在法的适用中占有特殊地位,它包括形式推理与实质推理。

9. 案例分析的方法

案例分析的方法通过对具体案例的分析得出一般性的结论,既能运用法学原理研究案例,又能开拓创新。因为新案例的不断出现,必然会促进法学理论的发展。该方法起源于法学的教学,在普通法系国家流行甚广,后来又推广到法学研究,使法学更具有活力。我们的法学家和法学工作者不应该停留在书本上,而要同案例结合起来,当然,并不是每门法学课程,也不是每个法学命题都要通过案例,但从整体来看,法学研究离不开案例。

 练习题

一、填空题

1. 现象是(　　)的外部联系和表面特征。
2. 法的现象就是法的(　　)表象。
3. 在阶级社会中,法的社会作用可以归纳为以下两个大的方面:维护阶级统治和(　　　　)。

二、单项选择题

1. 社会现象使人类社会在存在和发展中表现出来的一系列（   ）特征。

    A. 表面   B. 本质   C. 形式   D. 内容

2. 法与原始习惯的相同点是（   ）。

    A. 都有相同的经济基础

    B. 都在相同的范围内起作用

    C. 都是调整人们相互关系的社会规范

    D. 都有保证实施的相同方式

3. 下列不属于法的特征的是（   ）。

    A. 法是由国家制定或认可的，具有国家性和国家意志性

    B. 法是由原始社会的习惯演变而来的，具有历史性

    C. 法是由国家强制力保障实施的社会规范，具有国家强制性

    D. 法是由严格程序制定的，具有程序性的特点

4. 法调整的对象是（   ）。

    A. 思想社会关系   B. 关系行为   C. 意志关系   D. 各种社会资源

5. 法的强制力具有（   ）。

    A. 直接性   B. 或然性   C. 潜在性   D. 当然性

三、多项选择题

1. 社会物质生活方面包括（   ）。

    A. 地理环境   B. 人口因素

    C. 物质资料生产方式   D. 思想意识

2. 社会生活精神方面包括（   ）。

    A. 政治法律思想   B. 艺术   C. 道德   D. 宗教

3. 原始氏族习惯主要有（   ）。

    A. 禁忌   B. 图腾崇拜   C. 复仇   D. 其他的氏族习惯

4. 复仇包括（   ）。

    A. 血族复仇   B. 血亲复仇   C. 同态复仇   D. 家族复仇

5. 法产生的原因主要有（   ）。

    A. 经济根源   B. 政治根源   C. 社会文化根源   D. 传统根源

6. 法的产生过程中的一般规律有（   ）。

    A. 法律对人们行为的调整从个别调整逐步发展为规范性调整

    B. 法的产生经历了由习惯法发展成为成文法的过程

    C. 法律、道德和宗教规范从混为一体逐渐分化为相对独立的社会规范系统

D. 法的产生是阶级划分与阶级斗争的结果

7. 法与原始社会氏族习惯的区别有（　　）。

  A. 体现的意志不同　　　　　　　B. 产生的方式不同

  C. 适用范围不同　　　　　　　　D. 实施方式不同

8. 奴隶制社会法的基本特征有（　　）。

  A. 公开确认奴隶主对奴隶的人身占有

  B. 公开确认自由民在法律上的不平等

  C. 刑罚特别野蛮残酷

  D. 明显带有原始习惯的残余

9. 封建制法的基本特征是（　　）。

  A. 确认和维护封建社会的生产关系

  B. 维护封建等级特权，君主的地位高于一切

  C. 刑罚严酷、野蛮擅断

  D. 非常民主

10. 资本主义社会法的基本特征有（　　）。

  A. 确立了私有财产神圣不可侵犯原则

  B. 确立了契约自由原则

  C. 确立了法律面前人人平等的原则，维护资产阶级人权

  D. 维护大众人权

11. 社会主义法的基本特征有（　　）。

  A. 阶级性与人民性的统一　　　　B. 权利确认与权利保障的统一

  C. 一国与两制的统一　　　　　　D. 国情与公理的统一

12. 法的本质表现为（　　）。

  A. 法体现执政阶级的意志，具有阶级性

  B. 法具有规范性

  C. 法的内容最终决定于社会物质生活条件

  D. 法具有强制性

13. 法所具有的属性有（　　）。

  A. 规范性　　　　B. 国家意志性　　　　C. 稳定性　　　　D. 任意性

四、判断并改错

1. 法的现象就是法的本质表象。

2. 社会主义社会的法是代表广大人民利益的法。

3. 法和道德都具有国家强制性。

五、名词解释

1. 法的现象
2. 法律现象

六、简答题

1. 法的本质是什么？
2. 法的特征是什么？
3. 法学的研究方法主要有哪些？

七、论述题

比较资本主义法与社会主义法的异同。

八、案例思考题

1. 张某 13 岁，李某 14 岁，二人是邻居，都在某市的同一所初中读书。

试运用本单元学习的知识判断：①张、李之间的邻里现象是属于一般的社会现象还是法律现象？②张、李之间的同学现象是属于一般的社会现象还是法律现象？③学校和张、李之间形成的教育与被教育的现象是属于一般的社会现象还是法律现象？说明理由。

【提示】 以是否有相关的法律来调整为标准进行区分。

2. 某服装厂老板赵某为生产的需要，去劳动力市场招聘两名缝纫工人王某、孙某并和他们签订了为期一年的劳动合同。

试运用本单元学习的知识判断：①赵某与王某、孙某之间形成的劳动雇佣现象是属于一般的社会现象还是法律现象？②王某与孙某之间形成的同事现象是属于一般的社会现象还是法律现象？说明理由。

【提示】 以是否有相关的劳动法律来调整为标准进行区分。

3. 王某（男），某市机械厂工人，钟某（女），某市纺织厂工人，2004 年 4 月二人经人介绍相识建立了恋爱关系，2005 年 10 月结婚。

试运用本单元学习的知识判断：①二人的恋爱现象是一般的社会现象还是法律现象？②二人的婚姻现象是一般的社会现象还是法律现象？说明理由。

【提示】 以是否有相关的婚姻法律来调整为标准进行区分。

学习单元 2　社会行为与法律行为

学习目的与要求

　　了解社会行为与法律行为方面的知识;明确法律行为与一般社会行为的区别;充分认识和理解法律行为在社会活动中的作用;增强遵循法律规定实施行为的意识。

学习重点与提示

　　法律行为的概念和特征;法律行为的构成;法律行为的种类。

一、社会行为

　　行为在词义上是指举止行动,即受意识支配而表现出来的外在活动。它是外显的,能被看到、感觉到。行为按其主体不同可分为动物行为和人类社会行为两大类。

(一)动物行为

　　动物行为是指动物所进行的、外部可以察觉到的具有适应意义的活动。它包括:
① 优势等级序列行为即欺软怕硬、恃强凌弱的行为。
② 通信行为即通过触觉器官、视觉器官、化学气味、电磁感应场等传递信号的行为。
③ 求偶行为即示爱行为。
④ 利他行为即为了种族繁衍、延续不惜牺牲生命的行为。
⑤ 亲杀行为即动物为了自己的生存残杀同类的行为。

(二)人类社会行为

　　人类社会行为是指人们在社会生活中表现出来的一切外在活动。它是人类进行活动、认识社会、改造社会、满足自己日益增长的物质和精神需求的表现。

人类社会行为由行为主体的反应性行为、选择性行为、象征性行为三个要素构成。反应性行为是指行为主体对所处情境表现出的积极或消极的行为；选择性行为是指行为主体的行为都是有明确行为目的的行为；象征性行为是指行为主体的行为是具有象征意义的行为，能被其他人所理解。

人类社会行为主要是通过暗示和模仿、竞争与合作、冲突与调适等方式进行的。

人类社会行为分为群体行为、个体行为、道德行为、宗教行为、科学行为、艺术行为、语言行为、肢体行为、法律行为，等等。

二、法律行为

（一）法律行为的概念

法律行为是从一般社会行为中分化出来的特殊行为，它是一个组合概念，"法律"是对"行为"的限定。"法律行为"一词最早是由18世纪德国法学家使用的，指称"与权利和义务相关的行为"。中文的"法律行为"一词始于日本学者。日本学者借用汉字中的"法律"和"行为"两个词，把德语相应词组译为"法律行为"。德语中"法律行为"的原初语义是合法的表意行为。在民法学中，"民事法律行为"大都是在这种意义上，即作为"合法表意行为"的等值概念使用的。

法律行为就是人们所实施的、能够发生法律效力、产生一定法律效果的行为，它包括合法行为与违法行为、（意思）表示行为与非表示行为（事实行为）、积极行为（作为）与消极行为（不作为），等等。法律行为作为一个法学范畴，其所对应的范畴是非法律行为。非法律行为是指那些不受法律调整、不发生法律效力、不产生法律效果的行为。界定法律行为与非法律行为，无论在立法上还是在司法实践上，都具有非常重要的意义。研究法律行为就是要在立法和司法实践中为法律行为和非法律行为确定明晰的界限，分清哪些属于法律行为，哪些不属于法律行为。

（二）法律行为的特征

1. 法律行为是具有社会性的行为

法律行为作为人的活动行为，社会性是其首要的特征。法律行为的社会性可从以下几个方面理解。

第一，人与动物的根本区别之一在于人的行为是社会的产物，即受社会环境和社会关系的制约,并且是从社会生活中习得的,而不仅是自然的禀赋。自然只赋予人物理学或生物学意义上的行动能力——与生俱有、不学即会的行动能力,而社会则赋予人社会学意义上的行为。正是在社会学意义上,人的行为才有区别于动物的条件反射。

第二,人在其现实性上是一切社会关系的总和,行为是社会关系的创造者。法律行为是引起法律关系的一个事实。

第三,人的行为是社会互动行为,不管行为者主观意图如何,他行使权利、履行义务或违反义务的行为,必然伴随着他人的相应行为,或者是为了达到某种共同的目的而互相配合、彼此协助,或者是为了某种有限的同一目标而竞争、冲突、斗争。正因为法律行为的社会互动性,使其成为引起法律关系产生、变更、消灭的法律事实。

第四,法律行为是其他社会行为的一个方面。法律行为不是一种独立的行为。它往往与其他社会行为交织在一起,并作为其他社会行为的一个方面而存在。在社会中,可以有非法律性质的经济、政治、文化行为,而不存在非经济、非政治、非文化的法律行为。

第五,法律行为受社会规范的制约。人的行为不仅受生理、心理机制的作用,而且受社会规范的调控,从而使其保持一定的社会倾向性。

2. 法律行为是具有法律关联性的行为

法律关联性是法律行为区别于一般社会行为的根本特征。法律行为的法律关联性可以从以下几个方面来理解。

第一,法律行为是由法律规定的行为。由法律规定的行为既包括国家希望发生的行为(合法行为),也包括国家不希望发生的行为(违法行为)。

第二,法律行为是发生法律效果的行为。法律效果首先是指它能够引起人们之间权利义务关系的产生、变更或消灭。其次,它是受到国家承认、保护、奖励的行为(合法行为),或是受到国家否定、取缔、惩罚的行为(违法行为)。那些国家可以不管不问的行为,不属于法律行为之列。当然,法律效果可能是行为人意识到的,也可能是他未意识到的;可能是他的意志指向的,也可能是违背他的初衷的。

第三,法律行为是法律现象的组成部分。法律现象不只是法律规范,还包括使法律规范由抽象到具体、由本本上的规定到现实实践的行为。

3. 法律行为是可以控制的行为

法律行为都是可以被控制的行为,既可以受到法律的控制,又能够受到个人的自我控制。法律行为可以被控制的原因有两点。

第一,法律意义上的行为都是有规律的。行为动机的出现、行为的发生、行为的路线及方法、行为的预期效果,乃至行为的环境,都是有一定规律性或必然性的。那种毫无规律的行为(动作)是不可能由法律来控制的。科学的法律规范正是依据人们对行为规律的认识而对行为实施控制的。

第二,法律行为具有意志性。法律行为受人的意志所支配,是人有意识、有目的地做出的。人的意志是直接由行为者控制的,并可以间接受到法律规范控制。行为的可控制性意味着它是行为者自己"志其所行,行其所志"。意志性是人的行为区别于动物对外界的机械反射的主要所在。正是通过意志的表现,行为才获得了人的行为的性质。

4. 法律行为是具有社会价值性的行为

法律行为反映了人们对一定社会价值的认同、一定利益和行为结果的追求,以及对一定活动方式的选择。法律行为的社会价值性在于以下四点。

第一,法律行为是基于行为人对该行为意义的评价而作出的。一个行为只有当它被认为有价值时,即行为人认为是有利的,才能由行为人实施。

第二,法律行为是以需要为机制的,由行为人的需要所推动或引发。

第三,法律行为是一种对象性实践活动,体现了主体与客体的关系。从认识论上看,法律行为是主体对客体的认识和改造,是对客观规律的认识与运用;从目的上来看,行为者之所以要认识和改造对象,则是为了满足其某种需要,实现某种利益。

第四,法律行为是一定社会价值的载体,人们可以用善恶、好坏、利害等范畴对其进行评价。

（三）法律行为的结构

法律行为是主体与客体、主观因素与客观因素交互作用的复杂过程,在结构上表现为行为的内在方面和外在方面。内在方面包括动机、目的、认知能力等要素;外在方面包括行动、手段、结果等要素。

1. 法律行为的内在方面（主观要件）

法律行为的内在方面就是行为主体在实施行为时的一切心理活动、精神状态和认知能力的总和。它包括行为动机、行为目的和行为认知能力等要素。

（1）行为动机

动机是直接推动人去行动,以达到一定目的的内在动力或动因。动机包括动机的机能、动机的结构、动机的形成等。

行为动机的机能如下所述。

① 激发机能。动机是人的行为的直接原因和驱力,一个人怀有某种动机之后,就会推动他作出某种行动。动机越强烈,行动则越迅即、果敢、集中。

② 定向机能。动机对人的行为方向具有选择、稳定和加强的作用,能够使行为朝着特定的方向和目标进行,而排除其他干扰。因此,行为者的动机越善良、纯洁,方向就越正确,其行为就越有积极的价值;反之,邪恶的动机必将引导人们的行为沿着错误的方向进

行,导致消极的社会影响。正是在这种意义上,人们要对行为者的动机进行善恶评价。

行为动机的结构如下所述。

在很多情况下,行为者的行动,特别是那些较为复杂的活动是多种动机综合作用的结果。这些同时并存、相互作用、相互制约的动机构成了一个人的动机结构。在整个动机结构中,有始源于人的自然性的生理动机和始源于人的社会性的习得动机;出于满足物质需要的物质性动机和出于满足精神需要的精神性动机;持久而反复起作用的动机和暂时地或一次性起作用的动机;在广泛的活动领域起作用的普遍动机和在单一的活动领域起作用的特殊动机;对他人、社会有益的积极动机和对他人、社会无益而有害的消极动机;起决定作用的主要动机和起辅助作用的次要动机。这些动机在特定环境中形成不同的合力,从而产生了复杂的动机结构或动机类型。

行为动机的形成如下所述。

动机是由行为者的需要所激发的。需要是指行为者由于在生理上或心理上的某种缺乏而失去平衡,产生不适或紧张状态,从而要求自动追求新的平衡,以消除不适或紧张状态的倾向。需要一旦达到较强的程度而被行为者所意识到,就会转化为动机,推动行为者朝着满足需要的方向活动。与人的动机一样,人的需要也是多方面、分层次的,有物质的需要和精神的需要,眼前的需要和长远的需要,低级的需要和高级的需要,等等。每种需要都是激励动机的力量。人的需要是无止境的,旧的需要得到满足,新的需要就会随之而生。如此周而复始、循环不息,使得人处于不断的行动之中。人的动机的形成除了受需要激励外,还受情境和人格的制约和决定。在行为者需要一定的情况下,动机的形成取决于情境和人格。情境是行为者身外的对行为者产生直接作用的客观条件,即直接环境。人格亦称个性,是一个人稳定的、深层的心理特征的总和,是人适应环境并作用于环境的心理机制。人格因素包括信仰、态度、兴趣、情绪、利益观、价值观等。人格居于情境和行为(行为动机)之间。

(2) 行为目的

行为目的是指行为者主观上预想达到并力求实现的某种目标和结果。对行为者来说,他所做的任何事情都出于一定的目的。

目的与动机既有联系又有区别。其联系表现为如下三点。

第一,目的和动机都是人们进行活动的精神力量,并且是行为过程中紧密相连的两个环节。

第二,目的与动机通常是作为内容与形式共存的。正是因为这种关系,人们往往用目的来定义动机,如成就动机、交往动机、权力动机、财富动机等。

第三,目的和动机是互相转化、互相促成的。一方面,目的要想实现,就必须转化为行为动机;另一方面,达到目的是一种强有力的激励,人们只有在明确了目标,并预期其行为有助于达到该目标的情况下,才会被充分激励起来,采取行动以达到这一预期的目标。

它们的区别表现为如下两点。

第一，目的侧重于活动的结果，而动机侧重于活动的起因。例如，犯罪目的指犯罪人希望通过实施犯罪行为达到的结果，而犯罪动机则是犯罪人实施犯罪行为的内心起因。

第二，虽然目的和动机的形成都依靠需要因素的激励，但是，目的的形成离不开行为者的认识、态度、价值观念等自觉认识，往往是有意识选择的结果。而动机的形成则可以是观念、兴趣、情绪、倾向等任何一种心理因素起作用的结果，有意识并非是必要的条件。也就是说，目的肯定是自觉的，而动机则可能是自发的、不确定的。

在法律行为的结构中，目的构成行为的灵魂，并给予行为以规定性。目的规定着行为的方向和路线。由于目的对行为的这种定性和导向作用，研究行为的目的性就具有十分重要的意义。在刑法中，正是根据行为有无犯罪目的而区分为罪与非罪、故意与过失、此罪与彼罪。在民法中，目的与民事行为的内容是等值概念，构成民法行为的要素。民事行为的内容（目的）与法律的禁止性规定、社会共同利益和社会公德一致与否，直接影响或决定着民事行为的法律效力及其范围和程度。

（3）行为认知能力

行为认知能力是指行为人对自己行为的法律意义和后果的认识水平。行为目的的形成不是基于自发的冲动，而是依赖于一定的认知能力。不以认知为基础的行为不具有目的性，也没有主观上的法律意义，并影响其客观的法律效力。在行为过程中，认知的作用在于分析判断和选择。分析判断主要包括分析判断行为的意义、行为成功的概率、行为的收益与代价、行为的法律意义与道德后果等，为行为选择提供前提和基础。选择则是对各种需要、利益、动机、目的的权衡和择取，特别是在各种互相冲突或重叠的价值、权利、义务之间作出抉择。人的认知能力的有无、大小、强弱直接影响行为的法律意义。严格地说，"人们只能以我所知道的事况归责于我"（黑格尔：《法哲学原理》（中译本），121页，北京，商务印书馆，1979）。如果一个人根本无能力认知自己行为的社会意义、结果，那么，他的行为就不可能构成法律行为，他的行为也就没有法律效果。如精神病人在发病期间作出的毁物、伤人、杀人等行为，就不能说是犯罪行为；再如，无知幼儿、精神恍惚的老人与他人"订立"的合同不具有民事法律效力，此类行为属于无效民事行为。因此，在法律上将自然人分为完全行为能力人、限制行为能力人、无行为能力人三种。在法律实践中，行为人由于其认知能力的限制，对自己的行为在法律上应当如何评价和处理，以及对有关行为的事实的判断发生重大误解，也在一定程度上影响其行为的法律意义。认知错误在一定程度上影响行为人的动机和目的的形成，进而影响其对行为及行为方式的选择。

2. 法律行为的外在方面（客观要件）

法律行为的外在方面就是法律行为的客观要素表现的总和。它包括外在的行动、行为手段、行为结果等。在法律行为的结构中，外在方面具有决定性意义。首先，人的内心状态只有外化为行为并对身外世界（自然界或社会）产生某种影响，才能成为行为的构成要素,具有客观性和价值性,才可能成为法律评价的对象和依据。其次,个人的真实思想和感觉只有通过一个标准才能判断,即通过个人的行为。人的外在行为表现了行为者对社会现实,对他人的、集体的或社会利益的态度。正是通过对一个人的外部行为或其一系列连续行为的观察和分析,我们才能推定或推测出行为者的内在需要、目的、动机以及行为者的认知能力,并对它们进行检验和评价。最后,行为有无法律意义以及属于何种性质的法律行为,须由其外在方面来决定。例如,同样是侵权,但究竟是属于民事侵权行为还是刑事犯罪行为,则需要根据该行为对他人及社会的危害程度来决定。

（1）行动

行动是行为者通过其身体或身体的某一部分而影响、作用于外部世界的行为动作。行动是行为的核心。不管行为包括多少因素,它必须包括有表现于外并对客体产生影响的动作。而正是在核心意义上,人们往往对行动与行为不加以区别。行动还是主体与客体发生联系的中介。

行动的内涵十分丰富,躯体、四肢、五官的任何一个可以被人感知的举动都是行动。从法学认识和法律调整的角度,可以把丰富的行动分为两大类。一类是以自身的物质力量直接作用于外界事物、人和社会关系,从而引起法律关系产生、变更或消失的行动,如毁物、伤人、放火、支付货物等物质行动。另一类是通过传达信息而对他人施加影响,从而引起法律关系产生、变更或消失的行动,如口头或书面的承诺,通过电话、电传、传真作出的认购请求,诽谤,作伪证,发表声明,签署文件等信息行动。虽然物质行动是大量的,但随着信息时代的到来,信息行动的数量和重要性都在增加。在信息行动中,有些是直接的言语行动,有些是间接的。当然,物质行动与信息行动的区别并非总是清晰的,有些行动同时具有物质意义和信息意义。例如,某人殴打另一个人,就可能既是物质性伤害,又是一种恐吓或警告;再如,签署合同,一方面制造了一个物质的文件,另一方面传达了有关权利、义务和责任的信息。

（2）行为手段

行为手段是指行为人为达到某种目的而采取的具体方式和方法,包括行动计划、方案、措施,行动程序、步骤、阶段,行动的技术和技巧,行动所使用的物品、工具、器械等。

手段与目的有着密切的联系。首先,手段是实现目的所必需的。行为者为使自己的目的能够实现,必须在实际的对象性活动中采取相应的、合宜的手段,否则,其目的就仍然停留在其主观的状态。此外,目的的提出和设定,必须建立在现实所能提供的手段的基础上。可以说目的依赖于手段,受手段的制约。其次,手段是由目的所选择和决定的,有什么样的目的就有什么样的手段,手段的性质和价值决定于目的的性质和价值。正当的、合法的目的一般是通过合理的、合法的手段实现的,而卑劣的、非法的目的则往往配之以缺德的、违法甚至是残忍的手段。当然,这不是一个绝对的规律。人们不能作出这样的定论:只要目的正当和合法,使用什么手段都是合理和合法的。在一定条件下,手段的性质也可反作用于目的的性质,从而改变整个行为的进程或方向,甚至改变行为的性质。手段与目的的这种关系在正当防卫中可以得到最充分的体现。

（3）行为结果

行为结果是行为的完成(结束)状态。任何一个已经着手实施或完成的行为都必然对身外世界产生一定的物质性或精神性影响,使客体人为地保持不变或者发生某种变化。完整意义上的行为是包括结果在内的。正如黑格尔所说,后果是行为特有的内在形态,是行为本性的表现,而且就是行为本身,所以行为既不能否认也不能轻视其后果。

世界上不存在无结果的行为。在法律行为的外在结构中,结果具有更为重要的意义。这是因为:第一,每一个具体的法律行为和行为系列都以某种后果为终结,法律往往根据行为的结果或最终结果来区分既遂行为或未遂行为,以确定行为者对其行为负责的范围;第二,结果不仅是行为发展的最后一个环节,而且是行为的整个过程的凝结和全部要素的体现。所以,行为的法律意义通常是根据其结果来界定的。

可以从以下两点来判断法律行为结果:一是行为结果造成的社会影响;二是由法律根据行为结果确定行为的法律性质和类别。行为结果是行为人承担法律后果的依据之一。

（四）法律行为的种类

随着人类活动领域的扩展和社会生活的复杂化,法律调整的范围不断扩大、内容不断丰富,相应地,法律行为也愈趋纷繁。为了进一步具体地认识法律行为,有必要对法律行为进行分类。从公民和法律工作者依法处理法律关系的角度,法律行为可作如下分类。

1. 个人行为、集体行为、国家行为

这是根据法律行为的不同主体而对法律行为进行的分类。个人行为是由自然人个人的意识和意志所支配,并由自己直接作出的行为。集体行为是人们有组织地、基于某种共同意志或追求所作出的趋向一致的行为。国家行为是国家机关及其工作人员根据国家意志即根据国家的政策、法律、法规的授权或国家权力机关的直接委托而作出的行为。

2. 角色行为与非角色行为

这是根据行为是否出自和符合特定法律角色而对法律行为进行的分类。角色是个体在特定的社会或团体中所占据的一定地位或身份。行为者按照法律为本角色规定的权利与义务活动,就是角色行为。而超过法律的规定,做了与自己的身份无关的行为(如超出登记机关核准的法人的性质、类型,从事非法经营,越权代理)就是非角色行为。

3. 单方法律行为与双方法律行为

这是根据行为主体的意思表示的形式而对法律行为进行的分类。单方法律行为是指

依一方当事人的意思表示或由一方当事人主动作为而成立的法律行为,如遗嘱、赠与、放弃继承权的声明、行政命令、行政处罚等。双方法律行为是指双方当事人的意思表示一致而成立的法律行为,如公民、法人之间的合同。

4. 自为行为与代理行为

这是根据行为主体实际参与行为的状态而对法律行为进行的分类。自为行为是指特定权利主体在没有其他人参与的情况下独立作出的行为。代理行为是指受特定权利与义务主体的委托或者根据法律的直接规定或有关组织的指定,由行为者以被代理人的名义从事的具有法律意义的行为。

5. 行使权利的行为与履行义务的行为

这是根据权利的行使和义务的履行而对法律行为进行的分类。法律是通过规定权利和义务来调节社会行为的,因而行使权利、履行义务就成了法律行为的实质内容。行使权利行为是根据法律授予的权利(包括职权在内)进行的行为,如转让私人财产,请求他人履约,取得继承的财产,申请专利,投票选择,法庭抗辩等。履行义务行为是根据法律设定的义务(包括职责在内)进行的行为,如纳税人依法纳税,损害赔偿,出庭作证等。

6. 积极行为与消极行为

这是根据行为的表现是否积极而对法律行为进行的分类。积极行为是指行为人以积极的、直接对客体发生作用的方式所进行的活动,表现为做出一定动作或动作系列。消极行为是指行为人以消极的、间接对客体发生作用的方式所进行的活动,往往表现为不做出一定的动作或动作系列。在大多数情况下,积极行为与消极行为的区别在于,前者引起客体变化,而后者则是保持客体不变或容许、不阻止客体发生变化。

7. 主行为与从行为

这是根据行为的主从关系而对法律行为进行的分类。主行为与从行为的分类是在两种意义上进行的。一是以两种行为的前提与派生的关系进行的分类。在此意义上,主行为是指无须其他法律行为的存在而独立发生法律效果的行为;从行为是指以其他法律行为的存在为前提而具有法律意义的行为,即依附于主行为的行为。例如,借贷为主行为,因借贷而设定担保的抵押权、质权或保证契约为从行为。二是就同一行为的两重法律意义的关系进行的分类。在此意义上,主行为是指由法律优先管辖的行为;从行为则是指依附于优先行为的行为。例如,同一行为既构成犯罪又构成民事侵权,两重法律意义比较,犯罪是主行为,侵权是从行为。程序法关于刑事附带民事诉讼的法律规定就是这种主从关系的法律定义。

8. 抽象行为与具体行为

这是根据行为内容针对的不同对象而对法律行为进行的分类。抽象行为是指针对不特定对象而做出的、具有普遍法律效力的行为。具体行为是指针对特定对象而作出的、仅有一次性法律效力的行为。前者如国家立法机关制定法律规范的行为，行政机关制定规章的行为，司法机关解释法律的行为，法人根据法律和政令制作标准合同的行为等。后者如行政机关针对具体人、具体事项而作出的命令，法院对一个案件作出判决，法人交付货款，公民办理结婚登记手续等。行为的抽象性与具体性不在于行为本身，而在于行为的效力对象、生效范围、生效期限。

9. 要式行为与非要式行为

这是以法律行为是否需要以一定形式或生效要件而对法律行为进行的分类。要式行为是指必须具备特定形式或必须遵循特定程序才能产生法律效果的行为。例如，我国《继承法》规定："以录音形式成立的遗嘱，应当有两人以上见证人在场见证。"非要式行为则是指无须具备特定形式或程序就能产生法律效力的行为。如承诺行为中的买卖或赠与，均无须采用特定的形式。

10. 意志行为与事实行为

这是根据行为结果是否出乎行为人预料而对法律行为进行的分类。意志行为是指行为者基于自己的意志取向而作出的、客观结果与其意志取向一致的行为。事实行为是指由行为者做出的、其法律结果是出于行为者的期望和预想之外的行为。

11. 合法行为与违法行为

这是根据行为与法律的要求是否一致而对法律行为所作的分类。合法行为指符合法律要求的行为；违法行为指违反法律要求的行为。

12. 有效行为与无效行为

这是根据行为的法律效力所进行的分类。有效行为是指受到国家认可、肯定、支持和保护的行为；无效行为则是指国家否定、反对，甚至予以制裁的行为。

三、社会行为与法律行为的联系

社会行为与法律行为是密切联系在一起的，具体表现为如下三点。

第一，社会行为是种概念，它包括人类社会的一切行为形式。法律行为是属概念，它从属于社会行为，只包括法律领域出现的行为。

第二，社会行为和法律行为是整体和局部、包含与被包含的关系。社会行为是整体，包含法律行为；法律行为是局部，是社会行为的重要组成部分。

第三，社会行为与法律行为是不可分割的。社会行为是法律行为的源泉，没有社会行为，法律行为就会成为无源之水、无本之木，失去它的活力。法律行为是社会行为的补充，法律行为的大量涌现能为社会行为丰富、充实大量的内容。

 练习题

一、填空题

1. 法律行为作为人的活动行为,(　　　)是其首要的特征。

2. 法律行为是具有(　　　)关联性的行为。

3. 通常我们把权利主体能以自己的行为去享受权利并承担义务的能力或资格,叫作(　　　)。

4. 法律事实包括法律事件和(　　　)。

二、单项选择题

1. 社会行为是指人们在社会生活中与他人和社会表现出来的(　　　)。
　　A. 一切外在活动　B. 内在活动　　　C. 形式活动　　　D. 群体活动

2. 法律行为是人们所实施的、能够发生法律效力、产生一定(　　　)的行为。
　　A. 法律效果　　　B. 事实效果　　　C. 社会效果　　　D. 社会反响

3. 在我国,16 周岁以上的未成年人以自己的劳动收入为主要生活来源的,应视为(　　　)。
　　A. 无行为能力人　　　　　　　B. 限制行为能力人
　　C. 部分限制行为能力人　　　　D. 完全行为能力人

三、多项选择题

1. 社会行为由行为主体的(　　　)要素构成。
　　A. 反应性行为　B. 反映性行为　C. 选择性行为　　D. 象征性行为

2. 社会行为主要是通过(　　　)等方式进行的。
　　A. 暗示与模仿　B. 竞争与合作　C. 冲突与调适　　D. 暴力与和平

3. 法律行为的内在方面包括(　　　)等要素。
　　A. 行为动机　　B. 行为目的　　C. 行为认知能力　D. 判断能力

4. 法律行为的外在方面包括(　　　)等要素。
　　A. 行动　　　　B. 行为手段　　C. 行为结果　　　D. 行为过程

四、判断并改错

1. 法律行为是不可控制的行为。

2. 法律行为是没有社会价值性的行为。

3. 在我国,违反法律的行为一般来说也是违反最低层次道德要求的行为。

五、名词解释

1. 社会行为
2. 法律行为

六、简答题

1. 法律行为的特征有哪些？
2. 法律行为的种类有哪些？

七、论述题

界定法律行为的意义。

八、案例思考题

1. 王某 30 岁，大学毕业后到某省高校任教。2014 年，该省为解决教师住房问题，以土地拍卖的方式让房产开发商在某开发区建造了一批限价教师专用商品房，以配额的方式分配给学校，再由学校分配给教师，但由教师和房产开发商签订购房合同。王某购买一套 134 平方米的房子，约定 2015 年 12 月底前交房。后省政府发出一个纪要，要求该房以经济适用房的方案分配。开发商借此不按时交房。

试问： ①王某与开发商签订合同的行为是什么行为？②省政府发出纪要的行为是一般社会行为还是法律行为？说明理由。

【提示】 以本单元学习的法律行为的分类知识予以判断。

2. 李某大学毕业后自主创业，募集资金开办了一个养猪场，雇佣杨某和林某为饲养员并签订了为期两年的劳动合同。由于缺乏养猪经验，养猪场经营不到一年就倒闭了。李某不得不终止了与杨某和林某的劳动合同，并妥善处理了善后事宜。

试问： 李某与杨某、林某签订合同和终止劳动合同的行为是法律行为还是一般社会行为？说明理由。

【提示】 从行为特征分析角度予以判断。

3. 某饭店在大堂贴了一则告示：在本店就餐的顾客谢绝自带酒水，否则按自带酒水价格的 20% 收取开瓶费。特此告知！

试运用本单元学习的知识判断：饭店的行为是一般社会行为还是法律行为？说明理由。

【提示】 从行为特征分析的角度予以判断。

学习单元 3　社会规范与法律规范

学习目的与要求

掌握社会规范与法律规范的概念；明确法律规范与一般社会规范的界限与区别；充分认识和理解法律规范在社会生活中的作用，培养运用法学基础理论中的规范知识分析解决一般社会事件与法律事件的能力；掌握法律规范与法律条文之间的关系；按照不同的分类标准，对法律规范进行不同的分类。

学习重点与提示

法律规范的概念；法律规范的构成；法律规范种类的划分及其相互关系。

一、社会规范

（一）规范

规范是规和范的合意，规是尺规，范是模具，两者都是对物或料的约束器具。它引申为群体确立的行为标准，可以由组织明确规定也可以非正式形成，有典范、模式、标准之意。

（二）社会规范

社会规范是指人们社会行为的规矩和社会活动的准则。它是人类为了社会共同生活的需要，在社会互动过程中衍生出来，并相习成风、约定俗成或者由人们共同制定并明确施行的。其本质是对社会关系的反映，也是社会关系的具体化。

社会规范可分为成文的和不成文的两类。习俗、部分道德规范及部分法律规范、宗教规范是不成文的；法令、条例、规章和大部分法律、重要的教规是成文的。习俗、道德、法律、宗教等是社会规范的各种具体形式。

习俗是出现最早、最普遍的一种社会规范。自发的行为规范被众多人反复不断地长期遵循，便成习俗。故习俗一般都是传统的、长期存在的。它的作用是在没有外部压力的情况下实现的，主要通过模仿来转化为人们的习惯行为。

习俗和法律一样，是社会规范和社会调整的手段，都担负着调整社会关系、维护社会秩序的功能。但在社会发展的不同阶段，它们在社会调整系统中所占的地位有所不同。时至今日，习俗的调整作用渐趋式微，但仍然是现代社会不可或缺的调整手段之一。

习俗是法律的渊源之一，对法律的制定和实施有一定的影响。法律对合理的、合法的习俗有确认和保障的作用；对不合理、不合法的习俗有否认和抵制的作用。

道德是关于人们思想和行为的善与恶、美与丑、正义与非正义、公正与偏私等观念、原则、规范和标准的总和。它是上层建筑的重要组成部分，其内容和形式都来源于社会的物质生活条件。

道德是比习俗高一层次的社会规范。人们对那些与社会共同生活关系较为重要的事物与行为，给予是非、善恶、公正或偏私的评价，加以褒贬，由此形成道德标准。道德具有一定的普遍性和连续性。一个国家、地区或民族，有着若干共同的道德标准，这些标准不因社会形态的变化而中断，一般是可以继承的。在阶级社会中，既有全民族的道德，也有阶级的道德。阶级的道德规范将随着社会的变迁和阶级的变化而变化。在任何社会中，不同主体的人和人群的道德都既有差异性又有同一性，这种同一性决定了每一种占主导地位的道德观念和道德标准。每一社会的法律与该社会占主导地位的道德之间都有着十分密切的联系，它们在内容上相互渗透，在功能上相辅相成，共同发挥着调整社会关系和维护社会秩序的作用。

道德规范是一种内化了的行为规则。遵守道德规范的行为受到社会的鼓励和赞扬；违反道德规范的行为，要受到社会舆论和良心的谴责。

我国法学界在分析法律与道德的关系时，一般把道德分为统治阶级的道德和被统治阶级的道德，认为法律与统治阶级的道德在根本上是一致的，它们互相影响、互相作用，而法律与被统治阶级的道德是根本对立的。

道德对法律的创制具有指导作用，对法律的实施具有保障作用，对法律的漏洞具有弥补作用，法律对占主导地位的道德具有确认和弘扬的作用。

法律通过立法赋予道德的基本原则和基本要求以法律强制力，通过法律实施活动，可以弘扬一定的道德原则和道德观念。

宗教泛指信奉超自然神灵的社会意识形态。宗教规范是指由一定的宗教团体制定的或在一定的宗教活动中自发形成的或适用于宗教团体内部的行为规则。它通常规定宗教信仰的基本原则、宗教组织的结构、神职人员和一般教徒在宗教生活中的权利义务、违反教规行为的惩罚措施等。宗教规范是神化了的社会行为规范。它采取了超自然、超人间的神秘形式，具有极强的自治性，在一定社会中起着调整人们行为规范的作用。

法律与宗教的关系相当复杂。奴隶社会、封建社会及当代极少数国家实行政教合一制度。资本主义社会一般实行政教分离制度。社会主义社会实行彻底的政教分离制度，禁止宗教干预国家政治生活。因此，社会主义国家的法律与宗教规范之间也就不存在内在联系。

法律和宗教作为两种社会控制手段，彼此之间相互影响、相互制约、相互作用。不过，在不同的历史阶段、不同类型的社会里，这种相互作用存在很大的不同。在政教合一的社会里，两者之间的相互作用十分明显；在政教分离的社会里，特别是在社会主义社会里，两者之间的作用相当有限。

法律规范是一种特殊的社会规范，它是阶级社会特有的现象，是一种具有国家强制性的行为规范。它是立法者为调整特定的社会关系而对社会成员设定的具体行为规则，提供的一定行为模式、标准和方向。法律规范肯定了占统治地位的社会关系，体现了统治阶级的意志，但它又是以全民的形式出现的。某些法律规范在不同程度上反映了社会全体成员的共同愿望，因此，法律规范也具有普遍性和继承性。

各种行为规范互相配合，有机地组成为一个社会规范体系，调整人们各个方面的社会行为，维护一定的社会秩序，使社会活动纳入一定的轨道。社会规范是社会控制的重要手段。

社会规范的社会功能主要表现在两个方面。

第一，对整个社会而言，它表现为：①将人们的各种活动、各种关系联系起来，从根本上保证人类生活共同体的存在；②维护人类生活的社会性原则；③协调社会生活，组织起一种有秩序的社会生活；④保持社会各方面的均衡，维护社会的相对稳定；⑤保存和传递社会文化，维持社会的延续。

第二，对社会成员个人而言，它表现为：①为个人提供一套行为模式；②使个人的各种需要得到满足；③为个人的社会化提出重要的标准。

任何社会规范都是一定社会的产物。社会规范的内容、形式、功能都是由社会的各种因素决定的，因此，社会规范具有历史性、民族性、地域性的特征。在阶级社会中，有些社会规范还具有鲜明的阶级性。

二、法律规范

（一）法律规范的概念

法律规范是指由国家制定或认可，并由国家强制力保证实施的社会成员必须遵守的行为规范。法律规范是法律的细胞，是法律最基本的组成要素。它是立法者为了调整特定的社会关系,而对社会成员设定的在何种条件下如何行为,并预示出相应法律后果的行为模式,供社会成员行为时选择。设定法律规范意味着某些原来由其他社会规范调整的社会关系或新兴的社会关系被纳入法律调整的范围,也意味着人们的某些行为被纳入法律所设定的模式。

法律规范与法是两个既有联系又有区别的概念。它们的联系表现在:法是一个大的概念,"法"作为一个类名词,是指一国所有法律规范的总和;法律规范则是法的细胞和最基本的要素。法与法律规范是整体与局部的关系,是种属关系,法是种概念,法律规范是属概念。它们的区别在于:法一般由法律原则、法律概念、法律规范等要素组成。法律规范作为法的一个主要组成部分,有其自身的逻辑构成,包括适用条件、行为模式和法律后果三个组成部分。各种法律规范的总和组成了法的有机整体。

法律规范与规范性法律文件也既有联系又有区别。规范性法律文件是有权的国家机关制定的具有普遍约束力的法律文件,它有特定的形式和结构,以法律条文为其基本构成要件。规范性法律文件中的规范性条文是指为人们设置具体的行为模式,以及相应的适用条件和法律后果的法律条文,即直接表述法律规范的条文,这类法律条文是规范性法律文件的主要组成部分。规范性法律文件是某一类法律规范的载体,它主要通过规范性条文表达法律规范,其中的非规范性条文并不表达法律规范;而法律规范也并不一定都由规范性法律文件及其规范性条文来表达,它们可以蕴含在判例法和习惯法中。

（二）法律规范的构成要素

法律规范的构成要素又称法律规范的逻辑构成要素,是指组成法律规范的各个要素及其逻辑关系。任何法律规范都有其固定的构成要素,这些要素之间的有机联系构成了一个完整的法律规范。一个完整的法律规范包括三个组成要素,即适用条件、行为模式和法律后果,这三个组成要素相互联系,缺一不可。

1. 适用条件

适用条件是指法律规范中规定的适用该规范的条件和情况,即在一定范围内,具备一定条件时,该法律规范才对人的行为产生效力。它包括适用该规范的主体、时间、地点和情节等条件和情况。例如,我国《刑法》第 6 条规定:"凡在中华人民共和国领域内犯罪的,除法律有特别规定的以外,都适用本法。"这就是《刑法》分则中各法律规范共有的适用条件。

2. 行为模式

行为模式是指法律规范中具体规定的人们的行为规则。它包括可以做什么(可为)、应该做什么(应为)、不得做什么(勿为)三种模式。行为模式是法律规范中的主体部分和核心内容,也就是法定权利和义务的具体表现。例如,我国《婚姻法》第 16 条规定:"子女可以随父姓,也可以随母姓。"这就是一种可为的行为模式。

3. 法律后果

法律后果是指法律规范中规定的遵守或违反该规范的行为模式所引起的法律后果。它包括肯定性法律后果和否定性法律后果。前者是法律承认某种行为合法有效并加以支持、保护和奖励,又称为合法后果;后者是对违法行为不予承认、给予撤销,乃至制裁,又称为违法后果。例如,我国《刑法》第 20 条规定:"为了使国家、公共利益、本人或他人的人身、财产和其他权利免受正在进行的不法侵害,而采取的制止不法侵害的行为,对不法侵害人造成损害的,属于正当防卫,不负刑事责任。正当防卫明显超过必要限度造成重大损害的,应当负刑事责任,但是应当减轻或者免除处罚。"这一条款指明了两种行为模式及其相应的法律后果。一是公民有权正当防卫,其法律结果是肯定的,即使对不法侵害人造成损害,也"不负刑事责任";二是公民不得防卫过当,否则将招致否定性的法律后果,即"应当负刑事责任"。由此可见,肯定性法律后果与否定性法律后果是法律规范中所表达的国家对某种行为的肯定或否定的态度。

（三）法律规范与法律条文

法律规范是法律条文的内容,法律条文是法律规范的文字表达形式。一个完整的法律规范往往由几个法律条文来表达,甚至各组成部分也可以散见于几个规范性法律文件中。甚至一个法律条文也可以包含若干法律规范中的行为模式。这主要有以下几种情况。

第一,某一法律规范的适用条件部分与其他一些法律规范的适用条件相同。为了避免不必要的重复,可将适用条件用专条集中表达。例如,我国《刑法》分则规定的各种犯罪及处罚,它们的适用条件部分大多在总则中以专条规定,包括该刑法的时间效力、空间效力、对人的效力等。

第二,某一法律规范的法律后果部分与其他一些法律规范的法律后果相同。行为模式虽不相同,但招致的法律后果却相同,那么,这些法律规范的法律后果部分也可用专条来集中表述。例如,我国 1993 年颁布的《公司法》中,法律后果部分主要集中在第十章"法律责任"中表述。

第三,有时一个法律条文可以同时表达多个法律规范(往往是法律规范中的行为模式部分),但这需要有一个前提条件,就是这种法律条文所表达的法律规范中的各种行为模式的法律后果是相同的。例如,《民法通则》第 58 条规定:"下列民事行为无效:(一)无民事行为能力人实施的;(二)限制行为能力人依法不能独立实施的;(三)一方以欺诈、胁迫的手段或乘人之危,使对方在违背其真实意思的情况下所为的;(四)恶意串通,损害国家、集体或者第三人利益的；(五)违反法律或者社会公共利益的；(六)经济合同违反国家指令性计划的；(七)以合法形式掩盖非法目的的。无效的民事行为，从行为开始就没有法律约束力。"由此可见，"下列民事行为无效"、"无效的民事行为，从行为开始就没有法律约束力"是法律规范的法律后果部分；第(一)项至第(七)项所列举的是多个"勿为"性质的行为模式。

第四，某些法律规范的适用条件可以在法律条文中省略。例如，我国《婚姻法》第18条规定："夫妻有相互继承财产的权利。"显然这里没有表达适用条件部分，在其他条文中也没有出现，它的适用条件"在夫妻双方一方死亡的情况下"被省略了。为了法律的简明扼要，这种省略是必要的。

（四）法律规范的种类

按照不同的标准或从不同的角度出发，可对法律规范作出不同的分类。根据法律规范的调整对象，它可分为刑事法律规范、民事法律规范、行政法律规范等；根据法律规范的适用范围，它又可分为国际法法律规范和国内法法律规范等；根据法律规范的内容，它还可分为实体性法律规范和程序性法律规范等。这里我们将从法律规范自身的特点进行分类。

1. 授权性规范、命令性规范和禁止性规范

按照法律规范为人们设定的行为模式进行分类，法律规范可以划分为授权性规范、命令性规范和禁止性规范。

授权性规范是以"可为"这一行为模式为核心的法律规范。它规定人们有权自己作出或不作出一定行为，以及要求他人作出或不作出一定行为。法律条文表达授权性规范时往往使用"有权……"、"可以……"、"能够……"、"有……的权利"等字样。例如，我国《专利法》第17条规定："发明人或者设计人有在专利文件中写明自己是发明人或者设计人的权利。"

命令性规范是以"应为"这一行为模式为核心的法律规范。它要求人们通过积极的行为，即作出一定行为来履行某种法律义务。法律条文表达命令性规范时常常使用"应当……"、"必须……"等字样。例如，我国《合同法》第60条规定："当事人应当按照约定全面履行自己的义务。当事人应当遵循诚实信用原则，根据合同的性质、目的和交易习惯履行通知、协助、保密等义务。"

禁止性规范是以"勿为"这一行为模式为核心的法律规范。它规定禁止人们作出一定行为，即通过不作为来履行某种法律义务。法律条文在表达禁止性规范时常采用"不得……"、"禁止……"等字样。但有时候也省略"不得"、"禁止"等字样，而是通过行为模式与否定性法律后果的同条表达来说明禁止性规范。如我国《刑法》第232条规定："故意

杀人的,处死刑、无期徒刑或者十年以上有期徒刑;情节较轻的,处三年以上十年以下有期徒刑。"该条虽然没有使用"不得"、"禁止"等字样,但其实是表达禁止性规范,即禁止故意杀人。

法律主要是由权利和义务构成的。在这里,授权性规范又可称为权利性规范,命令性规范和禁止性规范又可合称为义务性规范,即规定人们必须做出或不做出一定行为的法律规范。

2. 强行性规范和任意性规范

按照法律规范中所设定的权利和义务的强度,法律规范可以划分为强行性规范和任意性规范。

① 强行性规范是指对权利和义务的规定具有十分明确、肯定的形式,不允许人们以任何方式予以改变或违反的法律规范。命令性规范和禁止性规范一般都属于强行性规范。但也有些授权性规范因其内容的肯定性而属于强行性规范,如我国《著作权法》第11条规定:"著作权属于作者,本法另有规定的除外。"又如,我国《民法》中对监护权的规定实际上也是一种强行性规范,它由法律来确定,不能由当事人自己随意转让或放弃。

② 任意性规范是指允许人们在法定范围内自行确定其权利义务或选择行使权利、履行义务的方式的法律规范。一般来说,授权性规范大多是任意性规范。它们往往为人们的行为提供了两个以上的方式或方向,人们可以自主、任意选择其一。例如,我国《民事诉讼法》第86条规定:"人民法院进行调解,可以由审判员一人主持,也可以由合议庭主持,并尽可能就地进行。"但也有些义务性规范(即命令性规范和禁止性规范)因其规定的义务履行方式具有自主性而可视为任意性规范,如《民法通则》第53条规定:"企业之间或企业、事业单位之间联营,按照合同的约定各自独立经营的,它的权利和义务由合同约定,各自承担民事责任。"

3. 确定性规范、委托性规范和准用性规范

按照法律规范中的权利和义务是否被直接、明确地表述出来,法律规范可分为确定性规范、委托性规范和准用性规范。

① 确定性规范是指直接、明确地规定行为规则内容的法律规范。它的适用不必援引其他法律规范或委托其他机关来具体规定。例如,我国《刑法》第57条规定:"对于判决死刑、无期徒刑的犯罪分子,应当剥夺政治权利终身。"在我国,大多数法律规范都是确定性规范。

② 委托性规范是指没有直接规定某一行为规则的内容,而是委托其他几个予以具体规定的法律规范。例如,我国《民事诉讼法》第61条规定:"代理诉讼的律师和其他诉讼代理人有权调查收集证据,可以查阅本案有关材料。查阅本案有关材料的范围和方法由最高人民法院规定。"据此,最高人民法院于2002年11月颁布了《关于诉讼代理人查阅民

事案件材料的规定》，其中对诉讼代理人查阅案件材料的范围、方式、程序、保密义务和限制等问题作了较详细的规定。由此可见，诉讼代理人查阅民事案件材料的行为规则不是直接来自于民诉法的规定，而是来自于最高人民法院基于民诉法的委托所作出的有关规定。前者属于委托性规范，后者属于确定性规范。

③ 准用性规范是指没有明确规定行为规则的内容，但准许引用其他法律规定的法律规范。例如，我国《刑法》第 269 条规定："犯盗窃、诈骗、抢夺罪，为窝藏赃物、抗拒抓捕或者毁灭罪证而当场使用暴力或者以暴力相威胁的，依照本法第二百六十三条的规定定罪处罚。"即准用《刑法》第 263 条的规定，以抢劫罪定罪量刑。再如，《中华人民共和国反不正当竞争法》第 21 条规定："经营者假冒他人的注册商标，擅自使用他人的企业名称或者姓名，伪造或者冒用认证标志、名优标志等质量标志，伪造产地，对商品质量作引人误解的虚假表示的，依照《中华人民共和国商标法》、《中华人民共和国产品质量法》的规定处罚。"这也属于准用性规则。

4. 权义独立规范和权义复合规范

按照法律规范的内容是否单一地表达权利或义务，法律规范可分为权义独立规范和权义复合规范。

权义独立规范是指仅仅规定某一权利或某一义务的法律规范。大多数法律规范都属于此类。它们或者规定法律权利，或者规定法律义务，各自独立，一目了然。

权义复合规范是指规定某一行为既是权利又是义务的法律规范。这种规范所规定的行为具有双重属性，无法简单判断它是权利还是义务。如关于国家机关及公职人员的职权性规范，往往是权义复合规范。它所规定的行为是权利（权力），即有权依法作出一定行为或要求他人作出一定行为；但也是义务，即不得放弃和转让。例如，我国 1993 年颁布实施的《发票管理办法》第 39 条规定："违反发票管理法规，导致其他单位或者个人未缴、少缴或者骗取税款的，由税务机关没收其非法所得，可以并处未缴、少缴或者骗取税款一倍以下的罚款。"该条款表明，税务机关有权对违法行为进行处罚，也必须对违法行为进行处罚。

依据法律规定，公安机关负有维持社会公共秩序、保护公民生命财产安全的职责。这种职责既是公安机关所享有的一种权利，同时也是一种必须履行的义务。如果公安机关拒绝履行这种义务，将承担相应的法律责任。

三、社会规范与法律规范的联系

社会规范与法律规范具有不可分割的联系，具体表现如下。

① 社会规范是种概念，它包括人类社会的所有规范；法律规范是属概念，它从属于社

会规范,只包括法律领域出现的规范。

② 社会规范和法律规范是整体和局部、包含与被包含的关系。社会规范是整体,包含法律规范;法律规范是局部,是社会规范的重要组成部分。

③ 社会规范与法律规范是不可分割的,社会规范是法律规范的源泉,没有社会规范,法律规范就会成为无源之水、无本之木,失去它的活力;法律规范是社会规范的补充,法律规范的大量涌现能为社会规范丰富、充实大量的内容。

 **练习题**

一、填空题

1. 社会规范是指人们(　　)的规矩和社会活动的准则。

2. 法律规范是指由国家(　　),并由国家强制力保证实施的社会成员必须遵守的行为规范。

3. 法律规范由(　　)、(　　)、(　　)三要素构成。

4. 命令性规范和禁止性规范合称为(　　)。

二、单项选择题

1. 社会规范是指人们社会行为的规矩和(　　)的准则。
    A. 自然活动　　　　　　　　B. 社会活动
    C. 自然活动和社会活动　　　D. 思想活动

2. 社会规范分为(　　)两类。
    A. 成文和不成文　　B. 习惯和道德　　C. 道德和宗教　　D. 习惯和宗教

3. 法律规范是指由国家(　　),并由国家强制力保证实施的社会成员必须遵守的行为规范。
    A. 制定　　　　B. 认可　　　　C. 制定或认可　　　D. 移植

4. 法律规范是法律条文的内容,法律条文是法律规范的(　　)表达形式。
    A. 文字　　　　B. 字母　　　　C. 字节　　　　D. 数字

5. 法律规范是法律条文的(　　),法律条文是法律规范的文字表达形式。
    A. 形式　　　　B. 内容　　　　C. 形式与内容　　　D. 总则

6. 法律规范包括适用条件、行为模式和(　　)。
    A. 法律原则　　B. 法律思想　　C. 法律后果　　D. 法律责任

三、多项选择题

1. 法律规范的构成要素主要有(　　)。
    A. 适用条件　　B. 行为模式　　C. 法律后果　　D. 法律效果

2. 按照法律规范为人们设定的行为模式进行分类,法律规范可以分为(　　)。

　　A. 授权性规范　　B. 命令性规范　　C. 禁止性规范　　D. 弃权性规范

3. 按照法律规范中设定的权利和义务的强度,法律规范可以分为(　　)。

　　A. 强行性规范　　B. 任意性规范　　C. 国际性规范　　D. 国内性规范

4. 按照法律规范中权利和义务是否被直接、明确地表述出来,法律规范可以分为(　　)。

　　A. 确定性规范　　B. 委托性规范　　C. 准用性规范　　D. 例外性规范

5. 按照法律规范的内容是否单一地表达权利或义务,法律规范可以分为(　　)。

　　A. 权义独立规范　　B. 权义复合规范　　C. 权益规范　　D. 国际规范

四、判断并改错

1. 法律规范就是法律条文。

2. 法律后果就是法律制裁。

3. 法律规范要通过法律条文体现出来,因此,一个法律条文就是一个法律规范。

五、名词解释

1. 社会规范

2. 法律规范

六、简答题

1. 法律规范的种类有哪些?

2. 法律规范与法律条文的关系是什么?

七、案例思考题

1. 佛教的十戒是：不杀戒、不盗戒、不淫戒、不妄语戒、不饮酒戒、离高广大床戒、离花戒、离歌舞戒、不蓄金银财宝戒、离非时食戒。

试用本单元的知识说明：上述规范是什么性质的规范?

【提示】　从社会规范和法律规范的构成要素来判断。

2. 《中小学教师职业道德规范》规定："一、爱国守法。热爱祖国,热爱人民,拥护中国共产党领导,拥护社会主义。全面贯彻国家教育方针,自觉遵守教育法律法规,依法履行教师职责权利。不得有违背党和国家方针政策的言行。二、爱岗敬业。忠诚于人民教育事业,志存高远,勤恳敬业,甘为人梯,乐于奉献。对工作高度负责,认真备课上课,认真批改作业,认真辅导学生。不得敷衍塞责。三、关爱学生。关心爱护全体学生,尊重学生人格,平等公正对待学生。对学生严慈相济,做学生良师益友。保护学生安全,关心学生健康,维护学生权益。不讽刺、挖苦、歧视学生,不体罚或变相体罚学生。四、教书育人。遵循教育规律,实施素质教育。循循善诱,诲人不倦,因材施教。培养学生良好品行,激发学生创新精神,促进学生全面发展。不以分数作为评价学生的唯一标准。五、为人师表。

坚守高尚情操,知荣明耻,严于律己,以身作则。衣着得体,语言规范,举止文明。关心集体,团结协作,尊重同事,尊重家长。作风正派,廉洁奉公。自觉抵制有偿家教,不利用职务之便谋取私利。六、终身学习。崇尚科学精神,树立终身学习理念,拓宽知识视野,更新知识结构。潜心钻研业务,勇于探索创新,不断提高专业素养和教育教学水平。"

　　试用本单元的知识判断:上述规范是一般社会规范还是法律规范? 它有什么特点?

　　【提示】　从法律规范的构成要素及分类特点来判断。

　　3.《中华人民共和国公务员法》第十二条规定:"公务员应当履行下列义务:(一)模范遵守宪法和法律;(二)按照规定的权限和程序认真履行职责,努力提高工作效率;(三)全心全意为人民服务,接受人民监督;(四)维护国家的安全、荣誉和利益;(五)忠于职守,勤勉尽责,服从和执行上级依法作出的决定和命令;(六)保守国家秘密和工作秘密;(七)遵守纪律,恪守职业道德,模范遵守社会公德;(八)清正廉洁,公道正派;(九)法律规定的其他义务。"第十三条规定:"公务员享有下列权利: (一)获得履行职责应当具有的工作条件;(二)非因法定事由、非经法定程序,不被免职、降职、辞退或者处分;(三)获得工资报酬,享受福利、保险待遇;(四)参加培训;(五)对机关工作和领导人员提出批评和建议;(六)提出申诉和控告;(七)申请辞职;(八)法律规定的其他权利。"

　　试用本单元的知识判断:上述规范是一般社会规范还是法律规范? 它有什么特点?

　　【提示】　从法律规范的种类特征来判断。

学习单元 4　社会关系与法律关系

学习目的与要求

　　了解社会关系与法律关系方面的知识;明确法律关系与一般的社会关系的区别;充分认识和理解法律关系在社会交往中的表现及其作用;增强权利义务观念和依法办事的意识。

学习重点与提示

　　法律关系的概念和特征;法律关系的构成要素;法律关系的分类;法律关系产生、变更和终止的条件。

一、社会关系

　　"关系"一词的含义在不同的语境中是不一样的,大体上有以下六种意思:①事物之间相互作用、相互影响的状态,如处理好科学技术普及和提高的关系;②人和人或人和事物之间的某种性质的联系,如军民关系、同事关系等;③对有关事物的影响或重要性,如照相机坏了没有关系,修理修理照样能用;④泛指原因、条件等,如由于时间关系,会议就开到这里;⑤表明某种组织关系的证件,如团组织关系、党组织关系等;⑥关联、牵涉,如棉花是关系到国计民生的重要物资。

　　社会学上"关系"的含义有两种:一是指人与人之间交往的联系;二是指发生在两个人之间的一种社会交往过程。它们是一种特有的人际互动形式。如家庭关系、亲戚关系、联姻关系、同乡关系、同学关系、师生关系、朋友关系,等等。

　　哲学上的"关系"是指事物及其特性之间的相互联系。关系是客观地、固有地存在于相应事物之间的,任何事物总是处在和其他事物的一定关系中才能存在和发展。关系是多样的、复杂的、多变的。

　　社会关系是指社会中人与人和人与物的关系的总称,包括生产关系及建立在生产关系基础之上的政治、法律、道德、宗教、艺术等各种关系。在各种关系中, 社会关系具有特殊性。在社会实践中,人不仅建立了与客观事物的相互关系,而且建立了人与人之间的相互关系。人对客观事物、对自身、对他人的关系带有自觉意识和社会历史性特征。

二、法律关系

法律关系是指法律在确认和调整人们行为的过程中所形成的权利、义务的关系。这一定义基本为我国法学界所公认。

（一）法律关系的特征

法律关系是一种特殊的社会关系,它与一般的社会关系相比,有以下几个主要的特征。

1. 法律关系是以法律规范为前提而形成的社会关系

法律关系是法律对人们的行为及其相互关系加以确认和调整而出现的一种社会关系,因此,在没有相应的法律规范之前,也就不可能形成相应的法律关系。尽管在这时的某种社会关系可能是存在的,但它不是具有法律关系性质的社会关系。例如,家庭生活中的婚姻关系、亲属关系以及生产劳动中的协作关系、分配关系,在法律尚未出现的原始社会就已经存在了,但是,这些社会关系在当时并不具有法律关系的性质。再如,在技术的发明与使用过程中所形成的利益关系,直到近代专利法出现之后才成为法律关系,在古代社会中,尽管已经建立了一套法律制度,但是,其中并没有关于技术发明与使用问题的规定,这些问题在当时是不受法律调整的。因此,可以这样来理解法律关系:凡纳入法律调整范围内的社会关系,都是法律关系;凡未纳入法律调整范围的社会关系,都不是法律关系。法律关系只是社会关系的一个特殊种类而已。

2. 法律关系是特定法律关系主体之间形成的权利与义务的社会关系

法律关系是由法律上的权利、义务所形成的社会关系。就是在法律化的社会关系中,当事人之间按照法律规范而分别享有一定的权利或负有一定的义务,当事人双方或数方被一条法律上的纽带——权利和义务联系在一起。这就是由法律在当事人之间设定权利和义务,从而使他们之间的行为和要求具有法律意义,可以依法予以肯定或否定评价,而被给予肯定评价的行为和要求会得到法律的支持和保护,而被给予否定评价的行为和要求则会受到法律的取缔甚至制裁。在此,必须充分注意的是,法律关系仅仅是法律关系当事人之间具有权利、义务内容的关系,而不是他们之间的全部关系。例如,甲和乙是一份合同的法律关系的当事人,他们之间的全部关系中,只有那些具有合同权利和义务内容的部分,才是合同法律关系,至于那些不具有权利、义务内容的关系(如长期的朋友关系)则不属于法律关系。

3. 法律关系是体现国家意志并以国家强制力作为保障手段的社会关系

在法律规范中,关于一个人可以做什么、必须做什么、不得做什么的规定,是国家意志的体现,它体现了国家对各种行为的态度。当根据法律规范而形成法律关系时,就是法律从抽象规定变成社会中的现实秩序的一种状态。如果这种现实的权利、义务关系受到破坏,就意味着国家意志所授予的权利受到侵犯,意味着国家意志所设定的义务被拒绝履行。因此,当一种社会关系被纳入法律调整范围之内后,就表明国家意志不会听任它被随意破坏,并且会利用国家强制力对其加以保障。但是,当法律关系受到破坏时,国家强制力是否立即发挥作用,这取决于法律关系的性质。依据强行性规则而形成的法律关系是受国家强制力直接保障的,而依据任意性规则而形成的法律关系,在其受到破坏时,则须经权利人的请求后,国家强制力才会出现。

（二）法律关系的构成要素

1. 法律关系主体

法律关系主体就是指法律关系的参加者,即在法律关系中享有一定权利或负有一定义务的人,通常又称之为权利主体和义务主体,简称权义主体。权利主体和义务主体也就是由法律对其行为加以调整的人。不过,法律上所使用的"人"的概念主要包括自然人和法律拟制人。

（1）自然人

自然人是指有生命并具有法律人格的个人,是权利主体或义务主体最基本的形态。不过,有生命的人并不一定在任何时空条件下都被法律视为人,即并不一定会被法律当作一个人来对待。在奴隶制社会中,奴隶虽然是一般意义上的人,但往往不被法律承认为人,即不具有法律上的人格。因此,自然人是一个法律概念,以有生命且有法律人格为充分必要条件。它包括公民、外国籍人、无国籍人。

（2）法律拟制人

法律拟制人是自然人的对称,指具有法律人格,能够以自己的名义独立享有权利和承担义务的社会组织,包括国家机关、社会团体、企业单位、事业单位等。它是由自然人组成的团体,但它在法律上不同于任何团体成员。它是由法律赋予人格并将其视同自然人一样有独立的意志和利益的社会组织体,因此,法律拟制人可以用自己的名义拥有财产、订立合同、行使权利、履行义务、起诉或应诉,基本上可以像自然人一样进行活动。在大陆法系国家,有公法人与私法人之分。公法人是依据公法而组织起来,以履行国家管理职能为宗旨,享有职权并承担职责的机构即国家机关。私法人是依据私法而组织起来,追求私人目的,享有权利并承担义务的团体即企业单位、事业单位和其他团体组织。

(3) 国家

国家也常常被作为具有法律人格者而参加一定的法律关系,并享有权利和承担义务。有学者亦将其列为特殊法人。

此外,有些不具有法人资格的团体也在一定范围内参加法律关系,如合伙、个体工商户、农村联产承包户,等等。

作为法律关系的主体必须同时具备法定的权利能力和行为能力,这是法律关系主体的构成资格。

权利能力就是由法律所确认的享有权利和承担义务的资格,是参加任何法律关系都必须具备的前提条件。也就是说,不具有权利能力,就意味着没有资格享有权利,也没有资格承担义务。权利能力是法律人格的同义语。人们不会主张让一匹马享有权利和承担义务(文明程度较低的法律制度除外),这是因为法律不会把一匹马作为人来对待。最极端的奴隶制的法律也完全不承认奴隶具有法律上的人格,故奴隶与牲畜都属于动产。在法律上,奴隶不能成为权利主体,也不能成为义务主体,一个奴隶损坏了别人的财产,如同一匹马践踏了别人的农作物一样,要由他的主人来承担赔偿的义务。奴隶不能成为义务主体并不表明他的地位优越,而只能说明他在法律上受到非人待遇。一个人有资格承担义务,意味着他只在义务所划定的范围内受权利人的支配;如果他因为不具有法律人格而无资格成为义务主体,则意味着他可以像财产一样被其主人不受限制地随意处分。

在自然人的权利能力问题上,不同时代、不同社会的法律制度所作出的规定有重大差别。在奴隶制时代,只有自由民才可能具有完全的权利能力,奴隶则完全没有权利能力或只在某些特定的范围内具有不完全的权利能力;在封建农奴制时代,农奴只具有部分权利能力,其在法律上不被视为完全意义上的人,而首先是被视为财产。在资产阶级革命之后,近、现代法制均确认一切公民的权利能力一律平等,非公民的自然人在人身和财产关系方面,也与公民具有平等的权利能力。法学界的主流观点把公民的权利能力分为一般权利能力和特殊权利能力两类。一般权利能力为所有公民普遍享有,始于出生,终于死亡,如人身不受侵犯的权利能力、继承遗产的权利能力等;特殊的权利能力须以一定的法律事实出现为条件才能享有,如参加选举的权利能力须以达到法定年龄为条件。也有学者认为,所谓特殊的权利能力,实质上都是行为能力,因此,他们认为把权利能力分为一般和特殊两类是不合适的。法律拟制人的权利能力始于法律拟制人依法成立,终于法律拟制人解散或撤销。法律拟制人权利能力的内容和范围与法律拟制人成立的目的直接相关,并由有关法律和法律拟制人组织的章程加以规定。

行为能力是指法律所承认的、由法律关系主体通过自己的行为行使权利和履行义务的能力。具有行为能力,首先意味着法律允许权利主体和义务主体独立地以自己的名义参加法律关系,行使自己的权利和履行自己的义务。在此,法律按照何种标准来决定是否允许权利主体和义务主体独立行使权利和履行义务呢？这就要看权利主体和义务主体是否具备对自己的行为及其后果的理解和判断能力。换言之，行为能力也就是法律所承认的行为人对自己的行为及后果的正常识别能力。这种能力主要取决于年龄和健康状况两种因素。在行为人年龄幼小或患有精神疾病的情况下，若允许其自行处分自己的权利或自行履行自己的义务，则可能因行为人缺乏正常的判断力而使其陷于不利处境，为对未成年人和精神病人予以特殊保护，现代各国的法律均设有行为能力制度。行为能力制度将自然人分为三类。第一类为完全行为能力人，即已经成年且神智正常的人，他们可以独立地处分自己的一切权利和义务。第二类为限制行为能力人，即尚未成年但已满一定年龄的人和患有某种精神疾病但尚具有一定识别能力的人，他们只能独立处分与其能力相适应的权利和义务。第三类为无行为能力人，即尚未达到一定年龄的幼童和完全丧失识别能力的精神病人，他们自行处分自己的权利和义务的行为，在法律上均为无效。限制行为能力人和无行为能力人虽然不能成为某些法律关系的主体（如房地产买卖合同关系的缔约人），但可以成为无须作出判断的法律关系（如人身关系）或与其能力相适应的法律关系（如购买一支铅笔）的主体。

与行为能力直接相关的是责任能力。责任能力即对自己的行为承担法律责任的能力。责任能力是行为能力在第二性法律关系中变化了的存在形式，它与行为能力是一致的。完全行为能力人即完全的责任能力人，限制行为能力人即限制责任能力人，而无行为能力人即无责任能力人。法律拟制人自成立到终止，始终具有完全行为能力，故其行为能力与权利能力是一致的。因为法律拟制人不存在智力年龄过小和患有精神疾病的问题。

2. 法律关系客体

法律关系客体是法律关系主体之间的权利和义务所指向的对象，又称权利客体和义务客体。它是将法律关系主体间的权利与义务联系在一起的中介要素，没有客体为中介要素，就不可能形成法律关系。因此，客体构成了任何法律关系都必须具备的一个要素。

在每一个法律关系中，权利客体和义务客体都是一致的。也正因为如此，客体才能把权利主体的权利和义务主体的义务联系在一起。在此，可以通过一支钢笔买卖的法律关系为例加以分析：买方的义务是支付钢笔的价钱，权利是取得钢笔；卖方的义务是交付钢笔，权利是取得钢笔的价钱。钢笔和价钱即为买、卖双方的权利与义务指向的共同对象，由此才能在双方之间形成买卖的法律关系。假设某人专为买此钢笔而持款至商店，而店主却欲以一个水杯售之，则双方的权利与义务所指向的对象不具有一致性，这一买卖法律关系就难以成立。究竟哪些事物可以成为法律关系的客体，这在社会发展的不同阶段是不一样的。只有同时符合以下三个条件者，才可能成为权利和义务的客体。

第一，必须是一种资源，能够满足人们的某种需要，因而被认为具有价值和使用价值；

第二，必须具有一定的稀缺性，不能被需要它的一切人毫无代价地占有利用；

第三，必须具有可控制性，可以被需要它的人为一定目的而占有和利用。

在现代社会中,同时符合上述三种条件的事物是非常多的。从宏观上说,其主要的典型形态有如下几类。

(1) 物

法律上所说的物包括一切可以成为财产权利对象的自然之物和人造之物。

(2) 行为

在法律关系客体的意义上,行为指的是权利主体的权利和义务主体的义务所共同指向的作为或不作为。

(3) 智力成果

作为客体的智力成果指的是人们在智力活动中所创造的精神财富,它是知识产权所指向的对象。

(4) 人身利益

它包括人格利益和身份利益,是人格权和身份权的客体。

法律关系客体并不限于以上几类。可以说,有一类权利或义务就有一类与之相应的客体。如果没有相应的客体,权利和义务便无所依附,也就不存在了。在过去,有一种被广泛接受的观点认为,在现代法制中,尤其是在社会主义法制中,人身不能成为法律关系客体,把人身当作客体是奴隶制社会进行人身买卖所特有的情况。这种观点值得讨论。在现代法制中,人身固然不能成为买卖关系的客体,但是,却可以成为各种人身权法律关系的客体,在客体中,若完全排斥人身,人身权就不能存在了。

3. 法律关系的内容

法律关系的内容是指法律关系主体针对法律关系客体在一定条件下依法享有的权利和承担的义务。是法律规范确定的权利和义务在现实社会生活中的实现。权利的行使和义务的履行要注意它们的限度。权利的行使不能"越权"、不能滥用权利,必须按照法定的方式和方法行使;义务的履行要注意义务主体是否具有履行义务的行为能力以及时间界限和利益界限。

(三) 法律关系的种类

法律关系的数量和种类随着法律调整范围的增大而增加。在现代法制条件下,法律关系的样式繁多,不胜枚举。在此,我们只是从宏观上来讨论一下法律关系的分类问题。

1. 基本法律关系、普通法律关系与诉讼法律关系

① 基本法律关系是指由宪法或宪法性法律所确认或创立的,直接反映该社会经济制度和政治制度基本性质的法律关系。基本法律关系主要包括公民与国家的关系、国家机构之间的关系、中央与地方的关系、民族之间的关系、所有制关系和分配关系等内容。基

本法律关系是社会中根本性的权利和义务关系，直接反映社会基本利益结构，并构成其他法律关系的基础。

② 普通法律关系是指依据以宪法和宪法性法律为指导的实体法而形成的，是存在于各类权利主体和义务主体之间的法律关系。普通法律关系是由各种实体法加以调整的法律关系，它们构成了全部法律关系的主干部分，是最为常见、数量最大的法律关系。

③ 诉讼法律关系是指依据诉讼法律规范而形成的，存在于诉讼程序之中的法律关系。当基本法律关系和普通法律关系受到破坏或引起当事人之间的争议时，由于提起诉讼，诉讼法律关系便产生了。诉讼法律关系既存在于在诉讼程序中出现的各司法机关之间，也存在于各诉讼参与人之间，还存在于各司法机关和诉讼参与人之间。诉讼法律关系是为了恢复或补救被破坏了的基本法律关系和普通法律关系而形成的特殊法律关系，它对于维护法律秩序具有重要意义。国家强制力对法律关系的保障作用，在诉讼法律关系中表现得最为典型。

2. 平权型法律关系与隶属型法律关系

① 平权型法律关系又叫横向法律关系，是存在于法律地位平等的当事人之间的法律关系。所谓法律地位平等，指的是当事人之间没有隶属关系，也就是既不存在职务上的上、下级关系，也不存在一方当事人可以依据职权而支配对方的情形。这种平权型的法律关系以民事法律关系最为典型，当然，在民事行为领域之外也存在许多种平权型法律关系。

② 隶属型法律关系又叫纵向法律关系，是一方当事人可依据职权直接要求他方当事人为或不为一定行为的法律关系。隶属型法律关系存在于具有职务关系的上、下级之间，也存在于依法享有管理职权的国家机构和在其管辖范围内的各种主体之间。行政法律关系是典型的隶属型法律关系，在这种法律关系中，行使职权的机关可通过单方面的意思表示来要求相对人服从。

3. 绝对法律关系和相对法律关系

① 绝对法律关系是指存在着特定的权利主体而没有特定的义务主体的法律关系。绝对法律关系的特点是只有权利主体是特定的、具体的，而义务主体则是不特定、不具体的。绝对法律关系以"一个人对一切人"的形式表现出来，即一个特定的人与其他任何可能出现的人之间的法律关系。例如，甲享有一项专利权，其他一切人在未经甲允许时都负有不得使用该专利技术的义务，在这里，只有权利主体是特定的，而义务主体是不特定的。

② 相对法律关系是指存在于特定的权利主体和特定的义务主体之间的法律关系。相对法律关系的特点是参加法律关系的双方或数方均是特定的、具体的人，其表现形式是"某个人对某个人"。例如，在甲和乙的合同法律关系中，谁享有权利、谁承担义务都是确定的，其中，享有权利的当事人只能要求已经确定化的某个具体的人履行相应的义务，而

不能要求其他人履行义务。

4. 第一性法律关系和第二性法律关系

① 第一性法律关系是指存在于权利主体与义务主体之间的、尚未产生法律责任的法律关系。在第一性法律关系中，各方主体的行为均具有合法性，权利主体没有滥用权利，义务主体没有拒绝履行义务，从而使法律规范的内容正常地在社会实际生活中实现出来。因此，第一性法律关系是原初状态的法律关系，它没有受到人为的破坏，不存在违法行为及其所引起的法律责任，也不需要对任何人实施法律制裁。

② 第二性法律关系是指在原有权利、义务受到破坏并产生法律责任的条件下形成的法律关系。如果第一性法律关系没有被破坏，那么第二性法律关系就没有可能也没有必要产生。然而，当原有权利、义务的分配状态被破坏时，法律规范的内容就不能被正常地实现，为了排除法律实现的障碍，第二性法律关系就成为了必要。在第二性法律关系中，法律责任出现了，当法律责任带有惩罚性时，法律制裁也会随之出现。

（四）法律关系的产生、变更与消灭

1. 法律关系产生、变更与消灭的条件

法律关系是法律对社会关系加以确认和保障的结果，因此，它具有相对的稳定性。然而，由于社会生活本身是不断变化的，法律关系也就不能不具有某种流动性，从而表现为一个产生、变更与消灭的过程。

（1）法律关系的产生

法律关系的产生指的是在主体之间产生了权利、义务关系。

（2）法律关系的变更

法律关系的变更指的是法律关系的主体、客体或权利和义务发生了变化。

（3）法律关系的消灭

法律关系的消灭指的是主体间权利、义务关系完全终止。

法律关系的产生、变更与消灭不是随意的，必须符合以下两方面的条件：

第一方面的条件是抽象的条件，即法律规范的存在，这是法律关系产生、变更与消灭的前提和依据。

第二方面的条件是具体的条件，即法律事实的存在，它是法律规范中假定部分所规定的各种情况，一旦这种情况出现，法律规范中有关权利和义务的规定以及有关行为的法律后果的规定就发挥作用，从而使一定的法律关系产生、变更或消灭。

因此，可以用一句话来概括法律关系的产生、变更或消灭的条件，即由法律规范加以规定的法律事实是法律关系得以产生、变更或消灭的条件。法律规范对主体之间权利、义务的规定，为法律关系的产生提供了可能性，然而，在一定的法律事实未出现之前，这种可

能性还无法转化为现实性。当法律事实出现时，法律规范关于权利、义务的规定就从可能变为现实。因此，也可以说，法律规范为法律关系的产生、变更或消灭提供了可能性的条件，法律事实为法律关系的产生、变更或消灭提供了现实性的条件。

2. 法律事实及种类

法律事实是指由法律规定的，能够引起法律关系产生、变更或消灭的各种事实的总称。法律事实与一般意义上的事实既有相同之处，也有重要区别。

法律事实与一般事实的相同之处在于，法律事实本身也是一种事实，它与其他事实一样是一种客观存在的情况。

法律事实与一般事实的区别之处在于：

第一，法律事实只是由法律加以规定的那些事实。法律之所以对某些事实加以规定，是因为这些事实具有法律意义。也就是说，在法律看来，这些事实对于明确人们的权利、义务及其界限是重要的，在决定应当如何评价和对待某种行为、利益和要求时，必须对这些事实加以考虑。而那些法律不加以规定的事实，则不具有法律上的意义，在作出法律上的决定时，这些事实可以被忽略不计。例如，合同是否已由当事人签署，这是有法律意义的事实；而签署合同所使用的墨水是蓝色还是黑色，则是没有法律意义的事实。

第二，法律事实只是能够引起法律后果的那些事实。法律事实具有法律意义，故它的出现会引起一定的法律后果，即导致某种法律关系的产生、变更或消灭。以前例言之，合同已经当事人签署，这一事实具有法律意义，它所引起的法律后果就是在当事人之间形成了合同法律关系，当事人分别享有约定的权利，同时也被约定的义务所约束。

法律事实可分为法律事件和法律行为。

法律事件是指与当事人意志无关的，能够引起法律关系产生、变更或消灭事实的事件。事件的特点是，它的出现与当事人的意志无关，不是由当事人的行为所引发的。导致事件发生的原因，既可以来自于社会，也可以来自于自然。例如，战争或社会革命，有可能引起某些法律关系的产生、变更或消灭，这属于社会事件；洪水或地震，也有可能引起某些法律关系的产生、变更或消灭，这属于自然事件。当然，有些事件的起因可能既有社会因素，也有自然因素，因此，社会事件与自然事件之间并无绝对界限。

法律行为一旦作出，也是一种事实。它与事件的不同之处在于，当事人的主观因素成为引发此种事实的原因。因此，当事人既无故意又无过失，而是由于不可抗力或不可预见的原因所引起的某种法律后果的活动，在法律上不被视为行为，而被归入意外事件。法律上所说的行为，仅指与当事人意志有关且能引起法律关系后果的那些行为，既不含与当事人意志无关的行为，也排除了与当事人意志有关但无法律意义的行为。

法律事实可划分为以下种类：

一是按事实的存在形式划分，法律事实可分为确认式法律事实和排除式法律事实。

确认式法律事实指的是只有当该事实得到确认之后，才能引起一定法律后果的法律事实。与之相反的是排除式法律事实,指的是只有当该事实被排除之后,才能引起一定法律后果的法律事实。有的学者将前者称为肯定的法律事实,将后者称为否定的法律事实。确认式法律事实是法律事实的正态存在形式,它意味着只有当某一具有法律意义的事实出现时,才能引起相应的法律后果。例如,只有完成婚姻登记之后,婚姻法律关系才能形成。在此,完成婚姻登记即为一正态存在的法律事实。

排除式法律事实则是法律事实的反态存在形式,它意味着只有当某一具有法律意义的事实不存在时,才能引起相应的法律后果。某种事实的不存在,其本身也是一种事实。例如,审判案件的法官与诉讼当事人没有利害关系,申请结婚的双方没有血缘关系,制售食品的个体商贩没有传染性疾病,均为法律事实的反态存在形式。

二是按照引起法律后果所需的法律事实具有单数形式还是复数形式划分,法律事实可分为单一的法律事实和复杂的法律事实。

单一的法律事实是指无须其他事实出现就能单独引起某种法律后果的法律事实。如出生、死亡和放弃债权等,都是单一的法律事实,这种事实一旦出现,就会引起法律上的后果。

复杂的法律事实是指法律事实的复数存在形式,是由数个事实同时出现才能引起法律后果的法律事实。多数法律关系的产生、变更或消灭,必须以同时具备数个事实为条件,缺一不可。例如,抵押贷款合同关系就至少同时具备如下数个事实后才能成立:一方要约、一方承诺、双方意思表示一致、签订书面合同、合同公证。

三、社会关系与法律关系的联系

社会关系与法律关系是密切联系在一起的,具体表现为:

① 社会关系是种概念,它包括人类社会的一切社会关系;法律关系是属概念,它从属于社会关系,只包括法律领域出现的社会关系。

② 社会关系和法律关系是整体和局部、包含与被包含的关系。社会关系是整体,包含法律关系;法律关系是局部,是社会关系的重要组成部分。

③ 社会关系与法律关系是不可分割的,社会关系是法律关系的源泉,没有社会关系,法律关系就会成为无源之水、无本之木,失去它的活力;法律关系是社会关系的补充,法律关系的大量涌现能为社会关系丰富、充实大量的内容。

 练习题

一、填空题

1. 法律关系是以(　　　)为前提而形成的社会关系。

2. 法律关系是特定(　　　)之间形成的权利与义务的社会关系。

3. 法律关系是体现(　　　)并以(　　　)作为保障手段的社会关系。

4. 自然人包括(　　　)、外国籍人、无国籍人。

二、单项选择题

1. 社会关系是指社会中(　　　)的关系总称。

    A. 人与人   B. 人与物

    C. 人与人和人与物   D. 人与自然

2. 法律关系是指法律在确认和调整人们行为的过程中形成的(　　　)的关系。

    A. 权利   B. 义务   C. 权利、义务   D. 权力、义务

3. 法律事实包括法律行为和(　　　)。

    A. 法律文件   B. 法律规范   C. 法律事件   D. 法律责任

4. 下列能称为法律关系客体的是(　　　)。

    A. 人   B. 物   C. 原告   D. 被告

5. 张四将一批货物交给某铁路公司,让其将货物运到北京西站,张四和某铁路公司之间形成的法律关系的客体是(　　　)。

    A. 铁路   B. 货物   C. 火车   D. 运输行为

6. 法律义务是指法律关系主体(　　　)。

    A. 自己可以做出一定行为   B. 必须做出或不做出一定行为

    C. 可以要求他人做出一定行为   D. 可以要求他人不做出一定行为

三、多项选择题

1. 法律关系的主要特征有(　　　)。

    A. 法律关系是以法律规范为前提而形成的社会关系

    B. 法律关系是特定法律关系主体之间形成的权利与义务的社会关系

    C. 法律关系是体现国家意志并以国家强制力作为保障手段的社会关系

    D. 法律关系是人民调解关系

2. 法律关系的构成要素有(　　　)。

    A. 法律关系主体   B. 法律关系客体   C. 法律关系内容   D. 法律关系形式

3. 法律关系主体主要包括(　　　)。

    A. 自然人   B. 法律拟制人   C. 国家   D. 国际组织

4. 法律关系客体包括(　　　)。

    A. 行为   B. 物

    C. 人身利益   D. 智力成果(精神产品)

5. 法律关系的种类包括(　　　)。

    A. 基本法律关系、普通法律关系与诉讼法律关系

    B. 平权型法律关系与隶属型法律关系

    C. 绝对法律关系和相对法律关系

    D. 第一性法律关系和第二性法律关系

四、判断并改错

1. 法律关系是调整人们行为的社会关系。

2. 普通法律关系是指由宪法或宪法性法律所确认或创立的,直接反映该社会经济制度和政治制度基本性质的法律关系。

3. 法律关系内容是指法律关系主体针对法律关系客体在一定条件下依法享有的权利。

4. 法律事实就是法律事件。

五、名词解释

1. 社会关系

2. 法律关系

六、简答题

法律关系的特征是什么?

七、论述题

试述社会关系与法律关系的联系。

八、案例思考题

1. 张明今年6周岁,秋季开学以后,父母将其送到小学接受义务教育,张明与老师之间形成了师生关系,学校与张明之间形成了教育与被教育关系,张明与同学校学习的其他学生之间形成了同学关系、朋友关系。

试运用本单元学过的知识识别:上述哪些关系是法律关系?哪些关系是一般社会关系?说明理由。

【提示】 按这些关系是否有法律规定的权利义务内容予以判断。

2. 中秋节过后,某商店进了一批21英寸长虹牌电视机,商家为了促销,搞起了买一送一活动,将过了保质期的月饼作为赠品送给消费者。张江家的电视机正好报废要买一台新的电视机,知道此信息后,向同事王海借了4 000元钱,到该商店买回电视机并领回赠品。张江回家吃了月饼后,因拉肚子到医院诊治,花去诊疗费和医药费共500元。当得知是吃月饼所致后,他要求商店赔偿诊疗费、医药费、误工费、护理费、营养费合计2 000元。该商店不肯赔偿。

运用本单元学习的知识指出本纠纷中形成了哪些法律关系。说明理由。

【提示】 按照法律主体判断法律关系。

3. 春节过后,万利向张发财借了 10 万元钱做买卖,双方口头约定一年后还本付息。万利在南方某市与李大有合伙在工商管理部门注册开了一个烟酒批发部,生意兴隆、财源广进,一年内盈利 40 万元。万利分得利润 20 万元。第二年春节前,万利赶回家感谢张发财的帮助,并归还了借款的本息,还言明节后继续去开烟酒批发部。

试用本单元的知识判断:本案中产生了哪些法律关系? 随着条件的变化,哪些法律关系继续存在? 哪些法律关系消灭了?

【提示】 运用法律关系产生、消灭的知识予以认定。

学习单元 5　法律的创制

学习目的与要求

　　了解法律创制或立法概念及其特征；掌握法律创制的基本原则；了解我国立法体制的分类；能区分不同规范性文件的法律效力层次；明确我国的立法机构和立法程序。

学习重点与提示

　　法律创制及其原则；立法机构与立法程序；法律效力；我国法律体系。

一、法律的创制

（一）法律创制的概念

　　法律的创制又称立法，通常是指一定的国家机关依照法定权限和程序，制定、认可、修改、补充和废止规范性法律文件的专门活动。

　　法律制定是指国家专门机关依照法定权限和程序制作和规定规范性法律文件的活动。一般来说，本来不存在的某种法律规范，通过国家专门机关的创制活动就形成了新的法律规范。

　　法律认可是指国家专门机关依照法定权限和程序，对于社会上存在的某些习惯，承认和许可其具有法律效力的活动。我国民族区域自治法对于各个民族尚未改革而仍旧保持的风俗习惯，在总体上是予以明示或默示认可的。

　　法律修改是指国家专门机关依照法定权限和程序，对已经颁布生效的法律予以部分地变更，包括删除原有内容和补充新的内容的活动。它是由于情势变化等原因出现的活动。

　　法律废止是指国家专门机关依照法定权限和程序终止正在生效的某些法律的活动，包括明示废止和默示废止两种情形。

　　法律的创制在本质上是把自然性的社会关系上升为法律上的社会关系。由于这种创制是创制者有意识的社会行为，因而充分反映了创制者对社会关系的自觉调控及能动性。社会主义法律的创制，是社会主义国家机关根据工人阶级和广大人民的共同意志，按照一定的法律程序，制定、认可、修改或废止法律规范的活动。

　　法律的创制就是把统治阶级的意志上升为法律的过程，这种过程是由在该社会中占统治地位的阶级通过国家机关来组织和实现的。在我国，全国人民代表大会是最高国家权力机关，它集中代表全国人民的意志和利益，行使国家的立法权。

　　法律的创制是每个国家不可缺少的活动，但不同历史类型的国家，其目的和性质是不同的。它是国家的一项职能活动，也是实现国家其他职能的一项手段。它是随着国家的产生而出现的，并随着国家的发展而日益完善。在不同的社会形态和不同国家中，法律创制活动的内容、形式和规律有很大差异。在社会主义制度下，国家的一切权力属于人民，人民是国家和社会的主人。法律的创制尽管在形式上仍然是国家专门机关的职能活动，但在实质上已不是少数人的特权行为，而是广大人民通过自己的国家机关把自己的利益、愿望和意志上升为国家意志，创制为法律的活动，因而具有最广泛的民主性。

　　法律创制的主体是享有法定权限的一定国家专门机关，而不是随便什么机关都能创制法律。有权创制法律的国家专门机关创制法律时，要遵循立法程序。超越权限和违反法定程序创制的法律无效。

（二）法律的创制原则

　　法律的创制原则是国家立法指导思想在实际立法活动中的具体贯彻和落实，是对国家立法意图的总体概括。它反映着执政者所追求的法律目的和法律价值，体现着国家在一定历史时期的政权巩固和发展的客观需要，它必须与社会的实际相适应，必须符合社会发展的客观规律。我国当代法律的创制原则主要有以下几项：

1. 实事求是原则

　　贯彻实事求是的立法原则，就是要求把我国的立法工作建立在科学的基础之上，进行科学立法。如2000年3月5日通过的《中华人民共和国立法法》第6条规定："立法应当从实际出发，科学合理地规定公民、法人和其他组织的权利和义务、国家机关的权力与责任。"客观实际是我国创制法律的根基。我国人口众多、幅员辽阔，经济、政治、社会发展极不平衡，虽然我们已经进入社会主义社会，但仍处于初级阶段，只有立足于实际，法律才有生命力，才能有效地实现法律的功能，发挥法律的作用。

　　贯彻实事求是原则，具体来说，对我国的立法工作有以下几个方面的要求：

　　第一，立法要从中国现实的国情出发。是否合乎国情应成为衡量我国法律优良与否的一个基本标准。不顾国情的立法可能面临三种厄运：其一，这种立法可能由于和原有的社会关系不合拍而不可能被遵守;其二,如果法律被强制执行,因其损害社会成员利益而遭到反抗,以致于破坏社会安定;其三,即使法律被强制推行也未遭到反抗,但它同绝大多数社会成员的要求极不吻合,这就损害了人们从事社会活动和生产劳动的热情,这种法律就起着阻碍生产力发展的作用,直至经历一段迟滞后而被废除。

第二,立法要反映客观规律的要求。"实事求是"中的"是",即客观事物的内在联系,即规律性。实事求是的一个根本问题就是如何正确反映客观规律。这就要求立法者不能带有主观随意性,不能主观臆造,立法者必须深入调查研究,正确认识社会实际和客观规律,切忌主观武断,而必须把立法工作建立在对其所规定的事情的本质和发展规律的深刻认识的基础之上,必须能正确反映客观事务的本来面貌。

法律只是在自由的、无意识的自然规律变成有意识的国家法律时才起真正法律的作用。立法所表达的人的意志越与客观规律相符合,就越合乎实际,也就越具有科学性、进步性。尽管人的认识不可能完全与客观规律相符,但我国立法一定要尽可能接近于客观,这样才更有利于维护人民的利益。

第三,立法要考虑需要与可能两个方面的因素。首先应该创制那些当前急需的法律,把经过实践检验成熟的规定制定到法律中去,力求成熟一个创制一个;条件尚不成熟的,可暂缓创制;有的还可以分别创制,先以单行条例施行,再逐步形成完整的法律文件,不能急于求成,草率立法。总之,绝不能不顾客观实际,盲目地追求形式上的所谓法制完备。

完善我国法制的正确道路,应该是从实际出发,不断总结经验,根据国家的客观发展规律,积极而逐步地制定和修改法律。

2. 民主立法原则

《立法法》第 5 条规定:"立法应当体现人民的意志,发扬社会主义民主,保障人民通过多种途径参与立法活动。"民主立法原则,从根本上说,就是指在立法过程中,要认真贯彻群众路线,实行"从群众中来,到群众中去"的工作方法,使国家专门立法机关和群众参与相结合。这一原则充分体现了我国法律的人民性。它具体体现在两个方面:

第一,要实现立法程序的民主化,使广大群众都能够直接或间接地参与国家法律的创制,以达到创制出正确反映人民意志、维护最大多数人的最大利益的法律目的。

第二,制定的法律应当详尽地记载人民所享有的民主权利的内容、范围及行使途径,规定保障这些权利得以实现的具体措施,实现立法内容的民主化。

3. 总结经验与科学预见相结合原则

坚持立法的总结经验的原则,就是总结和借鉴本国与外国历史的、现实的立法经验,特别是本国的现实经验,以搞好立法工作。

中国历史悠久,文化传统源远流长,有着丰富的立法经验。我们应该对这些经验加以总结,吸取好的传统经验,对已经取得的成果加以确认和巩固,对失误和教训加以诫勉。

与此同时，还要注意和总结外国的经验。既要吸取外国立法中的进步性、民主性的东西，也要吸取外国立法中的客观性和科学性的因素。总之，法律并不是对过去经验的总结和对现实情况的确认，而必须是坚持总结经验和科学预见的相结合。

4. 原则性与灵活性相结合原则

这个原则是从实事求是的立法原则中派生出来的。实事求是要求立法不能只强调原则而不顾实际，这也是我国立法工作经验的总结。

所谓原则性，是指当代中国的立法必须坚持法制的统一。这是我国历史经验的根本总结，是经过实践检验的真理，不可动摇。制定某一方面或某一类问题的法规，必须是在坚持法制统一的前提下，针对具体情况提出制定该法规的具体原则和精神。一切法律的制定必须以宪法为依据，不得违背宪法。必须明确界定各立法主体的立法权限，防止立法者越权立法，消除法出多门所造成的法律冲突。避免不同的法律规范性文件之间的矛盾，避免同一渊源的各法律规范性文件之间的矛盾，避免同一规范性法律文件内部的矛盾。保持法律部门之间的协调，保持法律部门内部配套法规与基本法律之间的协调。注意地方立法与国家立法的统一，地方立法应与国家立法保持一致。除法律有特别规定之外，任何地方立法都不得与国家法律相抵触。

所谓灵活性，是指立法活动应当针对国家的人口、地理等具体情况，以及社会政治、经济、文化的发展变化，为了原则性的实现而因时、因地采取适当的手段、形式和方法。

5. 法律的稳定性、连续性和适应性相结合原则

法律的稳定性是指法律一经创制和颁布生效，就必须维护其严肃性和权威性，绝不可任意变更，随意废弃，而要在一定的阶段内保持相对的稳固和确定。

法律的连续性是指法律的效力不能随意中断，在新的法律颁布实施之前，原有的法律不宜随便终止其效力；而且，在修改、补充原有的法律或制定新的法律时，应以原有的法律为基础，保持与原有法律的承续关系。

法律的适应性是指国家必须不断地顺应历史发展和时代的变化，及时地、适时地根据这种变化创制出符合时代需要的法律。例如，1988 年、1993 年、1999 年、2004 年，全国人大分别对我国《宪法》个别条款和部分内容作出必要的也是十分重要的修正，使我国宪法在保持稳定性和权威性的基础上紧跟时代前进步伐，不断与时俱进。

（三）法律的创制程序

法律的创制程序是指享有立法权的国家机关在制定、认可、修改、废止法律的活动中必须履行的法定步骤。

1. 法律和地方性法规的创制程序

我国法律的创制程序已基本法律化和制度化,这主要体现在全国人民代表大会及其常务委员会的立法程序上。按照我国《宪法》、《全国人民代表大会组织法》、《立法法》、《全国人民代表大会议事规则》、《全国人民代表大会常务委员会议事规则》等有关法律的规定,法律和地方性法规的创制程序包括提出法律议案、审议法律草案、表决和通过法律草案、公布法律这四个阶段。

(1) 提出法律议案

法律议案是指具有立法提案权的国家机关和人员提请法律创制机关列入议程讨论决定关于法律的制定、认可、修改或废除的建议。法律规定一切有权提出议案的机关、代表或者常务委员会组成人员,有权提出法律案或者地方性法规案。具有这项职权的机关和人员一旦提出议案,立法机关就有义务加以讨论,或者通过或者否决,二者必居其一。提案人员必须同时提交法律案或者地方性法规案的说明,对创制该法律或者地方性法规的必要性、可行性和议案中的主要问题作出说明。

根据我国《宪法》和《立法法》的有关规定,下列机关和人员具有向各级人民代表大会及其常设机关提出有关法律议案的职权:①各级人民代表大会的代表、主席团、常设机关和各种委员会;②各级行政机关,即国务院和各级地方人民政府;③国家最高司法机关和军事机关。

(2) 审议法律草案

法律规定有权提出议案的机关、代表或者常务委员会组成人员,可以组织起草法律草案或者地方性法规草案。其他有关机关、组织和公民个人可以向有权提出议案的机关、代表或者常务委员会组成人员提出法律草案或者地方性法规草案的建议稿。起草法律草案或者地方性法规草案应当以宪法为依据,从国家和本地的实际出发,研究借鉴我国历史的和其他国家的经验,深入进行调查研究,广泛听取各方面的意见。

(3) 表决和通过法律草案

这一阶段是指法律创制机关对法律草案经过讨论后表示正式同意,从而使法律草案成为法律。这是整个立法程序中最重要的和最有决定意义的阶段。

(4) 公布法律

公布法律是指法律创制机关在法定的专门刊物上,对立法机关通过的法律予以正式公布。我国《宪法》规定,国家主席根据全国人民代表大会及其常委会的决定公布法律。

2. 行政法规和规章的创制程序

(1) 立项

在行政法规或者规章起草之前,起草单位应当向创制机关报请立项。国务院有关部门认为需要创制行政法规的,应当向国务院报请立项。

国务院各部委、中国人民银行、审计署和具有行政管理职能的直属机构,可以根据法律和国务院的行政法规、决定、命令,在本部门的权限范围内创制规章。

（2）起草

行政法规由国务院组织起草。行政法规在起草过程中应当广泛听取有关机关、组织和公民的意见。听取意见可以采取座谈会、论证会、听证会等多种形式。

（3）审查

行政法规或者规章起草完成后,起草单位应当将草案及其说明、各方面对草案主要问题的不同意见、听证会和论证会的参加人员名单及其意见和结论,以及其他有关材料送创制机关的法制机构进行审查。

审查机构应当对创制机关提出审查报告和草案修改稿,审查报告应当对草案中的主要问题的不同意见作出说明。

（4）决定

行政法规草案必须经国务院常务会议或者全体会议讨论决定;部门规章应当经部务会议或者委员会会议决定;地方政府规章应当经政府常务会议或者全体会议决定。

（5）公布

行政法规由总理签署国务院令公布;部门规章由部门首长签署命令公布;地方政府规章由省长或自治区主席或者市长签署命令予以公布。

3. 法律整理

法律整理是指将规范性法律文件规范化和系统化的活动。规范性法律文件的规范化是指属于法的各种渊源的规范性法律文件,必须有一个统一格式和标准,以便使一个国家的法虽因创制主体和效力的不同而各具形式,但能够相互联系、协调一致,最终形成统一的整体。规范性法律文件的系统化是指对已经创制、颁布的各种规范性法律文件根据一定的要求和规则加以整理和归类,使之成为形式规范、内容协调的成文法系统。规范性法律文件系统化的方法主要有法律编纂、法律汇编、法律清理、判例汇编与习惯汇编。

（1）法律编纂

法律编纂又称法典编纂,是指对属于某一法律部门的全部现行规范性法律文件进行内部的加工整理而使之成为一部系统化的新法典的活动。它是国家的一项重要的立法活动。

从法律编纂的主体来看,它只能由国家立法机关依法定权限和程序进行。

从法律编纂的范围来看,它整理加工的对象不是各种法律、法规,而是包括在各种规范性法律文件中的同属一个法律部门的所有法律规范。法律编纂的结果是形成新的法典。

从法律编纂的方法来看,它是一种内部的加工整理,即对属于同一法律部门的全部规范性法律文件进行系统的审查,在补充和修改后重新制定成一部新的系统化的规范性法律文件。因此,法律编纂一般包括三个方面的工作:第一,删除原有规范性法律文件中已经过时或不合适的部分;第二,消除相互重叠、矛盾的部分;第三,增加新的条款和规范,填补法律空白。

法律编纂作为一种立法活动,实际上是把调整一定范围的社会关系的法律规范组织成一个统一而协调的整体。它是法律实践经验的总结,是法制发展的一个环节,更是体现一国法制发展水平的标志之一。它对完善一国法律体系和促进法制统一具有重要意义。

（2）法律汇编

法律汇编又称法规汇编,是指对现行的规范性法律文件按照一定的目的或标准进行分门别类、汇编成册的活动。

法律汇编就其主体而言,可以是官方的,也可以是非官方的。官方的法律汇编主要是由法律的制定机关的工作机构(如全国人大常委会的法制工作委员会、国务院的法制办等)对现行规范性法律文件进行系统化的整理汇编,也有其他的国家机构根据需要对现行规范性法律文件按一定的标准分类后进行汇编。非官方的法律汇编通常是由学校、科研机构、社会团体等,根据工作、学习、教学和科研的需要对规范性法律文件进行的整理汇编。

法律汇编就其分类标准而言,可以根据法的渊源,即法的效力等级来分门别类,如法律汇编、行政法规汇编、地方性法规汇编等;又可以按照法律部门来分类,如民事法律汇编、刑事法律汇编、诉讼法律汇编等;还可以根据规范性法律文件发布时间的先后顺序进行编排,如全国人大常委会法制工作委员会所编的《中华人民共和国法律汇编》即是。当然,在大多数法律汇编中,往往是结合或综合两个以上标准进行分类排列,汇编成册。

法律汇编就其性质而言,不属于立法活动。法律汇编只是对现行规范性法律文件做外部的加工整理,只能进行形式的分类排列和汇集,不能对其内容有任何的改动或修正。

（3）法律清理

法律清理也称法规清理,是指有关的国家机关对一定时期制定的或一定范围内的规范性法律文件从体系、内容上进行审查、分析和整理,并作出继续适用,需要修改、补充或废止决定的活动。法律清理不是立法活动,但却是由国家机关才能进行的专有活动。

法律清理的目的是重新确定被清理的法律的法律效力,其结果有三:一是明确部分法律继续有效;二是宣布某些法律已失效或被废止;三是确定有些法律需要修改或补充。法律清理也是法律汇编和法律编纂的基础性工作,对法律的制定、修改和废止具有十分重要的意义。

（4）判例汇编与习惯汇编

判例汇编是指将那些事先存在的、可能构成法官审理案件依据的判决范例汇编成册的法律制定活动。

在我国,由于在法律制度上与英美法系差异较大,因此,法官对于判例并未具有如同英美法系"遵循先例"原则那样强的法律义务。

习惯汇编是指将可能构成法官审理案件依据的社会习惯汇编成册的活动。当面对存在法律漏洞的待决纠纷时，如果法官无法发现与同类案件相关的判例，那么，他就可以依据社会现存的习惯作为判决可以考量的依据。此时，习惯就成为非正式法律渊源。将习惯作为非正式法律渊源时，必须运用法律解释和法律推理的技术将此标准具体化、确定化。

依据判例与习惯审理案件，是英美法系司法审判的"禁止拒绝裁判"原则的运用。所谓"禁止拒绝裁判"，是指法院或者法官有义务在不存在相应明文法律规定的情况下，对属于其管辖范围的待决案件进行裁决。在出现法律漏洞的情形之下，法官应发现非正式法律渊源。其原因在于，虽然在出现法律漏洞的时候，法官无法寻找正式法律渊源作为判决直接的合法性基础，但是法官的行为同样需要与整个法律秩序或者法律原则保持一致，因此必须在利用自身所掌握的法律知识的基础上，将判决理由与法律秩序及原则的要求联系起来，进而为判决结果寻找间接的合法性基础。

二、法律的效力

（一）法律效力的概念

法律效力是指由国家制定或认可的法律及其表现形式——法律文件对主体行为所具有的约束力。从法律效力的种类上看，它可以分成三个效力范围，即法律的时间效力、法律的空间效力和法律的对象效力。法律效力这一概念包括以下几个方面的内涵。

1. 法律效力是一种蕴含着的指向力量

法律是一种规范的总和，其中所包含的权利与义务的设定是一种抽象的逻辑限制，它给人们规定了三种行为模式，即可以做什么、必须做什么及禁止做什么。从这一角度来看，法律效力是一种可能性的力量，是对人们行为的理想性要求。

2. 法律效力是法律中所蕴含的力量

法律规范对一般人的行为的影响、指引、控制的力量是与法律规范本身同在的，是法律规范本身固有的力量和特性。

3. 法律效力总是相对于一定对象的力量

就法律的使命而言，法律是以人的行为与社会关系为调整对象的规范。法对社会关系进行调整，实际上是对社会关系中的人的行为进行调整。换言之，人是法律调整的首先的、唯一的主体对象，而其行为则是其首先的、唯一的客体对象。

（二）法律的等级效力及其确认的原则

法律等级（层次）效力是指在一个国家的法律体系的各种法律渊源中，由于其创制的主体、程序、时间、适用范围等不同，导致法律效力也不同，由此而形成法律的等级（层次）效力。

法律效力的确认是指对法律中所蕴含的作用力是否有效以及在什么范围内有效的确认。法律效力的确认首先是对相互冲突的法律效力之间的矛盾的解决，它表现为法律确认的一些基本原则。

法律效力的确认原则是指为了实现法制的统一性而在处理相同效力、不同效力的法律之间的关系时所应遵循的指导思想。通过运用法律效力的确认原则，可以确定法律的相关地位，其结果是导致在效力优先的法律具有法律效力的同时，其他法律没有法律效力，从而最终解决适用过程中法律之间的冲突与矛盾。在当代中国的法律渊源体系中，根据法律的制定主体、制定时间和法律的适用范围等因素，法律效力的确认原则主要包括以下几个方面：

1. 宪法至上原则

宪法是具有最高效力的法律渊源。一方面，它规定了国家的根本制度，即主要的国家权力——立法权、司法权与行政权的范围与界限；另一方面，它又规定了公民的基本权利和义务，为保护公民的行动自由设定了标准。

对于作为法律渊源的宪法而言，其最为重要的问题在于，它能否成为法官依法裁判的基础。换言之，法官能否直接依据宪法作出判断。这就是所谓的"宪法司法化"的问题，也是宪法能否作为法律渊源看待的关键。目前，在我国，对于这个问题的答案无外乎肯定或者否定两种情况。

2. 等级序列原则

在我国统一的法律体系中，制定机关的地位越高，其制定的法律的效力也相应地处于优势地位：一方面，地位低的主体如果要制定法律，它必须以地位高的主体所制定的法律为依据；另一方面，如果不同等级的主体所制定的法律相互矛盾或冲突，其结果只能是地位低的主体所制定的法律不具有法律效力。确认法律效力的等级序列原则实际上是以制定机关的等级来决定法律效力的原则。

3. 特别法优于一般法原则

特别法是相对于一般法而言的，它是指或者依特定程序或者针对特定事项所制定的法律。特别法优于一般法原则主要适用于同一主体制定的法律，它意味着在同一主体制定的法律规范中，按照特定的、更为严格的程序制定的法律规范，其效力优先于按照普通程序制定的法律规范的效力；或者同一主体在某一领域既有针对一般性对象的立法，又有不同于一般立法的、针对该领域中特殊对象的立法时，特殊立法的效力通常优于一般性立法。

特别法优先于一般法的原则是法官在裁判过程中所遵循的原则，因此，它是一个动态的法律原则。所谓的特别法优先于一般法原则，是指在同一类别的法律渊源之中都存在相关规定时，法官必须首先适用特别法之规定。

4. 后法优于前法或新法优于旧法原则

这一原则是指同一主体按照相同的程序，先后就同一领域的问题制定了两个以上的法律规范，如果依据上述诸原则仍难以认定其法律效力上的相互关系，则可以依据法律制定的时间先后来确定其优先顺序，即后来制定的法律在效力上高于先前制定的法律，后法优先适用。此外，这一原则还可以指具有传承关系的两项法律，一旦后一法律成立、生效，便自然取代前一法律的法律效力。这种后法优先既可以是由后法的规定予以说明，也可以是没有明文规定的自动表示。

5. 成文法优先原则

在我国，成文法优先原则是指如果要确认立法机关制定的成文法与司法机关的判例习惯等不成文规则在法律效力上的关系，一般以优先适用成文法为原则。仅在特殊情况下，如司法机关享有司法审查权，才有可能例外。

6. 国际法优先于国内法原则

国际法优先于国内法原则是指在特定条件下，应该优先适用与国内法相冲突的国际法规范。例如，在涉及履行其依据国际法所承担的义务时，主权国家不得以国内法规范为理由予以拒绝；在一国国内立法涉及国际法律规范时，凡为主权国家所承认或所认可的国际条约或国际惯例，对国内法律规范也具有拘束力，国内法规范不得与该国际条约或国际惯例相抵触。

（三）中国法律渊源等级效力及其冲突的解决

1. 中国法律渊源等级效力

中国法律渊源等级效力从上到下依次为宪法、基本法律、非基本法律、行政法规、地方性法规和自治条例、单行条例、部门规章和地方性规章。越往上法律效力越大，越往下法律效力越小。宪法具有最高的法律效力，一切法律、行政法规、地方性法规、自治条例和单行条例及规章都不得同宪法相抵触。法律的效力高于行政法规、地方性法规、规章。行政法规的效力高于地方性法规、规章。地方性法规的效力高于本级和下级地方政府规章。省、自治区的人民政府制定的规章的效力高于本行政区域内较大市的人民政府制定的规章。自治条例和单行条例依法对法律、行政法规、地方性法规作变通规定的,在本自治地方适用自治条例和单行条例的规定。经济特区法规根据授权对法律、行政法规、地方性法规作变通规定的,在本经济特区适用经济特区法规的规定。部门规章之间、部门规章与地方政府规章之间具有同等效力,在各自的权限范围内施行。

2. 中国法律渊源等级效力冲突的解决

在我国,法律渊源等级效力冲突的解决除了遵循法律等级效力确认的原则外,主要采取以下方法解决:

第一,同一机关制定的法律、行政法规、地方性法规、自治条例和单行条例及规章,特别规定与一般规定不一致的,适用特别规定;新的规定与旧的规定不一致的,适用新的规定。

除了保护公民、法人和其他组织的权利和利益而作的特别规定外,法律、行政法规、地方性法规、自治条例和单行条例及规章不溯及既往。

第二,法律之间对同一事项的新的一般规定与旧的特别规定不一致,不能确定如何适用时,由全国人民代表大会常务委员会裁决。

第三,行政法规之间对同一事项的新的一般规定与旧的特别规定不一致,不能确定如何适用时,由国务院裁决。

第四,地方性法规、规章之间不一致时,由有关机关依照下列规定的权限作出裁决:①同一机关制定的新的一般规定与旧的特别规定不一致时,由制定机关裁决。②地方性法规与部门规章之间对同一事项的规定不一致,不能确定如何适用时,由国务院提出意见,国务院认为应当适用地方性法规的,应当决定在该地方适用地方性法规的规定;认为应当适用部门规章的,应当提请全国人民代表大会常务委员会裁决。③部门规章之间、部门规章与地方政府规章之间对同一事项的规定不一致时,由国务院裁决。

第五,根据授权制定的法规与法律规定不一致,不能确定如何适用时,由全国人民代表大会常务委员会裁决。

第六,法律、行政法规、地方性法规、自治条例和单行条例及规章有下列情形之一的,由有关机关依照法定权限予以改变或者撤销:①超越权限的;②下位法违反上位法规定的;③规章之间对同一事项的规定不一致,经裁决应当改变或者撤销一方的规定的;④规章的规定被认为不适当,应当予以改变或者撤销的;⑤违背法定程序的。

改变或者撤销法律、行政法规、地方性法规、自治条例和单行条例及规章的权限是:

① 全国人民代表大会有权改变或者撤销其常务委员会制定的不适当的法律,有权撤销全国人民代表大会常务委员会批准的违背《宪法》和《立法法》第 66 条第 2 款规定的自治条例和单行条例;

② 全国人民代表大会常务委员会有权撤销同宪法和法律相抵触的行政法规,有权撤销同宪法、法律和行政法规相抵触的地方性法规,有权撤销省、自治区、直辖市的人民代表

大会常务委员会批准的违背《宪法》和《立法法》第 66 条第 2 款规定的自治条例和单行条例；

③ 国务院有权改变或者撤销不适当的部门规章和地方政府规章；

④ 省、自治区、直辖市的人民代表大会有权改变或者撤销其常务委员会制定和批准的不适当的地方性法规；

⑤ 地方人民代表大会常务委员会有权撤销本级人民政府制定的不适当的规章；

⑥ 省、自治区的人民政府有权改变或者撤销下一级人民政府制定的不适当的规章；

⑦ 授权机关有权撤销被授权机关制定的超越授权范围或者违背授权目的的法规，必要时可以撤销授权。

行政法规、地方性法规、自治条例和单行条例及规章应当在公布后的 30 日内依照下列规定报有关机关备案：

① 行政法规报全国人民代表大会常务委员会备案。

② 省、自治区、直辖市的人民代表大会及其常务委员会制定的地方性法规，报全国人民代表大会常务委员会和国务院备案；较大市的人民代表大会及其常务委员会制定的地方性法规，由省、自治区的人民代表大会常务委员会报全国人民代表大会常务委员会和国务院备案。

③ 自治州、自治县制定的自治条例和单行条例，由省、自治区、直辖市的人民代表大会常务委员会报全国人民代表大会常务委员会和国务院备案。

④ 部门规章和地方政府规章报国务院备案；地方政府规章应当同时报本级人民代表大会常务委员会备案；较大市的人民政府制定的规章应当同时报省、自治区的人民代表大会常务委员会和人民政府备案。

⑤ 根据授权制定的法规应当报授权决定规定的机关备案。

第七，国务院、中央军事委员会、最高人民法院、最高人民检察院和各省、自治区、直辖市的人民代表大会常务委员会认为行政法规、地方性法规、自治条例和单行条例同宪法或者法律相抵触的，可以向全国人民代表大会常务委员会书面提出进行审查的要求，由常务委员会工作机构分送有关的专门委员会进行审查，提出意见。

上述机关以外的其他国家机关和社会团体、企业事业组织以及公民认为行政法规、地方性法规、自治条例和单行条例同宪法或者法律相抵触的，可以向全国人民代表大会常务委员会书面提出进行审查的建议，由常务委员会工作机构进行研究，必要时，送有关的专门委员会进行审查，提出意见。

全国人民代表大会专门委员会在审查中认为行政法规、地方性法规、自治条例和单行条例同宪法或者法律相抵触的，可以向制定机关提出书面审查意见；也可以由法律委员会与有关的专门委员会召开联合审查会议，要求制定机关到会说明情况，再向制定机关提出书面审查意见。制定机关应当在两个月内研究提出是否修改的意见，并向全国人民代大会法律委员会和有关的专门委员会反馈。

全国人民代表大会法律委员会和有关的专门委员会,审查认为行政法规、地方性法规、自治条例和单行条例同宪法或者法律相抵触而制定机关不予修改的,可以向委员长会议提出书面审查意见和予以撤销的议案,由委员长会议决定是否提请常务委员会会议审议决定。其他接受备案的机关对报送备案的地方性法规、自治条例和单行条例及规章的审查程序,按照维护法制统一的原则,由接受备案的机关规定。

（四）法律的时间效力

法律的时间效力是指法律规定其法律效力指向的时间范围,主要包括法律何时开始生效、何时终止效力,以及法律对其颁布以前的事件和行为是否有溯及力三个方面的内容。

1.法律开始生效的时间

我国法律开始生效的时间有以下几种情况:①自法律公布之日起开始生效。②由法律明文规定该法律开始生效的时间。③规定法律公布后到达一定期限或满足一定条件后开始生效。

2.法律终止生效的时间

法律终止生效是指法律被废止,于是其效力消灭。废止法律一般分为明示的废止和默示的废止两类。所谓明示的废止,是指在新法或其他法令中以明文规定,对旧法加以废止。所谓默示的废止,是指不以明文规定废止原有的法律,而是在司法实践中确认旧法与新法规定相冲突时适用新法的方法,因而实际上是废止了原有法律的效力。具体来说,我国终止法律的效力主要有以下几种方式:

第一,新法废止旧法。新法废止旧法就是新的法律文件公布生效时,明文规定原有的同类法律文件即失去效力。

第二,新法代替旧法。新法代替旧法就是新的法律文件公布生效时,未明确规定废止原有的同类法律文件,原有的法律文件早已停止执行或在新的法律文件生效时自行失效。

第三,自行失效。法律文件由于已完成特定的历史任务,或所依据的特定条件已消失,该法律文件自行失去效力。

第四,不相抵触原则。所谓不相抵触,是指法与法之间不得相冲突和矛盾。如果出现了冲突与矛盾,将根据法律制定主体的阶位、法律的新旧和性质确定其效力。按照不相抵触原则,旧法与新法相抵触,旧法失效;下位法与上位法相抵触,下位法失效;一般法与特殊法相抵触,一般法失效。

第五,废除。废除即有权的国家机关颁布专门决定或命令,宣布某项法律文件停止生效。

第六，修改。修改是通过法定程序由法定主体对法律部分条文进行修订，从而使原有这一部分条文终止法律效力。

3. 法律的溯及力

法律的溯及力是指法律溯及既往的效力。法律的溯及力问题则是指在新法颁布以后对其生效以前所发生的事件和行为是否适用的问题。如果适用，该法就有溯及力；如果不适用，该法就不具有溯及力。

就现代法治原则而言，现代国家一般通行的原则有以下两个：

首先，是"法律不溯及既往"原则，即国家不能用现在制定的法律指导人们过去的行为，更不能由于人们过去从事了某种当时是合法而现在看来是违法的行为而依照现在的法律处罚他们。

其次，作为"法律不溯及既往"原则的补充，许多国家同时还认为法律规范的效力可以有条件地适用既往行为，即所谓"有利追溯"的原则。如在我国《刑法》中，"有利追溯"表现为"从旧兼从轻"原则，即新法律在原则上不溯及既往，但新法律不认为是犯罪或处罚较轻的，适用新法律。

世界各国在法律是否溯及既往这个问题上采用的原则一般有以下几种：

第一，从旧原则。即认定新法没有溯及力。法律一般只能适用于生效后发生的事件和行为，不适用于生效前的事件和行为，即采取法不溯及既往的原则。

第二，从新原则。即肯定新法有溯及力。法律肯定不仅适用于生效后发生的事件和行为，而且适用于生效前的事件和行为，即采取法律溯及既往的原则。

第三，从轻原则。比较新法与旧法，如新法律处理轻，按新法律办理，即新法律有溯及力；如旧法律处理轻，则按旧法律办理，即新法律没有溯及力。

第四，从新兼从轻原则。即在原则上肯定新法有溯及力，但如果旧法的处罚较新法轻，就按旧法处理。它具有折中性。

第五，从旧兼从轻原则。即承认新法原则上没有溯及力，但如果新法不认为是犯罪或对行为人的处罚较轻时就适用新法。从旧兼从轻原则是现代各国刑法采用的较普通的原则，我国刑法也采用这一原则。

（五）法律的空间效力

法律的空间效力又称法律效力确认的地域维度，是指法律规定其法律效力所指向的空间范围或地域范围，即"法律在哪些地域范围内发生效力"的问题。所有的法律均有地域效力这个维度。根据国家主权原则以及法律制定主体、内容的不同，法律效力确认的空间维度包括域内效力和域外效力两个方面。

1. 域内效力

法律的域内效力是基于国家主权而产生的,它意味着一国法律的效力可以及于该国主权管辖的全部领域,包括陆地、水域及其底土和领空,以及作为领土延伸的本国驻外大使馆、领事馆,在本国领域外的本国船舶及飞机,而在该国主权管辖领域以外无效。

2. 域外效力

法律的域外效力是指法律在其制定国管辖领域以外的效力。殖民时期,法律的域外效力通常表现为宗主国的治外法权。现代社会中,随着国际经济、贸易和文化交往的日益频繁,各国为了保护本国国家和公民的利益,在相互平等的基础上,许多国家也规定本国某些法律具有域外效力。

（六）法律的对象效力

法律的对象效力是指法律规定其中的内容应该得到什么人的遵守与认同,即法律对哪些人产生作用力的问题。这里的"人"是广义的人,不仅包括自然人,而且还包括法律上的拟制人。它是法律效力所指向的主体对象,我们称之为法律效力的对象范围。

1. 法律对象效力的确认原则

① 属人主义原则。它又称国民主义原则,即法律对具有本国国籍的公民和在本国登记注册的法人适用,而不论他们是在本国领域内还是在本国领域外。

② 属地主义原则。它又称领土主义原则,即凡在本国领域内的所有人都适用本国法律,受法律约束和法律保护,而不论是本国人、外国人还是无国籍人;相反,如果本国人不在本国领域内则不受本国法律的约束和保护。

③ 保护主义原则。即以维护本国利益作为是否适用本国法律的依据。在保护本国利益的基础上,任何人只要损害了本国或本国公民权益,不论损害者的国籍和所在地域在哪里,损害行为是否发生在本国境内,都要求受到本国法律的追究。

④ 结合(折中)主义原则。即在确定法律效力的对象时,以属地主义原则为基础,同时结合属人主义原则和保护主义原则为补充。这是近代大多数国家所采用的原则。我国法律对人的效力也采用这一原则。

2. 当代中国法律对象效力的确认

我国法律对象效力的确认大体包括以下两个方面。

第一,对国内人的效力。我国《宪法》规定:"凡具有中华人民共和国国籍的人都是中华人民共和国公民。"我国公民在我国领域内一律适用中国法律,并且法律面前一律平等。但国内法也有一般法与特别法之分,特别法只适用于特定的人、特定的时间或特定的地域范围,并不对所有中国人有效。此外,中国公民在中国领域外原则上仍受中国法律的保护,并负有遵守中国法律的义务。但由于其居住在国外,当中国法律与居住国法律的规定不一致时,应区别不同情况,并根据有关国际条约、惯例和国内法律的特殊规定来确定在某一具体场合应当适用哪个国家的法律。

第二,对外国人的效力。中国法律对外国人的效力包括两种情况:①外国人和无国籍人在中国领域以内的,除法律另有规定外,一律适用中国法律;②外国人和无国籍人在中国领域之外的,如果侵害了我国国家或公民的权益,或者与我国公民发生法律交往,也可适用我国法律规范。

三、中国特色社会主义法律体系

（一）法律体系的概念

法律体系是指将一个国家在一定时期内的全部现行法律规范,按照一定的标准和原则,划分为各个法律部门而形成的内在一致的统一体。把一个国家的法律看成法律体系,就意味着把它视为一个统一体。一个国家的法律体系是由根本法律部门、基本法律部门、亚法律部门、子法律部门等构成的有等级多层次的体系。

（二）法律体系的特征

法律体系具有统一性、客观性、层次性、稳定性的特征。法律体系是一个呈体系化的、系统化的、相互联系的统一有机整体,反映了客观存在的社会关系。它的层次性表现为由规范到制度,由制度到部门,由部门再到体系的递进关系;它的稳定性表现为任何一个国家的法律体系在一定历史时期都是相对稳定的。

1. 法律体系的统一性

法律体系的统一性是法律体系最显著的特征,它要求这一体系中的所有规范都必须具有协调性和一致性。法必须符合形式主义的要求,做到同等情况同等对待,这一方面体现了法律规范的一般性;另一方面,还需要防止和克服规范之间的冲突。从更高层面上讲,法律体系是一个功能统一体,其子部分要服从整体的目的,各部分都要遵守法律体系的基本原则。

2. 法律体系的客观性

法律体系具有主观的一面,这是因为法是人们创制出来的,而且法律部门的划分标准也与人的认识活动紧密相关。然而,立法者也不能忽视客观规律,客观规律通过立法者的自觉活动也成为了法律规范。因此,法律体系既反映着社会活动,也反映着客观存在的社会关系。也就是说,法并不是主观任意的产物。就法律体系的划分来讲,虽然各国法的形式和内容不一样,但是,任何国家都有一些相同的法律部门,例如,宪法、民法、刑法、行政法、家庭法等。

3. 法律体系的层次性

法律体系的层次性表现在法律体系是由许多不同的法律部门构成的,而每一个法律部门又可能进一步被划分为一些子法律部门,法律部门或子法律部门又可以进一步被划分为一些法律制度,法律制度则是由法律规范组成的。层次性是法律分类的需要,也是为了将复杂的法律体系进一步划分成一些易于学习、认识和把握的更小单元的需要而设定的。这是法律规范的统一性和差异性的具体体现。

4. 法律体系的稳定性

法律体系的稳定性表现在一国现行的法律体系在一定历史时期是相对稳定的。从历史上看,由于法律所调整的社会关系的复杂程度的差异,虽然世界各国在各个时代的法律体系在划分方法上经历了从古代的"诸法合体"到现代的复杂体系的演变,但是,任何一个国家的法律体系在一定历史时期都是相对稳定的。法律体系的稳定性决定于法律所赖以建立的经济基础,这是因为经济基础的发展与变化是相对缓慢、渐进的过程。

(三) 中国特色社会主义法律的纵向体系

中国当代社会主义市场经济法律体系的基本结构,必须符合社会主义市场经济客观规律、民主政治以及社会公正的要求。法律体系要反映法的时代精神,与时俱进。中国进行改革开放以来,对于社会主义本质的再认识,打破了过去僵化的制度模式和思想模式。我国当代法律的纵向体系超越了资本主义法律体系的公、私法二元纵向体系,它是由公法、私法和社会法三个部类构成的三元纵向体系。

1. 公法

公法是一系列调整国家组织及其活动的法律部门组成的一个法律部类,如宪法、行政法、刑法以及诉讼法等,它是规范国家的职能及其实现过程的法律制度的总和。

公法是人们试图规制国家政治权力即公权力努力的结果,其产生的目的在于限制国家权力,保护公民的正当权利和合法权利。权力是国家存在的象征,国家是权力的承担者和行使者。在政治社会中,权力的存在是必要的,它是维护公共利益的必要条件。当权力得到适当行使的时候,就会造福于人民。但国家是一种抽象存在,具体行使国家权力的并不是国家本身,而是代表国家执行国家职能的官员或公务员。他们是以统治者的名义行事的代理人,当选的立法人员、法官、官僚以及在限制和规定公民自由的供选择的条件中进行选择的人。这些人并非"圣人"也非"完人"，他们有可能利用手中的权力来谋取个人或者集团的利益。因此，对于那些以国家名义从事公务的人行使其所掌握的权力，应当加以约束，以防止他们滥用权力损及社会成员的利益。与此同时，限制政治权力的目的在于保护社会成员的权利。权利是权力的对应物，在政治社会中，权力的行使是对权利的限制，在权力行使过程中，正常行使的权力对权利的限制是合理的，但不正常行使的权力对权利的限制是不合理的，它是对权利的伤害。可以说，近代以来，宪法、行政法、刑法还有诉讼法，都体现了限制权力、保障权利这一目的。

2. 私法

私法是包含在一个法律体系内的原则和规则的一部分，它包括处理国家或国家的代理机构和个人的关系，是根据一定原则对一国法律体系所作的分类，如民法、商法等，它处理平等主体之间的法律事务，维护私人利益。当国家作为私法的主体从事私法上的行为时，它并不享有任何法律上的特权，与其他私法法律关系的主体享有的权利是平等的。

私法的概念起源于罗马，发展于西方，如今适用于中国。如果说公法主要是调整国家权力的范围与行使的法的话，那么，私法的本质是权利。它在形式上表现为一系列的授权性规范，即使其中有设定义务的规范，这些义务性规范也是为了保护私法主体的合法权利而设定的。所以，私法也被称为权利之法。

一般来讲，私法的主要内容包括产权制度、主体制度和交易规则三个部分。例如，作为一般私法的民法，其基本任务就是对市场主体、交易行为和产权作出一般性规定；作为特别私法的商法，其基本任务就是规范从事商事活动的组织，建立商事方面的行为规则，规定商业的支付和融资手段，确定减少风险的途径和海上运输的规则等。

3. 社会法

社会法也称社会立法，是对公法和私法以外或者介于两者之间的法的称谓。它的基本特征是将公法的调整方法与私法的调整方法结合起来，以达到社会整体利益的福利性平衡。社会法包括经济法、劳动法、保险法、社会福利保障法、环境与资源法等。

社会法的特点是：①体现社会整体利益本位的观念，从社会整体利益出发，通过抑制强者、保护弱者来实现社会公平，保障社会、经济和政治秩序的稳定。②社会法既在一定程度上体现了国家适度干预的原则，又不完全排斥个人的自主性和自由性选择。③社会法是在19世纪末从欧洲国家的民商法和行政法中分立出来的法律部门，在社会生活和法律体系中占有日益重要的地位。④社会法确立的责任形式具有多重性或者综合性，既有民事责任、行政责任，又有刑事责任。⑤社会法在司法程序方面可能运用到各种诉讼程序。

在这里，我们强调社会法就是为了在公民的法律观中树立一种社会公共意识，从而维护社会公共利益。

（四）中国特色社会主义法律的横向体系

以法律所调整的社会关系（即调整对象）为主，结合法律调整的方法，将法律划分成由若干部门法（即宪法、刑法、行政法、民法、商法等当代中国主要部门法）构成的横向体系的形态，是中国法律体系的横向体系表现形态。

法律体系的基本构成元素是法律规范，法律规范是由部门法组成的。部门法是法律体系的因素，它表现为调整同一类社会关系的法律规范的总和。部门法中的一组特殊法律规范组成了法律制度，而同一法律制度也可以分属于不同的部门法。部门法划分的基本标准是法律所调整的社会关系。法律调整的方法也是部门法划分的重要考虑因素。在划分部门法时，还应该考虑要保持各部门之间的适当平衡，部门法的划分要具有前瞻性，从而保持部门法划分的相对稳定性。同时，各部门法的划分又具有相对性，法律所调整的社会关系是不断发展的，当前的划分不可能永远不发生变化。另外，还可以把一级部门法进一步划分成第二层次乃至第三层次的次级部门法或子部门法。

1. 宪法

宪法是规定国家根本制度和根本任务、集中表现各种政治力量对比关系、保障公民权利的国家根本法。在法律体系中，宪法具有最高的法律效力和地位，是国家的根本法，普通法不能与宪法相抵触，否则要被撤销和宣布无效。与普通法相比，宪法的制定和修改程序更严格。作为部门法的宪法，是我国法律体系的主导性法律部门。《中华人民共和国宪法》是我国宪法部门的基础性法律文件。宪法部门还可以进一步划分成次级的子部门法，它们分别由一些规范性法律文件中包含的宪法性规范构成，如《全国人民代表大会组织法》、《全国人民代表大会和地方各级人民代表大会选举法》、《全国人民代表大会和各级人民代表大会代表法》、《民族区域自治法》、《香港特别行政区基本法》、《澳门特别行政区基本法》、《国籍法》等。

2. 行政法

行政法是调整行政法律关系的法律规范的总称。行政法的内容包括三大部分：行政组织法主要调整内部行政关系；行政行为法主要调整行政管理关系；行政法制监督、行政救济、行政责任法主要调整行政法制监督关系。与其他部门法相对，行政法在内容和形式上具有以下明显的特点：行政法的内容极为广泛，行政法律规范容易变动；行政法的规范和文件数量极多，居于各部门法之首，且没有统一、完整的行政法典。

我国已颁布的规范性文件主要包括《行政诉讼法》、《行政复议法》、《国家公务员法》、《行政处罚法》等。

3. 民商法

民法是调整平等主体的公民之间、法人之间以及公民和法人之间的财产关系和人身关系的法律规范的总称。财产关系是指人们在生产、分配、交换、消费过程中形成的具有经济内容的社会关系，但民法只调整平等主体之间的财产关系，当事人在利益上以平等交换、等价有偿为原则。人身关系是指与人身密切联系而无直接财产内容的社会关系，它包括人格关系和身份关系。

目前，我国民法部门主要是由《民法通则》和一些单行的民事法律包含的法律规范组成的，民法部门包含的单行民事法律主要有《合同法》、《商标法》、《专利法》、《著作权法》、《婚姻法》等。

商法是调整商事法律关系主体和商业活动的法律规范的总称。属于商法的规范性文件主要有《公司法》、《证券法》、《票据法》、《保险法》、《商业银行法》、《担保法》、《海商法》、《破产法》、《对外贸易法》等。

商法与民法的区别主要在于，前者调整的是商事关系或商事行为，即企业组织和商业活动，不属于商业行为的，商法不予调整；而后者是调整平等主体的公民之间、法人之间、公民与法人之间人为关系和财产关系的普通民事行为的。

4. 经济法

经济法是调整国家宏观调控经济活动中所形成的经济法律关系的法律规范的总称。当前，我国经济法的主要规范性法律文件有：

第一，市场主体法，如《国有企业法》、《集体企业法》、《私营企业法》、《合伙企业法》、《个人独资企业法》、《企业破产法》等。

第二，有关国民经济计划和宏观管理法，如《预算法》、《税法》等。

第三，市场秩序法，主要有《反不正当竞争法》、《价格法》、《产品质量法》、《消费者权益保护法》、《广告法》等。

第四，经济监督法，如《审计法》等。

5. 劳动法和社会保障法

劳动法是调整劳动关系以及与劳动关系有密切联系的其他社会关系的法律规范的总称。它包括劳动就业、劳动合同、劳动时间、劳动报酬、休假、劳动安全、劳动卫生、女职工和未成年工保护、劳动纪律、劳动争议处理等问题的法律调整和规定。我国劳动法主要有《劳动法》、《劳动合同法》、《劳动合同法实施条例》等。

社会保障法是调整有关社会保障与社会福利关系的法律规范的总称。我国社会保障法应该由《养老保险法》（正在制定中）、《失业保险法》、《工伤保险条例》、《医疗保险法》等组成。

6. 环境与自然资源法

环境与自然资源法是关于保护环境和自然资源、防治污染和其他公害的法律规范的总和。它包括环境保护法和自然资源法两个部分。环境保护法是指保护环境、防治污染和其他社会公害的法律规范的总称;自然资源法是指调整各种自然资源的规划、合理开发、利用、治理和保护等行为的法律规范的总称。我国环境与资源法主要有《环境保护法》、《海洋环境保护法》、《水污染防治法》、《大气污染防治法》、《野生动物保护法》、《森林法》、《草原法》、《渔业法》、《矿产资源法》、《土地管理法》、《水法》等。

7. 刑法

刑法是关于犯罪与刑罚的法律规范的总和,是我国法律体系中的一个基本法律部门。我国刑法所包含的法律规范主要包含在《刑法》之中。

8. 诉讼法

诉讼法是指有关各种诉讼活动的法律规范的总和,其内容主要包括:关于司法机关与诉讼参与人进行诉讼活动的原则、程序、方式和方法;关于司法机关与诉讼参与人之间的权利和义务;关于检察机关与监督诉讼活动,特别是侦察、司法活动是否合法以及纠正错误的原则、程序、方式和方法;有关执行程序等方面的法律规定。其主要内容是从诉讼程序方面来保证实体法的正确实施,但其作用又不限于此,诉讼程序法也具有独立的价值,对于保障社会公正具有极为重要的意义。

一般将诉讼法分为民事诉讼法、行政诉讼法和刑事诉讼法三个子部门。我国在诉讼法方面的规范性文件主要有《刑事诉讼法》、《民事诉讼法》、《行政诉讼法》,这三部法律是我国的基本法律;另外,还有大量的司法解释规定。

【相关法律规范指引】

1. 《中华人民共和国宪法》及其修正案第 5 条第 3 款。
2. 《中华人民共和国立法法》第 7 条至第 42 条、第 78 条至第 92 条。

 练习题

一、填空题

1. 法律的创制简称为法律的（　　　　）活动。
2. 法律的创制程序包括提出法律议案、审议法律草案、（　　　　）、公布法律这四个阶段。
3. 行政法规和规章的创制程序包括立项、起草、（　　　　）、决定、（　　　　）。

二、单项选择题

1. 下列不属于法律创制方式的是（　　　　）。

A. 制定 　　　　B. 认可 　　　　C. 授权 　　　　D. 修改

2. 法律在对人的效力方面，我国是采取（　　　）。

A. 属地主义

B. 属人主义

C. 保护主义

D. 以属地主义原则为主，兼顾属人主义和保护主义原则

3. 根据一定的标准和原则划分的同类法律规范的总和被称为（　　　）。

A. 法律体系 　　　B. 立法体系 　　　C. 法系 　　　D. 法律部门

4. 由一个国家现行法律部门所构成的有机联系的整体，称为（　　　）。

A. 立法体系 　　　B. 法系 　　　C. 法律体系 　　　D. 法学体系

5. 下列不属于地方性法规制定主体的是（　　　）。

A. 省、自治区、直辖市的人大及其常委会

B. 省政府所在地的市的人大及其常委会

C. 国务院所属的部委

D. 国务院批准的较大的市人大及其常委会

6. 我国部门规章的效力高于（　　　）。

A. 法律 　　　　B. 地方规章 　　　C. 行政法规 　　　D. 地方性法规

7. 在我国，最高人民法院和最高人民检察院的司法解释发生冲突时，应当由（　　　）。

A. 中共中央作出最终解释

B. 中央政法委作出最终解释

C. 全国人民代表大会作出最终解释

D. 全国人民代表大会常务会作出最终解释

8. 英美法系中，法庭诉讼程序具有的特点是（　　　）。

A. 纠问式 　　　　B. 抗辩式 　　　C. 提问式 　　　D. 主导式

三、多项选择题

1. 下列属于法律创制的原则是（　　　）。

A. 实事求是原则 　　　　　　　　B. 民主立法原则

C. 原则性与灵活性相结合原则 　　D. 目的性原则

2. 法律的创制程序包括（　　　）阶段。

A. 提出法律议案 　　　　　　　　B. 审议法律草案

C. 表决和通过法律草案 　　　　　D. 公布法律

3. 行政法规的创制程序包括（　　　）阶段。

A. 立项 　　　　B. 起草 　　　C. 审查 　　　D. 决定

E. 公布

4. 规范性法律文件系统化的方法主要有（　　）。

　　A. 法律编纂　　　　　　　　　　B. 法律清理

　　C. 法律汇编　　　　　　　　　　D. 判例汇编与习惯汇编

5. 法律效力的范围包括（　　）。

　　A. 法律时间效力　B. 法律空间效力　C. 法律对象效力　D. 法律太空效力

6. 法律的时间效力包括（　　）。

　　A. 开始生效时间　B. 终止生效时间　C. 溯及力　　　　D. 中止效力

7. 法律的空间效力包括（　　）。

　　A. 域内效力　　　B. 域外效力　　　C. 太空效力　　　D. 海外效力

8. 法律体系的特征有（　　）。

　　A. 法律体系的统一性　　　　　　B. 法律体系的客观性

　　C. 法律体系的层次性　　　　　　D. 法律体系的稳定性

四、判断并改错

1. 在我国,最高人民法院和最高人民检察院的司法解释发生冲突时,应当由国务院作出最终解释。

2. 按照西方法学理论,公法是主要调整涉及国家利益或社会公共利益的法律,私法是有关私人利益的法律。

五、名词解释

1. 法律的创制

2. 法律制定

3. 法律认可

4. 法律修改

5. 法律废止

6. 法律的创制程序

7. 法律效力

8. 法律的溯及力

9. 公法

10. 私法

11. 社会法

六、简答题

1. 法律的创制原则有哪几种?

2. 法律的创制程序有哪些步骤?

3. 行政法规的创制有哪些步骤?

4. 法律等级效力确认的原则有哪些？

七、案例思考题

1. 1952 年 12 月 24 日，全国政协常委会举行扩大会议，一致同意中国共产党的建议，决定由全国政协向中央人民政府委员会建议，根据《中央人民政府组织法》第 7 条第 10 款的规定，筹备召开全国人民代表大会和地方各级人民代表大会，制定宪法。

1953 年 1 月 13 日，中央人民政府委员会举行第 20 次会议，正式作出《关于召开全国人民代表大会及地方各级人民代表大会的决议》。《决议》指出，于 1953 年召开由普选方法产生的乡、县、省（市）各级人民代表大会，并在此基础上召开全国人民代表大会。在这次全国人民代表大会上，将制定宪法，批准国家五年建设计划纲要和选举新的中央人民政府。鉴于 1953 年我国部分地区遭受严重的自然灾害，中央人民政府委员会于 1953 年 9 月 18 日召开第 28 次会议，决定全国人民代表大会推迟到 1954 年召开。

为了进行宪法的起草工作，1953 年 1 月 13 日，中央人民政府委员会决定成立中华人民共和国宪法起草委员会，负责宪法的起草工作。起草委员会以毛泽东为主席，由 33 名委员组成，他们分别是朱德、宋庆龄（女）、李济深、李维汉、何香凝（女）、沈钧儒、沈雁冰、周恩来、林伯渠、林枫、胡乔木、高岗、乌兰夫、马寅初、马叙伦、陈云、陈叔通、陈家庚、陈伯达、张澜、郭沫若、习仲勋、黄炎培、彭德怀、程潜、董必武、刘少奇、邓小平、邓子恢、赛福鼎、薄一波、饶漱石等。其中包括中央人民政府委员会 6 名副主席、政务院总理、6 名副总理、最高人民法院院长、人民革命军事委员会副主席、全国政协副主席等，可以说，它包括了国家最高机关的全部首脑。此外，它还包括民主党派的代表性人物。起草委员会是高规格的机构，体现宪法起草工作的权威性与严肃性。为了协调宪法草案的讨论，1953 年 3 月 15 日，中共中央政治局又决定由陈伯达、胡乔木、董必武、彭真、邓小平、李维汉、张际春、田家英 8 人组成宪法研究小组，负责初稿的最后修改；组织宪法起草委员会办公室，李维汉任秘书长，齐燕铭、田家英、屈武、许广平（女）、胡愈之、孙起孟、辛志超任副秘书长。

宪法起草委员会成立后，中共中央在内部指定了一个宪法起草小组。根据制宪程序的安排，宪法起草小组负责拿出宪法草案文本，并经中央政治局讨论，形成初稿，提交宪法起草委员会审议修改。1954 年，宪法共有草案四稿，第一稿是陈伯达一人起草的，但在宪法起草小组会议上没有被采纳。从 1953 年 1 月 9 日起，宪法起草小组重新起草宪法草案，即第二稿。宪法起草小组经过一个多月的努力，于 2 月 17 日草拟出宪法草案初稿。2 月 18 日，初稿分送中央政治局委员和在京的中央委员。2 月 20 日以后，刘少奇同志主持政治局和在京的中央委员讨论了三次，与此同时，发给全国政协委员征求意见。在毛泽东主持下，起草小组对草案通读统改，2 月 24 日完成"二读稿"，2 月 26 日完成"三读稿"。3 月 8 日，经中央政治局扩大会议的反复讨论、修改，宪法草案的草拟工作基本结束。宪法起草小组据此进行了修改。3 月 9 日，宪法起草小组的起草工作完成，历时两个多月，拿出"四读稿"。至此，宪法起草小组完成了第一阶段的起草任务，为中共中央政治局进一步讨论宪法草案提供了较成熟的文本。

中央人民政府委员会于 1954 年 6 月 16 日向社会公布了宪法草案,开始了宪法草案的全民讨论。全民宪法草案的讨论从 1954 年 6 月 16 日至 9 月 11 日,历时 3 个月。经过近 3 个多月的讨论,全国人民对宪法草案共提出了 1 180 420 条修改和补充的意见和问题。这些意见最后汇集到宪法起草委员会。

1954 年 9 月 15 日至 28 日,第一届全国人民代表大会第一次会议在北京召开,报到代表 1 211 人,实到 1 141 人。大会的主要任务是制定宪法和几个重要的法律,通过政府工作报告,选举国家领导人。到会的 1 141 名代表,以对人民高度负责的态度,参加了宪法草案的讨论,分成 33 个代表组,分组讨论宪法草案,9 月 16 日、17 日、18 日连续三天进行了大会发言,讨论报告和草案。9 月 20 日是全国人民代表大会第一次会议进行的第五天。按照议程,下午将进行宪法草案的表决。毛主席和代表们一起坐在代表的席位上,周恩来在大会的主席台上主持会议。大会首先宣布了以无记名方式通过《中华人民共和国宪法》时的总监票人、副总监票人和监票人名单。接着,大会执行主席宣布在会议上宣读中央人民政府委员会修正通过的《中华人民共和国宪法草案》最后定本全文。宣读完毕后,执行主席问代表们对宪法草案的最后定本有无意见,代表们没有意见,全场热烈鼓掌,执行主席宣布将最后定本交付表决。出席会议的代表共 1 197 人,经秘书处和各代表小组组长核对无误后,执行主席宣布开始发票,在浅红色的《通过中华人民共和国宪法表决票》上面,印有汉、蒙、藏、维吾尔四种文字,不通晓这四种文字的代表,在写票时有翻译人员替他说明。为使投票顺利进行,代表席按照座位划定为八个投票区,每区设置票箱一个,代表们分区同时进行投票。下午 4 时 55 分,投票结束,执行主席根据计票人和监票人的报告,向会议宣布点票结果,发票 1 197 张,投票 1 197 张,投票张数和发票张数相等,表决有效。执行主席宣布会议休息后由计票人和监票人计算票数。5 时 55 分,执行主席根据计票人和监票人的报告,向会议宣布对《中华人民共和国宪法》表决的结果:投票数共 1 197 张,同意票 1 197 张。同一天,第一届全国人民代表大会第一次会议主席团以"中华人民共和国全国人民代表大会公告"的形式公布了宪法,它标志着新中国第一部宪法的正式诞生。

结合以上材料和本单元的知识,归纳 1954 年宪法制定的程序。

【提示】　根据法律制定程序予以归纳,并指出 1954 年宪法制定的程序与今天的法律制定程序的差别。

2. 分析下列材料,指出哪些是规范性法律条文?哪些不是规范性法律条文?说明理由。

(1)《中国共产党党员纪律处分条例》第十条规定:"对党员的纪律处分种类:①警告;②严重警告;③撤销党内职务;④留党察看;⑤开除党籍。"

(2)《公务员法》第五十六条规定:"处分分为:警告、记过、记大过、降级、撤职、开除。"

（3）《贵州省法学会章程》第十九条个人会员的权利与义务规定："个人会员权利：①享有表决权、选举权和被选举权；②参加本会相关学刊、专业研究组织的学术研究活动和其他活动；③利用本会法律网站、图书资料和出版物，获得本会编印的资料；④对本会工作进行监督，并提出批评意见。个人会员义务：①遵守本会章程，执行本会决议；②承担本会委托的工作；③提供科研成果；④按期缴纳会费，无正当理由逾期一年不缴者，视为自动退会。"

【提示】 按照制定主体予以分析。

3. 2001 年 5 月，河南省汝阳县种子公司与该省伊川县种子公司签订合同，约定由伊川县种子公司代为培育玉米种子。2003 年年初，汝阳县种子公司以伊川县种子公司没有履约为由诉至洛阳市中级法院，请求赔偿。伊川县种子公司同意赔偿，但在赔多少钱上，双方争执不下。该案承办法官发现，原被告双方争议的一个焦点是种子价格是适用市场价还是政府指导价——根据河南省人大常委会 1989 年出台的《河南省农作物种子管理条例》，应该适用政府指导价；但根据 1998 年的《价格法》和 2001 年的《种子法》，应该适用市场价。2003 年 5 月 27 日，洛阳市中级法院作出一审判决，判决书认为："《河南省农作物种子管理条例》作为法律位阶较低的地方性法规，其与《种子法》相冲突的条款自然无效。"法官判令伊川县种子公司按市场价进行赔偿。伊川县种子公司不服判决，遂向河南省高级法院提起上诉。在此过程中，本案审判长李某某由于在该案中作出的民事判决书认定《河南省农作物种子条例》与《种子法》相冲突的条款无效，引发了河南人大下发两个红头文件，要求"省高院对洛阳中院的严重违法行为作出认真、严肃处理"。于是，洛阳中院撤销了主审法官李某某审判长职务并免去助审员职务。

试分析本案中共有哪几种法律规范？这些法律规范的等级效力关系是什么？如果有冲突应如何处理？请说明理由。

【提示】

（1）首先要确定本案中哪些文件属于具有法律效力的规范性文件；其次要查明其具体规定究竟是什么；再次要判断他们分别属于哪种等次效力的文件；最后依据一定的确认效力原则认定这些规范性文件的效力等次关系。

（2）需要思考法院在审理案件适用法律时，对立法机关制定的规范性文件是否具有认定效力有无或高低的权利或义务。

（3）出现法律冲突现象，首先要清楚我国在什么法律中有解决冲突的规定，具体规定是什么；其次再考虑遇到本案问题可以怎么做；最后可思考是否有更好的办法。

学习单元 6　法律的实施

学习目的与要求

　　了解法律实施方面的知识;明确法律实施参与各方的地位及其相互关系;掌握法律实施相关环节的基本要求;认识和理解法律实施的重要性和差异性。

学习重点与提示

　　法律实施中的相关概念;法律实施各环节的基本要求;公民守法;行政机关执法;司法机关司法;司法行政机关普法;法律监督机关监督法律实施。

一、守法

(一)守法的概念

　　守法是法实施最重要的基本要求,也是法实施最普遍的基本方式。立法者制定法律的目的,就是要使法律在社会生活中得到实施。并且,法治社会要求法律一经制定和生效,必须付诸实施。如果一个国家制定了大量的法律,但却不能在社会中得到实施,那不仅要失去立法的目的,也要失去法律的权威和尊严。因此,守法便意味着一个国家的各社会主体严格依照法律办事的活动和状态。依照法律办事,就自然包含着两层含义:其一,依照法律享有权利并正确行使权利;其二,依照法律承担义务并正确、积极履行义务、遵守法定禁令。我国《宪法》在公民的权利和义务一章中将"遵守宪法和法律"作为公民的一项法定义务,这是从公民的一切行为应当守法这一角度而言的,是合理的。

(二)守法的构成要素

1. 守法的主体

守法的主体是指在一个国家中,哪些人和哪些组织应该成为遵守法律的主体。从守

79

法的角度讲,任何一个国家中的所有主体都应该成为守法的主体,但是人类阶级社会的法律发展史和实践史证明,由于社会性质的不同,各种社会主体在社会中的法律地位差异很大:在奴隶制社会中,奴隶主成为守法中只享有权利和行使权利的那部分主体,而奴隶则成为守法中只承担义务和履行义务、遵守禁令的那部分主体;在封建制社会中,封建主成为按照法律只享有权利和行使权利的那部分主体,而广大的劳动者则成为承担义务和履行义务、遵守禁令的那部分主体;在资本主义社会,资产阶级倡导"法律面前人人平等",才使守法所指向的内容即依法行使权利和依法履行义务、遵守禁令逐渐合一,至少在法律上,所有的人既是守法中依法行使权利的主体,也是依法履行义务、遵守禁令的主体,即成为守法的主体。社会主义国家奉行"人民主权、主权在民"的宪法原则,人人在法律上具有平等的地位。因此,社会主义国家的守法是指一切组织和个人都成为守法的主体,任何组织和个人都没有超越法律的特权,在法律面前人人平等。这是同社会主义国家的社会性质相吻合的。我国是社会主义国家,我国《宪法》对法的遵守作出了明确的规定。《宪法》第 5 条规定:"一切国家机关和武装力量,各政党和各社会团体、各企业事业组织都必须遵守宪法和法律。一切违反宪法和法律的行为,必须予以追究。""任何组织或者个人都不得有超越宪法和法律的特权。"《宪法》第 53 条规定:"中华人民共和国公民必须遵守宪法和法律。"按照我国《宪法》的规定,守法的主体可以分为以下两大类:

一是自然人。他们又分为两种:

（1）公民

公民是指具有一国国籍,并根据该国宪法与法律规定享有法定权利、履行法定义务、承担法律责任的人。我国《宪法》规定:"凡具有中华人民共和国国籍的人都是中华人民共和国公民。"我国国籍采取出生地主义和血统主义相结合的原则。公民守法是指公民个人严格依照法律规定去正确行使权利、履行义务、遵守法定禁令的活动。中华人民共和国的公民是我国守法主体中最普遍、最广泛的守法主体。公民守法是现代法治社会的普遍要求,也是我国建立法治国家的基本要求。公民是现代国家的基本构成要素,是现代社会的主体力量。我国《宪法》规定了"中华人民共和国的一切权力属于人民",而公民中的绝大多数人是组成人民这一政治集合体的基本要素。社会主义法律从本质上讲是人民利益和意志的体现和反映,也反映了公民中绝大多数人的利益和意志,因此,公民遵守法律便意味着遵守自己的意志,尊重自己的利益选择,实际上就是按照人民自己的意志和要求办事。由于法律是一种公意的表达,而不是个人意志的表达,因此,某一个公民不能借口法律没有反映他自己的意志而不去遵守法律。

（2）我国领域内的外国籍人和无国籍人

我国领域内的外国籍人和无国籍人也是我国的守法主体。根据我国有关法律规定和国际法及国际惯例,外国籍人和无国籍人也必须遵守我国法律,在我国法律允许的范围内从事各种活动。这既是维护我国主权和利益的体现,也是国际法的要求和国际惯例中的通例。

二是社会组织，它包括国家机关、武装力量、各政党、各社会团体、各企业事业组织。

2. 守法的内容

守法的内容是指守法主体必须服从和遵守的法律规范的种类和范围。国家法律的渊源决定守法的内容。由于不同历史类型法律制度中法的具体表现形态不同，守法内容也不一样。从历史上看，守法内容发展变化的一条基本规律是从单一走向多样化。在我国，守法的内容主要是遵守宪法、法律、行政法规、部门行政规章、地方性法规、地方性规章等规范性法律文件的要求。

3. 守法的状态

守法的状态是指守法主体行为的合法程度，包括三种状态类型：①初级守法状态是不违法犯罪；②中级守法状态是依法办事，违法必究，形成统一的法律秩序；③高级守法状态是守法主体的行为不论是从行为的外在方面，还是内在动机都符合法律精神和要求，从而真正实现法律调整的目的。

（三）守法的条件

守法是各社会主体依照法律规定去从事各种事务和行为的活动，这就决定了守法是各社会主体的一种自觉的、有意识的活动。因此，守法需要具备一定的前提和条件，这些前提和条件主要有以下几个方面：

1. 良好的法律存在

既然守法是指各社会主体依照法律规定办事的一种活动，那么，法律就成为社会主体守法的参照系，是标准、依据和准绳，所"依照"的法律的良善就成为守法的前提条件。这就要求一个国家的立法者必须为各守法主体制定出一套完备的、体现各种法的价值要素的法律，以便守法主体依法办事。良法的存在是守法的前提条件，这就不能不涉及什么是良法，以及良法的标准是什么。17世纪，英国著名法学家霍布斯就提出："主权者应当注意制定良法。但什么是良法呢？……良法就是为人民的利益所需而又清晰明确的法律。"但这仅是对良法的一些形式方面的要求，并不能涵盖良法的全部含义。马克思讲道，"法律是肯定的、明确的、普遍的规范"。马克思的这一观点，既是对良法形式要件的要求，也是对法律实体内容要件的要求。概括地讲，良法应具备以下两方面的基本要求：其一，在法的实体内容方面，良法应充分体现现代法的一些价值要求，诸如民主价值、人权价值、公平正义价值、法治价值、契约价值，等等；其二，在法的形式方面，良法应具备以下一些基本要求，即语言的明确性、法条的具体性、内容的易懂性、结构的合理性、体系的完善性，等等。

2. 守法主体良好的法律意识

法律被制定出来后要在社会生活中得到遵守,而法律要想得到遵守关键取决于各守法主体的法律意识,因此,各守法主体的良好的法律意识既是法律得到遵守的前提条件,也是法律被遵守的关键因素。良好的法律意识不仅是对公民主体提出的要求,而且是对所有有关守法主体尤其是执政党、各国家机关的领导人及其工作人员、各社会团体、企业事业组织等提出的要求。对于守法主体而言,良好的法律意识首先应是守法意识,即尊重法律、遵守法律、严格依法办事的意识;其次是要培养和树立与现代法精神相适应的一系列现代法意识,这些意识有权利义务相统一的意识、法律公平正义意识、法律面前人人平等意识、民主自由人权意识、法治意识、契约意识,等等。

3. 良好的法律环境

有了良好的法律和守法主体良好的法律意识,并不一定能保证法律被有效地遵守,还需要有守法所需要的良好的法律环境,法律环境是影响制约法律被遵守的重要的不可缺少的客观条件。法律环境是指与法律有关的各种环境性因素,即由社会各种相关因素有机构成的,能够影响法律存在和发展的,以及能够影响法律的内容和实效的各种社会条件。这些环境性因素主要有:法律的经济环境,其中主要指生产力的发展水平、市场经济体制的发展程度;法律的政治环境,其中主要指民主政治的发展程度、政治文化的发展程度、社会政策同法律的吻合程度,等等;法律的其他环境,主要有历史文化传统、社会道德观念、科技发展水平,等等。

二、行政机关执法

（一）行政机关执法的概念

执法有广义和狭义两种含义。广义的执法是指一切执行法律的活动,包括国家权力机关、国家行政机关、司法机关及其公职人员依照法定职权和程序,贯彻执行实施法律的活动。这一种含义的执法,既包括国家权力机关的执法活动,又包括国家行政机关的执法活动,也包括国家司法机关的执法活动。通常全国人大以及地方人大每年搞的"执法大检查",即是在广义上理解和运用执法概念的。狭义的执法概念,仅指国家行政机关及其公职人员依照法定职权和程序贯彻、执行法律的活动,称之为行政执法。这里所讲的"执法"即是指这种狭义上的执法。而将国家司法机关及其公职人员依照法定职权和程序贯彻执行实施法律的活动称为司法。

行政机关执法是法的实施的重要组成部分和基本实现方式。国家制定法律,就是要让其在社会生活中得到遵守和执行,否则,法律将变成一纸空文,失去其应有的效力和权威。因此,高度重视执法,是现代社会实现法治国家的必然要求。我国《宪法》规定,国家行政机关是国家权力机关的执行机关,国家权力机关制定的法律和其他规范性法律文件,主要由国家行政机关贯彻和执行。因此,行政执法的内容和范围十分广泛。凡是涉及国家管理和社会生活各个方面的行政事务,凡属国家经济、政治、文化、社会公共事务等方面的事务,都要通过国家行政机关的执法活动去完成。同时,现代法治观念和行政法的发展,要求国家行政机关及其工作人员改变传统观念,要将自己所从事的工作看作是一种执行法律的工作,而不是那种传统意义上的行政工作,即要确立"依法行政"的法治观念,将行政工作纳入法治的轨道,而不是过去的那种主观任意的活动。

（二）行政机关执法的主体

行政机关执法的主体是指国家行政机关及其工作人员有资格成为行政执法权的行使者。行政机关要成为执法主体,拥有执法权,一般应由两条法律渠道产生和获得:其一,根据法定程序合法产生和获得,即要成为执法主体,享有执法权,必须要有法律根据。法律根据一般有两种:一种是由宪法来确认,如我国宪法规定和确认了各级行政机关的法定地位、作用和任务;另一种是由具体法律、法规确认,而具体法中又分为两种,一种是有关组织法,另一种是有关行政法。一般来讲,一部新的行政法的创制,都要明确这部行政法的执行单位以及相关的内容。其二,根据法定的授权而产生和获得,即在特殊情况下,一些不具有执法主体资格的机关,可以根据宪法和法律的有关规定,经由享有授权的国家行政机关授予该机关行使执法权。例如,我国《行政处罚法》第 17 条规定,"法律、法规授权的具有管理公共事务职能的组织可以在法定授权范围内实施行政处罚"。第 18 条规定:"行政机关依照法律、法规或规章的规定,可以在其法定权限内委托符合本法第 19 条规定条件的组织实施行政处罚,行政机关不得委托其他组织或者个人实施行政处罚。"而符合第 19 条所规定条件的组织是"(一)依法成立的管理公共事务的事业组织;(二)具有熟悉法律、法规、规章和业务的工作人员……"这就意味着,一些管理公共事务的事业组织在经过法定授权后,即可拥有执法资格,成为执法主体,行使执法权力。按照我国宪法和法律的有关规定,我国的行政机关执法主体主要有以下三类:

第一类行政执法主体是各级人民政府。这包括中央人民政府和地方各级人民政府。根据我国宪法和国务院组织法的规定,国务院即中央人民政府是最高国家权力机关的执行机关,是最高国家行政机关。国务院在行政执法方面的职权有:根据宪法和法律,规定行政措施,制定行政法规,发布决定和命令;规定各部和各委员会的任务和职责,统一领导各部和各委员会的工作,并且领导不属于各部和各委员会的全国性的行政工作;统一领导全国地方各级国家行政机关的工作,规定中央和省、自治区、直辖市的国家行政机关的职权的具体划分,等等。制定行政法规是中央人民政府领导和管理各项行政工作的法制化、规范化、科学化的根本手段,也是国务院作为最高国家权力机关的执行机关,贯彻执行国家宪法、法律的最主要、最基本的方式和手段。同时,国务院作为全国最高行政机关,它负有领导全国各级政府行政管理工作的职责和权力,凡涉及全国性的行政管理的一切重大问题均有权全权决定。地方各级人民政府是中央人民政府领导下的国家行政机关,地方各级国家权力机关的执行机关,负有执行国家宪法、法律、行政法规及地方性法规的重要职能。地方各级人民政府是行政执法中范围较广、作用较大的一类普遍性主体。根据宪法和法律,这类主体分为四个层级,即省、自治区、直辖市人民政府一级;自治州和设区的市人民政府一级;县人民政府一级;乡、镇人民政府一级。每一层级的执法权限和职能都由法律作出规定。

第二类行政执法主体是各级人民政府中享有执法权的行政部门。这既包括中央人民政府下属的行政部门,也包括地方各级人民政府下属的行政部门。哪些行政部门可以成为执法主体,取决于有关组织法和具体行政法律的规定。根据我国有关法律规定和有关行政立法的法制实践,可以成为行政执法主体的行政部门主要有工商、税务、物价、金融、公安、铁路、民航、海关、交通、林业、农业、外汇管理、城建、土地管理、房屋管理、技术监督、医疗卫生、烟草专管、劳动安全、商标、专利、人事、教育、文化、新闻、广播电视、银行、统计、等等。这是一个范围非常广泛的执法主体,并且随着行政法制立法的不断健全,会有越来越多的行政管理部门成为行政执法主体,这些行政执法主体按照法定的规定,在自己的职权范围内行使着行政执法权力。

第三类行政执法主体是指因法律、法规授权而具有管理社会公共事务职能的社会组织和按照法律、法规规定,由国家行政机关委托授权的依法成立的管理公共事务的事业组织。这类执法主体同前述两类执法主体的不同在于,它们成为执法主体不是法定的,而是经法律授权的或经国家行政机关按法定权限和程序授权的。经授权而成为执法主体是这类执法主体的最大特点。在授予这类主体执法权时,必须坚持两条原则:其一,授权必须有法律依据,无法律依据不能授权;其二,授权必须严格按照法定条件和程序授予,严格遵守授权的限制条款,不要随意扩大授权范围。按照《行政处罚法》的规定,"行政处罚权"只能授予"依法成立的管理公共事务的事业组织",而"不得委托其他组织或者个人实施行政处罚"。

（三）行政机关执法的基本原则

行政机关执法的基本原则是指国家行政机关及其公职人员在行政执法活动中所应遵循的基本准则。在我国,行政机关执法所应遵循的基本准则主要有下列几项:

1. 行政法治原则（依法行政原则）

行政法治原则是法治原则在行政机关执法活动中的具体体现，亦即依法行政的原则。这是现代法治国家对行政活动提出的最基本的也是最重要的一个原则。贯彻行政法治原则在执法工作中的重要性在于，国家行政机关承担着国家三大职能中的行政职能，因此，国家行政事务在国家活动中具有着重要的地位。首先，现代国家中，行政管理的范围十分广泛，行政事务非常繁杂，行政承担着比立法、司法更加普遍、更加日常性的事务，行政活动的每一领域、每一方面都事关国计民生和社会经济、政治、文化等的发展。因此，在行政活动中，贯彻依法办事，坚持行政法治原则，是直接涉及行政活动能否步入法治轨道，以形成全国有序的行政法治秩序的关键。其次，现代国家的行政权力呈逐渐扩张趋势，行政权力越来越大，如果行政执法活动不能依法行政，很有可能会出现行政权力扩张、滥用、越权、腐败等行政腐败现象，这将直接危害国家政权的性质。因此，在整个国家的各级行政机关及其公职人员的行政执法活动中，坚持贯彻执行行政法治原则，做到依法行政，是关系到整个行政工作的性质乃至国家政权的性质的重要一环。

2. 公平合理原则（合理行政原则）

行政机关执法要贯彻公平合理原则，这是现代法治社会对行政机关执法提出的一个要求，也是市场经济对行政机关执法的必然要求。市场经济是一种平权型经济，市场上从事交换的主体之间的地位平等是交换得以进行的前提条件，由此必然引发市场主体对自身独立性及与其他主体地位平等的要求。市场经济也是一种自由竞争型的经济运行模式，至少在微观经济领域内如此。不管国家对经济领域的干预程度如何，只要承认市场的广泛作用，承认社会资源的配置主要依靠市场来进行，就必将承认商品生产者和经营者的独立自主地位，从而在一定程度上满足其平等和自由的要求。市场经济的这些特性对行政权及行政机关的执法方式提出了不同于计划经济体制下的新要求，它要求国家行政对市场经济的调控职能主要地表现为宏观性调控，并且调整手段主要是经济手段和法律手段，而不是传统的行政命令手段；它要求对行政权力进行适当的限制，限制的主要方式是通过法律设定具体行政权力范围和职能，并且要求严格依法办事；它要求在政府与市场、行政主体与市场主体之间确立一种公平、合理的关系，改变传统的命令—服从的行政方式，充分尊重市场主体的各种权益，并确立一种公平竞争的市场环境，使各市场主体在法律允许的范围内自由竞争，并且是在公平条件下的自由竞争。因此，坚持公平合理原则是市场经济对行政机关执法提出的必然要求。公平合理原则要求行政机关在执法过程中做到适宜、恰当、合情、公正，要求执法机关在对待行政相对人的处理及对行政相对人违法行为的处理时，要充分体现法律面前人人平等的原则；对于不适当、不合理等显失公平的执法行为应通过法定程序予以及时纠正。公平合理原则还要求行政机关执法要严格禁止滥用自由裁量权，在行使自由裁量权时要坚持法律原则和法律精神，避免或减少对管理相对人的损害,维护行政机关执法的权威和尊严。

3.效率原则

效率原则是现代社会对行政机关执法提出的一个必然要求。由于行政机关的执法承担着组织和管理社会生活、实现国家行政职能的任务,因此,要求行政机关执法活动能以"低成本、低投入,高产出、高收益"的效益原则为追求目标。行政机关执法的效益原则具体是指在行政机关执法活动中,要做到迅速及时、准确、有效。所谓迅速及时,是指行政机关执法在处理有关行政事务时,要抓紧时间,快捷反应,不要久拖不决。迅速及时并不意味着可以不管法律时效和程序而随意执法,而是指不要超过法律时效和不要超越法律程序。所谓准确,是指行政机关执法要严格以法律规定为标准,做到合法、合情、合理,不要显失公平。所谓有效,是指行政机关执法的结果要产生一定的实际效果,即产生一定的利益,这种利益可能是对政府的,也可能是对行政相对人的,既可能是物质的,也可能是精神的。总之,它是对国家、集体和公民的合法权益的一种保护和实现。

三、司法机关司法

（一）司法机关司法的概念

司法机关司法是指国家司法机关依据法定职权和法定程序,具体应用法律处理案件的专门活动。

司法的主体即行使司法权的司法机关,在不同的社会和不同的法律体制下有所不同。在实行三权分立的国家里,司法权由法院来行使,法院便成为司法机关,即成为司法的主体。在我国,按照现行法律体制和司法体制,司法权主要是审判权和检察权,审判权由人民法院行使,检察权由人民检察院行使,因此,人民法院和人民检察院便是我国的司法机关,即我国的司法主体。在日常生活中,一些人甚至一些领导人经常将公安机关,甚至包括司法行政机关也称为司法机关,所谓"公、检、法、司",实际上并不符合我国现行的法律体制和司法体制。但是,公安机关对刑事案件拥有立案权和侦查权以及对部分刑罚的执行权,划归司法行政机关管理的监狱作为国家的刑罚执行机关拥有刑罚执行权,许多学者认为这些权力属于司法权范畴。因而,从刑事诉讼的角度把公安机关和司法行政机关等称为司法机关也是有一定合理性的。但超出刑事诉讼范围而把它们称为司法机关就不妥当了,因为它们从序列上划归行政序列且主要是行使行政管理权的。

（二）司法机关司法的特点

1. 职权法定性

司法是享有司法权的国家司法机关及其司法人员依照法定职权和法定程序运用法律规范处理案件的专门活动，也就是以国家名义行使司法权的活动。这项权力只能由享有司法权的国家司法机关及其司法人员行使，其他任何国家机关、社会组织和个人都不能行使此项权力。因此，司法权是一种专有权，并且是排他的。此外，并不是国家司法机关的所有工作人员都享有和行使司法权，而只能是享有司法权的工作人员即司法人员才能行使这项权力。在我国，具体就是指法官和检察官，他们才是有资格享有和行使司法权的人员。司法机关中的党务人员、行政人员、后勤人员等不能行使司法权。

2. 程序法定性

司法是司法机关严格按照法定职权和法定程序所进行的专门活动，因此，程序性是司法的最重要、最显著的特点之一。目前，我国的司法可分为三大类，即刑事司法、民事经济司法、行政司法。因此，司法也就相应的有三大类法定诉讼程序，即审理刑事案件要依照刑事诉讼程序法进行，审理民事、经济案件要依照民事诉讼程序法进行，审理行政案件要依照行政诉讼程序法进行，这些诉讼程序法是保证司法公正、公平的重要条件。离开了这些法定程序，就难以保障诉讼当事人的合法权益，也难以保证法律的正确适用。

3. 裁决权威性

司法是享有司法权的国家司法机关依靠国家强制力为后盾，以国家的名义运用法律于案件的专门活动。它所作出的裁决具有极大的权威性，即司法机关依照法定职权和法定程序对案件所作出的裁决是具有法律效力的裁决，任何组织和个人都必须执行，不得擅自修改和违抗。因此，它具有很大的权威性和强制性。

（三）司法机关司法的基本要求

1. 正确

正确首先是指各级国家司法机关适用法律时，对案件确认的事实要准确，即对确认的案件事实要清楚，案件证据要确凿可靠。这是正确司法的前提和基础。其次是对案件适用法律要正确，即在确认事实清楚的基础上，根据国家法律规定，区别刑事、民事、经济、行政案件，分清合法与违法、此案与彼案、罪与非罪、此罪与彼罪的界限，实事求是地加以认定。最后是对案件的处理要正确，审理案件要严格执行法律规定，宽严轻重适度，做到罪刑相当、违法行为与处罚结果相当。

2. 合法

合法是指各级国家司法机关审理案件时要合乎法律规定，依法司法。在适用法律的过程中，每一个环节和步骤都要依照法律规定的权限进行操作，不仅在定性上要合乎法定的标准和规格，而且在程序上也必须合乎法律规定，不合程序规定的裁决不能发生法律效力。任何司法机关和司法人员都不能随意行使司法权。

3. 及时

及时就是指国家司法机关审理案件时，要提高工作效率，保证办案质量，及时办案，及时结案。及时要求严格按照司法程序的各个环节及诉讼时限的要求办案，不能任意拖延；及时还要求在特殊情况下，按照法律规定的时限，保证办案质量，加快办案速度，尽快审结案件。

正确、合法、及时是司法的基本要求，是不可分割的统一整体，三者之间不可偏废，缺一不可。在司法中，它们都应该被坚持和贯彻。

（四）司法机关司法的基本原则

司法机关司法的基本原则是指在司法的过程中必须遵循的基本准则。这些基本准则主要有下列几项：

1. 司法法治原则（依法司法原则）

司法法治原则是指在法的适用过程中，要严格依法司法。依法司法既要依实体法司法，也要依程序法司法。在我国，这条原则具体地体现为"以事实为依据，以法律为准绳"的原则。以事实为依据就是司法机关对案件作出处理决定，只能以客观事实作基础，不能以其他东西为根据。只有查清了全部事实，才能正确适用法律，对案件作出正确处理。要查清案件事实，就必须重调查研究，重证据，不轻信口供，全面客观地收集证据，并对证据材料进行认真细致的分析研究，作出符合案件事实的结论。以法律为准绳就是指司法机关在适用法律时，要严格按照法律规定办事，把法律作为处理案件的唯一标准和尺度。在查办案件的全过程中，要依照法定权限和法定程序，依据法律的有关规定，确定案件性质，区分合法与违法、一般违法和犯罪等，并根据案件的性质，给予恰当正确的裁决。以法律为准绳意味着在整个司法活动中，在审理案件中，法律是最高的标准。这是社会主义法治对司法提出的必然要求。

2. 司法平等原则

司法平等原则是社会主义法律平等原则在司法活动中的具体体现。社会主义法律平等原则是指凡是我国公民都必须平等地遵守我国的法律，同时，依法平等地享有法定的权利和承担法定义务，不允许任何人有超越法律的特权；任何公民的合法权益都平等地受到法律的保护,他人不得侵犯;任何公民的违法犯罪行为都应平等地依法受到法律追究和制裁,绝不允许其逍遥法外。任何人在民事、经济、行政案件中,都理应受到平等的、公平的对待。这是社会主义法律平等原则的基本内容。而司法平等原则则是上述法律平等原则在司法过程中的具体体现。在我国,司法平等原则具体地体现为"公民在法律面前一律平等"的原则。

司法平等原则是指各级国家司法机关及其司法人员在处理案件、行使司法权时,对于任何公民,不论其民族、种族、性别、职业、宗教信仰、教育程度、财产状况、居住期限等有何差别,也不论其出身、政治历史、社会地位和政治地位有何不同,在适用法律上一律平等。这一原则不仅适用于公民个人,也适用于法人和其他各种社会组织。司法平等原则是社会主义司法的一项重要原则。实行这一原则,对于切实保障公民在适用法律上的平等权利,反对特权思想和行为,惩治司法腐败行为,维护社会主义法制的权威、尊严和统一,保护国家和人民的利益,调动广大人民的积极性,加速实现法治,有其重要意义。

3. 司法权独立行使原则

司法权独立行使原则是指司法机关在办案过程中,依照法律规定独立行使司法权。这是我国宪法规定的一条宪法原则,也是我国有关组织法和诉讼法规定的司法机关适用法律的一个基本原则。司法权独立行使原则要求国家的司法权只能由国家的司法机关统一行使,其他任何组织和个人都无权行使此项权力;要求司法机关行使司法权只服从法律,不受其他行政机关、社会团体和个人的干涉;要求司法机关行使司法权时,必须严格依照法律规定和法律程序办事,准确适用法律。司法机关坚持司法权独立行使原则,并不意味着司法机关行使司法权可不受任何监督和约束。司法权同其他任何权力一样,都要接受监督和制约。不受监督和制约的权力(包括司法权力)会导致腐败。对司法权的监督表现在以下几个方面:其一,司法权要接受党的领导和监督,这是司法权正确行使的政治保证。其二,司法权要接受国家权力机关的监督,因为我国不实行三权分立,司法权由国家权力机关产生,并对国家权力机关负责。因此,国家权力机关有权监督司法权的行使,司法机关也有义务接受国家权力机关的监督。其三,司法机关的上、下级之间以及同级之间也存在监督和约束,这种监督和约束是通过审判制度和检察制度中的一系列制度来体现和实现的。其四,司法权也要接受行政机关、企事业单位、社会团体、民主党派和人民群众的监督,还要接受舆论的监督。通过这些种类广泛的监督形式和监督机制,有利于司法机关更好地行使司法权,并防止司法权的滥用等司法腐败现象和行为的出现。

4. 司法责任原则

司法责任原则是指司法机关和司法人员在行使司法权的过程中侵犯了公民、法人和其他社会组织的合法权益,造成严重后果而应承担责任的一项原则。司法责任原则是根据权力与责任相统一的法治原则而提出的一个权力约束机制。司法机关和司法人员接受人民的委托,行使国家的司法权,负有重大的职责和权力。按照权力与责任相一致的原则,一方面,对司法机关和司法人员行使国家司法权给予法律保障;另一方面,对司法机关及司法人员的违法和犯罪行为也应予以严惩。只有将司法权力与司法责任结合起来,才能更好地增强司法机关和司法人员的责任感,防止司法过程中的违法行为,以更好地维护社会主义司法的威信和社会主义法制的权威和尊严。在我国,已颁布的《国家赔偿法》、《法官法》、《检察官法》等对司法责任进行了确认和规定,认真落实违法责任,对于实现司法责任有着极大作用。

四、司法行政机关普法

（一）普法的概念

普法是在公民中开展法制宣传教育的简称。普法的日常工作由司法行政机关承担。国家以编制的五年普法规划为依据,分阶段、有步骤、有重点地在公民中开展法制宣传教育活动。从1986年开始实施第一个五年普法规划到现在,已经进入到第六个五年普法规划实施时期。

（二）"六五"普法工作的指导思想、主要目标和工作原则

1."六五"普法工作的指导思想

"六五"普法工作的指导思想是,高举中国特色社会主义伟大旗帜,以邓小平理论和"三个代表"重要思想为指导,深入贯彻落实科学发展观,围绕"十二五"时期经济社会发展的目标任务,按照全面落实依法治国基本方略和建设社会主义政治文明的新要求,坚持法制宣传教育与社会主义核心价值体系教育相结合、与社会主义法治理念教育相结合、与社会主义公民意识教育相结合、与法治实践相结合,深入开展法制宣传教育,深入推进依法治理,大力弘扬社会主义法治精神,努力促进经济平稳较快发展和社会和谐稳定,为夺取全面建设小康社会新胜利营造良好法治环境。

2."六五"普法工作的主要目标

通过深入扎实的法制宣传教育和法治实践,深入宣传宪法,广泛传播法律知识,进一步坚定法治建设的中国特色社会主义方向,提高全民法律意识和法律素质,提高全社会法治化管理水平,促进社会主义法治文化建设,推动形成自觉学法守法用法的社会环境。

3."六五"普法工作应坚持的原则

"六五"普法工作应坚持的原则有以下几个方面:

（1）坚持围绕中心，服务大局

按照"十二五"时期经济社会发展的总体要求，深入开展法制宣传教育，服务经济平稳较快发展，服务改革开放，服务保障和改善民生，服务维护社会和谐稳定。

（2）坚持以人为本，服务群众

着眼于群众的实际法律需求，在法制宣传中服务群众，把法制宣传教育的过程变成做群众工作的过程，实现好、维护好、发展好最广大人民的根本利益。

（3）坚持分类指导，注重实效

根据不同地区、不同行业和不同对象的特点，确定法制宣传教育的重点内容，采取切实可行的方法，增强工作的针对性和实效性。

（4）坚持学用结合，普治并举

坚持法制宣传教育与法治实践相结合，突出宣传法治实践的重要作用，不断提高法制宣传教育的实际效果。用法制宣传教育引导法治实践，在法治实践中加强法制宣传教育，深入推进各项事业依法治理。

（5）坚持与时俱进，改革创新

把握法制宣传教育工作规律，创新工作理念，拓展工作领域，完善工作机制，改进方式方法，体现法制宣传教育的时代性、规律性和创造性。

（三）"六五"普法工作的主要任务

"六五"普法工作的主要任务是：①突出学习宣传宪法；②深入学习宣传中国特色社会主义法律体系和国家基本法律；③深入开展社会主义法治理念教育；④深入学习宣传促进经济发展的法律法规；⑤深入学习宣传保障和改善民生的法律法规；⑥深入学习宣传社会管理的法律法规；⑦加强反腐倡廉法制宣传教育；⑧积极推进社会主义法治文化建设；⑨继续深化"法律进机关、进乡村、进社区、进学校、进企业、进单位"的主题活动；⑩深入推进依法治理。

（四）"六五"普法工作的对象和要求

1. "六五"普法工作的对象

"六五"普法工作的对象是一切有接受教育能力的公民。要重点加强对领导干部、公务员、青少年、企事业经营管理人员和农民的法制宣传教育。

2. "六五"普法工作的要求

"六五"普法工作的要求是：①切实加强领导干部学法守法用法；②大力推进公务员学法守法用法；③深入开展青少年法制宣传教育；④积极开展企事业经营管理人员法制

宣传教育；⑤扎实开展农民法制宣传教育。

（五）"六五"普法工作的步骤和安排

① 宣传发动阶段：2011 年上半年。

② 组织实施阶段：2011 年下半年至 2015 年。

③ 检查验收阶段：2015 年下半年。

（六）"六五"普法工作的组织领导和保障

① 切实加强领导。

② 健全考核评价体系。

③ 落实法制宣传教育经费保障。

④ 抓好队伍建设。

⑤ 推进阵地建设。

五、法律实施监督机关监督法律的实施

（一）法律实施监督机关监督法律实施的概念

法律实施监督机关监督法律的实施是指有关国家机关依照法定职权和程序对公民是否守法，以及行政机关执法、司法机关司法活动中是否遵守法律、执行法律、按法律的要求办事的监督。

法律与国家相伴而行，监督与权力相伴而生。既然有国家公权的运行存在，就有对公职人员的为政情况进行全面考核、督促的必要，监督是政治之本能。对权力的运行必须进行有效监督，不受监督的权力将滋生腐败。监督法律实施在政权建设、改进管理、社会稳定、民主发展进程中起着不可估量的作用。

监督法律的实施是社会主义法制建设的重要内容，它在整个法律活动中贯穿始终，对法律的实施起着承前启后的作用，是法律实现的前置条件，每个法律环节的活动都少不了监督法律的实施，它在法律调整的整个过程中起着保证依法办事的作用，它是使法制在法律调整的各个阶段得到有力保证的重要措施和良好机制。为了实现不同等级、不同种类的法律规范和宪法的统一与协调，以及它们之间的相互统一与协调，除了依靠立法本身之外，还必须依靠专门的法律实施的监督机制来实现国家法律的统一与协调。比如，赋予全国人大及其常委会以专门的职权监督宪法的实施,以保证宪法这个根本大法的权威,使宪法在整个规范性法律文件体系中居于最高地位,其他任何法律、行政法规和地方性法规都不得与宪法相抵触;同时,通过法律监督体制来保证国家权力机关制定的规范性法律文件的效力高于同级行政机关制定的规范性法律文件的效力,保证上级国家机关制定的规范性法律文件的效力高于下级国家机关制定的规范性法律文件的效力,后者不得与前者相抵触,等等。

(二)我国法律实施监督机关监督法律实施的种类

1. 我国权力机关监督法律实施

我国权力机关监督法律实施是指各级人大及其常委会根据各自的职权范围对法的实施活动的合法性的监督。其中,国家最高权力机关的监督在整个法律监督系统中居于主导地位。

权力机关对法律实施活动的监督,包括对行政机关的执法活动和司法机关的司法活动合法性的监督,其对象是具体的执法活动和司法活动。权力机关实施监督的目的是督促行政机关和司法机关正确、有效地贯彻执行宪法和法律,保证国家法制的统一和高效运转,从而充分发挥法在国家生活中的作用。

全国人大和地方各级人大及其常委会是行使国家权力的机关,由它产生的行政机关和司法机关对它负责并受它监督。

2. 我国行政机关监督法律实施

我国行政机关监督法律实施是指上级行政机关、专门行政监督机关对行政机关及其工作人员是否依法行使职权的监督。它是对行政机关及其工作人员在行使行政管理权的过程中是否遵守了宪法和法律的监督。行政机关监督法律实施既是行政机关保障法律实现的重要手段,又是实行行政机关自我控制、防止滥用权力的重要手段。根据监督主体的不同,行政机关监督法律实施又可以被分为领导监督和专门监督。

第一,领导监督又称层级监督,是基于上级政府对下级政府、各级政府对其工作部门和工作人员的领导关系而产生的监督关系。

第二,专门监督是指行政机关系统内部设立的专门行政监督机构实施的行政监督。我国的专门行政监督有行政监察监督和审计监督两种。

3. 我国司法机关监督法律实施

我国司法机关监督法律实施是指司法机关对法的实施所进行的监督,包括检察机关监督法律实施和审判机关监督法律实施。

一是检察机关监督法律实施。在人民检察院体系内,最高人民检察院领导地方各级人民检察院和专门检察院工作,上级人民检察院领导下级人民检察院工作。人民检察院按照宪法和法律的规定独立行使监督权,对法的实施进行监督。此类法律监督是指检察机关运用国家权力,依照法定程序,检查、督促和纠正法律实施过程中严重违法的情况,以维护国家法制的统一和法律正确实施的一项专门工作。

二是审判机关监督法律实施。人民法院是国家的审判机关,人民法院监督法律实施除了对法院系统审理案件及其裁决是否正确、合法进行监督外,还对其他国家机关实施法的活动进行监督。

【相关法律规范指引】

1.《宪法》第 33 条。

2.《国籍法》第 1 条至第 10 条。

练习题

一、填空题

1. 守法是法实施最重要的(　　　),也是法实施最普遍的(　　　)。

2. 行政执法是指(　　　)及其(　　　)依照法定职权和程序贯彻、执行法律的活动。

3. 司法机关司法是指(　　　)依据法定职权和法的程序,具体应用法律处理案件的专门活动。

4. 在我国法律适用的基本原则中,司法法治原则具体体现为"(　　　)、以法律为准绳"。

二、单项选择题

1. 在具体实施法律的各类活动中,最普遍和最广泛的法律实施活动是(　　　)。

　　A. 立法　　　　　B. 守法　　　　　C. 执法　　　　　D. 司法

2. 下列不属于司法独有特点的是(　　　)。

　　A. 职权专门性　　B. 程序法定性　　C. 适用普通性　　D. 裁决权威性

三、多项选择题

1. 守法的构成要素包括(　　　)。

　　A. 守法主体　　　B. 守法内容　　　C. 守法客体　　　D. 守法状态

2. 守法的条件包括(　　　)。

　　A. 良好的法律存在　　　　　　　　B. 守法主体良好的法律意识

　　C. 良好的法律环境　　　　　　　　D. 公民良好的法律素质

3. 下列是行政执法主体的有(　　　)。

　　A. 各级人民政府　　　　　　　　　B. 各级人民政府职能部门

C. 各级人民法院   D. 各级人民检察院

4. 行政机关执法的原则有（   ）。

 A. 行政法治原则 B. 公平合理原则 C. 效率原则   D. 及时原则

5. 司法机关司法的基本要求是（   ）。

 A. 正确   B. 合法   C. 及时   D. 合理

6. 司法机关司法的基本原则有（   ）。

 A. 司法法治原则   B. 司法平等原则

 C. 司法权独立原则   D. 司法责任原则

四、名词解释

1. 守法

2. 行政执法

3. 司法机关司法

五、简答题

1. 行政机关执法的基本原则有哪些？

2. 司法机关司法的基本原则主要有哪些？

六、论述题

从法理上评述"钓鱼式执法"事件。

七、案例思考题

1. 李某,19 岁,为了庆祝北京申办奥运会成功,在未经许可的情况下,组织本村 100 多名青少年到乡政府驻地游行。

试问李某的行为是否合法？说明理由。

【提示】 以是否符合《游行示威法》为依据进行判断。

2. 王某不务正业,以偷窃为生。一天晚上,他身背作案工具爬进村北无人值守的变电站内拆下正在作业的变压器上的铜件,在返回村里的时候被巡逻的治保队员抓住并扭送派出所处理。此次偷窃停电 2 小时,造成直接经济损失 20 000 元,公安机关侦查终结后移送检察院起诉,法院以盗窃罪判其有期徒刑 2 年。

试问法院的司法活动是否合法？说明理由。

【提示】 以是否符合《刑法》和《刑事诉讼法》为标准进行判断。

3. 某市司法局为了开展"六五"普法教育,于 2011 年 12 月 4 日在市和平广场举行了法律宣传和咨询活动。

试问此举符合普法要求吗？说明理由。

【提示】 以是否符合《"六五"普法规划》的要求为判断标准。

学习单元 7　社会主义法治理念

学习目的与要求

　　了解社会主义法治理念的内涵、本质要求、时代背景和理论基础;明确社会主义法治理念的主要内容;充分认识和理解在执法、司法实践中自觉践行社会主义法治理念的重要性和必要性。

学习重点与提示

　　社会主义法治理念与现代法治理念的联系与区别;社会主义法治理念的现实意义;社会主义法治理念的内涵。

一、法律意识与法治理念

(一) 法律意识

　　意识是人脑的机能,是对客观事物的主观映象。意识是自然界和人类社会长期发展的产物。人脑是意识的物质基础,意识依赖于人的大脑,没有人脑就没有人的意识。但人脑只是人的意识器官,只有人脑还不能产生意识。人们只有在社会实践中同外在的客观世界打交道,使人脑和其他反应器官同客观世界发生联系,客观事物作用于人脑并形成对客观事物的主观映象才会产生意识。

　　法律意识是人们关于法律现象的思想、观点、知识和心理的总称。人的法律意识是一种观念的法律文化,对法的制定和实施是非常重要的。它表现为:探索法律现象的各种法律学说,对现行法律的评价和解释,人们的法律动机(法律要求),对自己权利、义务的认识(法律感),对法、法律制度了解、掌握、运用的程度(法律知识),以及对行为是否合法的评价等。

　　法律意识是社会意识的一种。法律意识同人们的世界观、伦理道德观等有密切联系,具有强烈的阶级性。不同阶级的法律意识各不相同。在阶级社会中,没有全社会统一的法律意识。统治阶级的法律意识在社会上居于统治地位,起着支配作用。各阶级法律意识的内容,归根结底由该阶级的物质生活条件所决定。在统治阶级内部,由于各阶层、各集团乃至个人所处的具体地位不同及其他原因,其法律意识也不完全相同,但在基本点上都服从于统治阶级的利益。

统治阶级的法律意识直接指导法的制定、执行和遵守。为统治阶级利益服务的法律制度,以及保护统治阶级利益的法律、法规等,都是在统治阶级的法律意识指导下确立和制定的;司法人员在应用法律规范时,他们的法律意识对实施法律规范和维护统治阶级利益具有重要作用。法律主体(包括自然人和法人)的法律意识增强,有助于他们依照法律捍卫自己的权利,更好地履行法律义务,并对法制的健全、巩固和发展具有重要作用。

(二)法治理念

理念是包括意识、理论、理想、信念等在内的一个概念。理念是一定的社会组织和个人在认识特定自然和社会现象的思想、价值观、信仰以及行为准则等方面深层次的概括和提炼,是一种理论化、系统化的认知,它通过指导人们的行为,对人的心理、信念产生根本性影响。

法治理念是一定的组织(在现代特别是政党)和个人对法律的功能、作用和法律的实施所持有的思想、信念和观念的总和,是指导立法、执法、司法和守法实践的思想基础和主导价值追求,引导、统摄、支配和决定着法治活动,决定着法治行为及法治效果。

从法治理念的内涵结构上讲,它主要包括四个成分:

第一,法治理念的知识(或智力)成分。它是指人们所具有的法律知识水平,它决定着人们对法律以及法律现象认识和了解的程度,或者人们对法律和法律现象理解和认识的水平。

第二,法治理念的感情成分。它是指人们对法律现象所持有的态度,是肯定还是否定的评价。

第三,法治理念的意志成分。它是指人们是否有遵守法律、依法办事的意愿和习惯。

第四,法治理念的信念和理想成分。它是指人们对法律、法律现象以及法治发展的信念、追求和理想是否明确和坚定。

这四个方面彼此依存,又相互影响。

(三)法律意识与法治理念的关系

法律意识与法治理念的区别在于:法律意识与法治理念相比,法律意识比较零散,法治理念比较系统、完整;法律意识多是自发产生的,法治理念是在系统理论的基础上产生的,法治理念不仅包括对法治现实的认识,也包括对法治的信念、理想和追求等。

法律意识与法治理念联系在于:法律意识是法治理念的基础,没有法律意识就没有法治理念;法治理念是法律意识的升华,是对法律意识内容的丰富与发展。

二、社会主义法治理念的内涵和本质要求

社会主义法治理念是关于社会主义法治的理想、信念和观念的总和,是社会主义法治的内在要求、精神实质和基本原则的概括和反映,是社会主义法治的精髓和灵魂,是立法、执法、司法、守法和法律监督等法治领域的基本指导思想。法治理念的产生和确立,并成为法治实践的正确思想指南,应当与其存在的社会制度、历史传统、法律文化和价值观相适应。我国社会主义制度是先进的社会制度,我国社会主义法治理念经过不断完善,也一定是先进的法治理念,是真正符合广大人民群众利益和需要的法治理念。社会主义法治理念必须体现以下本质要求:

（一）必须反映和坚持社会主义先进生产力的发展要求

符合我国现阶段生产力发展的客观要求,坚持为社会主义市场经济服务,坚持执法的法律效果与社会效果的统一,坚持平等、自由、正义、效率等社会主义市场经济内在的价值追求。

（二）必须反映和坚持人民民主专政的国体

在我国,人民是国家的主人,国家的一切权力属于人民。社会主义法治理念必须体现人民主权原则,确认人民群众的主体地位,反映最广大人民群众的根本利益和共同意志,始终把实现人民当家做主和维护最广大人民群众的根本利益作为永恒的价值追求。

（三）必须反映和坚持党的领导

在我国,共产党执政是历史的选择,是人民的选择。新中国法治建设的伟大成就是在党的领导下取得的。全面实施依法治国的基本方略,建设社会主义法治国家必须在党的领导下进行。

（四）必须反映和坚持马克思主义的指导地位

马克思主义是我们党和国家一切工作的根本指导思想。社会主义法治理念必须以马克思主义为指导,特别是要坚持以邓小平理论和"三个代表"重要思想为指导,以科学发展观为统领,充分体现社会主义荣辱观的思想道德和价值观的要求。

（五）必须反映和坚持从中国国情出发的原则要求

社会主义法治理念的形成和发展必须吸收人类法治文明的优秀成果,但不能照搬照抄国外的模式。这是一个基本政治原则,也是坚持实事求是思想路线的具体体现。脱离中国国情,不从中国的社会经济状况、历史和现实状况出发,盲目照搬照抄国外的东西,不仅不会起到积极作用,甚至会给社会主义法治国家建设乃至社会主义现代化建设带来不良影响。

（六）必须反映和坚持改革创新、与时俱进

一种先进的理念应当随着时代的发展而发展,作为意识形态,应当不断适应社会经济状况的变化。改革开放以来,我国各个领域都发生了并将继续发生广泛而深刻的变化。社会主义法治理念必须在马克思主义基本理论的指导下,与时俱进,不断创新,始终充满生机活力。

三、社会主义法治理念的时代背景和理论基础

社会主义法治理念是马克思列宁主义关于国家和法的理论与中国国情和现代化建设实际相结合的产物,是中国社会主义民主与法治实践的总结。以胡锦涛为总书记的党中央从我国社会主义现代化建设事业大局出发,于 2005 年提出了社会主义法治理念这一重要命题,并作出开展社会主义法治理念教育的重大决策。仔细分析这一命题,具有丰富而深刻的内涵,有着鲜明的时代意义。具体地讲,社会主义法治理念提出的背景是"三个针对":一是针对封建主义的人治和专制理念;二是针对"左"的政治理念;三是针对资本主义的法治理念。只有划清社会主义法治理念与封建主义人治和专制理念的界限、与"左"的政治理念的界限、与资本主义法治理念的界限,才能保持社会主义法治理念的先进性,即保持社会主义法治理念的科学性和正确性。只有坚持法治理念的社会主义方向,才能

做到用正确的法治理念统一立法、执法和司法思想，保证社会主义法治事业沿着正确的方向健康发展。

（一）社会主义法治理念的时代背景

1. 社会主义法治理念是针对封建主义的人治和专制理念提出的

由于特殊的历史条件，我国社会主义社会是从半封建半殖民地社会走过来的，加上我国封建社会的历史大约有三千多年，旧社会留给我们的民主法治传统很少，更多的是封建的专制主义。所以，我国社会主义法治理念针对的首先是封建主义的东西，即封建主义的人治理念和专制传统。封建主义的人治和专制理念以君权神授、君临天下、专制独裁、权大于法为核心，强调国家至上、君本位、官本位、义务本位，漠视个人权利及其保护；主张德主刑辅、法律道德化；信奉重刑主义，实行严刑峻法，诸法合一，以刑为本；依靠刑讯逼供，屈打成招，甚至迷信神明裁判。在社会主义法治建设的整个进程中，将始终伴随着反对封建主义的人治和专制的历史任务。

2. 社会主义法治理念是针对党和国家政法生活中要人治不要法治的"左"的政治理念提出的

"左"的政治理念与封建的人治和专制遗传往往交织在一起，其主要表现是，法律虚无主义，要人治，不要法治；热衷于搞无法无天的群众运动，依靠群众运动解决社会矛盾，而无视法律程序；把政法机关简单地视为阶级斗争的工具，片面强调法律的强制和惩罚功能，忽视其保护人权的功能。特权思想严重，当领导的个人意志和主张与法律相冲突的时候，往往以权代法、以言废法，凌驾于法律和法律机关之上，无视法律的制约和监督。要人治不要法治的"左"的政治理念在 20 世纪 50 年代后期的中国达到顶峰，最终导致"文化大革命"那样的灾难发生。因此，在社会主义法治建设进程中，我们既要防止"右"，又要防止"左"，要始终警惕和反对要人治不要法治的"左"的政治理念。

3. 社会主义法治理念是针对西方资本主义法治理念提出的

现代法治起源于西方，西方资本主义法治理念较之封建主义的人治和专制理念具有文明意义上的历史进步性。例如，提倡依法而治，权力制约，法律面前人人平等，罪刑法定，契约自由，注重法律程序，无罪推定，等等。我们应当在立足于国情的基础上对西方资本主义法治理念和法治经验加以借鉴。改革开放以来，我们借鉴和吸收了西方法治理念的有益经验，加速了我国立法进程，在不太长的时间内初步建立起适应我国市场经验和社会发展的法律体系，同时提高了我国执法、司法的水平。但是，西方资本主义法治理念并不具有普遍的适用性，不是人类法治文明的唯一坐标，对西方资本主义法治理念和法治模式照抄照搬，对于发展社会主义法治文明和政治文明是有害的。事实上，西方资本主义法治理念给我们带来的消极影响也不容忽视。我们有的司法人员在执法实践中,简单套用西方的一些"法律术语",造成执法思想和执法活动的混乱,甚至造成社会的混乱;有的不从我国的国情出发,片面崇尚西方的法律思想和法律制度,甚至盲目崇拜"三权分立"、"政治中立"、"多党制"、"两院制民主",等等;有的打着依法治国的幌子否定党的领导,打着司法改革的旗子否定社会主义制度;有的利用个案炒作诋毁政法机关和政法队伍形象,宣扬司法机关非党化、非政治化,企图在政法工作意识形态领域制造混乱,以实现其政治图谋。

(二)社会主义法治理念的理论基础

社会主义法治理念的理论基础是当代马克思主义,即以毛泽东思想、邓小平理论、"三个代表"重要思想和十六大以来的科学发展观、和谐社会理论为核心的理论体系。在这些理论中,包含着丰富的法治理念。

中国社会主义法治建设是前无古人的伟大创举。以毛泽东同志为代表的老一辈无产阶级革命家在几十年的新民主主义革命和社会主义建设过程中,不断深化、发展和丰富了马克思主义法律理念,结合中国的国情,进行了一系列探索和实践,从正、反两方面积累了法治建设的宝贵经验。

党的十一届三中全会以来,邓小平同志深刻总结了我国和其他社会主义国家在民主与法制建设方面的经验教训,并根据我国改革开放和社会主义民主法制建设的实践经验,创造性地提出了有中国特色社会主义民主和法制理论。他主张:建设社会主义必须健全法制;坚持社会主义法制必须做到有法可依、有法必依、执法必严、违法必究;实现社会主义法治必须做到公民在法律和制度面前人人平等;要维护法律的稳定性,必须使民主制度化、法律化,使这种制度和法律不因领导人的改变而改变,不因领导人的看法和注意力的改变而改变;要维护法律的权威性,无论是不是党员,都要遵守国家的法律,"党必须在宪法和法律规定范围内活动",等等。从 1986 年至 1989 年的三年间,邓小平同志不下五次透彻地分析了人治的危害性,阐述人治必然导致难以为继、人亡政息的规律,他反复对中央负责同志讲:"我有一个观点,如果一个党、一个国家把希望寄托在一两个人的威望上,并不很健康。那样,只要这个人有变动,就会出现不稳定。"就在 1989 年,邓小平同志从领导岗位上退下来以后,仍然关心中国的法制建设,他指出,中国的事情"还是要靠法律制度,搞法制靠得住些"。这是邓小平同志对我们党作出的最重要的政治交代。

20 世纪 90 年代以后,以江泽民同志为核心的第三代领导集体,继承和发展了邓小平同志的法治思想。1989 年,江泽民同志在任总书记后的第一次记者招待会上就公开表示:"我们绝不能以党代政,也绝不能以党代法。这也是新闻界讲的究竟是人治还是法治的问题。我想我们一定要遵循法治的方针。"之后,江泽民同志就法治问题发表了一系列重要讲话和论述,他明确提出了依法治国、建设社会主义法治国家的基本方略和奋斗目标,全面揭示了依法治国的本质,阐述了法治的基本内容。在我党的历史上第一次把法治作为社会主义的本质内容,把法治国家作为全面建设小康社会的基本目标,进一步阐明了党与法治的关系、法治与文明的关系、经济和社会发展与法治的关系,提出并科学阐述了依法治国与以德治国的关系,强调依法治国属于政治文明,以德治国属于精神文明,两个文明相辅相成。他还根据我国社会主义法治国家建设的现实和方向,提出了法制建设的目标和任务,明确了立法、执法、司法、法制监督、法制教育等法制建设的各个环节的核心或重点问题。

党的十六大以来,以胡锦涛同志为总书记的新的中央领导集体进一步指出:实行依法治国的基本方略首先要全面贯彻实施宪法,必须在全社会进一步树立宪法意识,维护宪法权威,使宪法在全社会得到遵行;要充分发挥法治在促进、实现、保障社会和谐方面的重要作用;要坚持民主执政、科学执政、依法执政。在经济建设和社会发展的实践中,创立了具有历史高度、时代内涵和实践要求的科学发展观与和谐社会理论体系,包含着"以人为本"、"依法执政"、"公平正义"、"尊重和保障人权"等重要命题,以及"法治是人类文明进步的重要标志"、"法治是以和平理性的方式解决社会矛盾的最佳途径"、"人与人的和睦相处,人与自然的和睦相处,国家与国家的和平共处,都需要法治加以规范和维护"等论断。明确提出了社会主义法治理念的命题,促使我们深入研究依法治国、建设社会主义法治国家、构建社会主义和谐社会过程中一系列重大理论和实践问题,认真检讨法治理论、法治实践和政法工作中种种不符合社会主义法治理念的思想、体制和做法,进一步解放思想,推进依法治国、建设社会主义法治国家、构建社会主义和谐社会的历史进程。

总之,以当代中国马克思主义为理论基础和指导思想的法治理念是我们党改革开放以来法治理论创新的必然继续和延伸,是我们党坚持依法治国、建设社会主义法治国家基本方略的精神力量。所以,要树立社会主义法治理念,就应当深入学习毛泽东思想、邓小平理论、"三个代表"重要思想、科学发展观与和谐社会理论,全面总结其中包含的社会主义民主法制理论,把社会主义法治理念放在马克思主义中国化最新成果的体系当中去把握,进一步深刻理解社会主义法治理念命题的科学内涵和时代意义。

四、社会主义法治理念的基本内容

根据社会主义法治理念的本质要求,结合政法工作和政法队伍的实际状况,社会主义法治理念主要包括五个方面的内容,即依法治国、执法为民、公平正义、服务大局、党的领导。其相互关系为依法治国是社会主义法治的核心内容,执法为民是社会主义法治的本质要求,公平正义是社会主义法治的价值追求,服务大局是社会主义法治的重要使命,党的领导是社会主义法治的根本保证。五个理念相互补充、相互支持,协调一致地体现了党的领导、人民当家做主和依法治国的有机统一。

（一）依法治国理念

依法治国理念的基本含义是依据法律而不是个人的旨意管理国家和社会事务,实行的是法治而不是人治。其核心是确立和实现以宪法和法律为治国的最具权威的标准,树立法高于人、法大于权的观念和价值取向。这具体需要把握三个方面的基本内涵。

1. 法律面前人人平等

法律面前人人平等是我国人民当家做主的国家本质在宪法上的重要体现,也是我国社会主义法治的民主性和人民性的必然要求。首先,公民的法律地位一律平等。英国法学家波洛克曾经说过:"法律不能使人人平等,但是在法律面前人人是平等的。"我国《宪法》也明确规定,公民在法律面前一律平等。但现实生活中,有的人习惯于把人分成三六九等,对某些人给予法律以外的特权。这种思想和做法实际上是封建等级观念的残余,与法律面前人人平等的要求格格不入,必须彻底破除和摒弃。其次,任何组织和个人都没有超越宪法和法律的特权。宪法和法律是人民利益的体现,反映了人民的意志。服从宪法和法律,就是服从于人民意志,维护人民的利益。任何个人和组织,如果享有超越宪法和法律的特权,就等于将自己凌驾于人民之上,就是对社会主义法制权威与尊严的挑战和破坏。在社会主义法治之下,绝不允许一部分人受到法律的约束而另一部分人成为"法外之民"的现象存在。最后,任何组织和个人的违法行为都必须依法受到追究。我国《宪法》第5条明确规定:一切国家机关和武装力量、各政党和各社会团体、各企业事业组织都必须遵守宪法和法律。一切违反宪法和法律的行为,必须予以追究。违法者必须受到追究是法律尊严的重要体现,也是法律权威的重要保障。在一个社会中,如果有人犯了法却能逍遥法外、平安无事,那么,法律在社会公众心目中就不可能树立起崇高的地位和威信。"王子犯法,与庶民同罪。"人民群众最欢迎、最盼望的是法律面前的一视同仁,最痛恨的是官官相护。

2. 树立和维护法律权威

法律权威就是法律具有的尊严、力量和威信。任何社会必须树立有效的法律权威,没有法律权威就没有秩序。不同的历史条件和社会形态,决定了一个社会中不同的权威。比如,在我国古代封建社会,实行的是封建主义专制集权,皇权至高无上,皇帝就是最高权威,尽管制定了大量的法典律令,但法律始终是权力的附庸,是皇帝和大大小小的封建官吏手中统治平民百姓的众多工具之一,谈不上有什么权威。我国社会主义法律的权威性是由法律的本质属性决定的。第一,社会主义法律体现了全体人民的意志,是党的主张和人民意志的高度统一;第二,法律具有规范性和确定性,非经法定程序不得修改或者废止;

第三,法律具有普遍约束性;第四,法律具有国家强制性。法律的这些特征决定了我国社会主义法律具有崇高的权威性。

① 维护法律权威,必须确立法律是人们生活的基本行为准则的观念。在一个实行法治的社会中,法律对人们的社会生活起着最基本、最有力的规范和约束作用。如果根据不同的社会规范所做出的行为之间产生矛盾和冲突,最终衡量和评判的标准只能是法律。

② 维护法律权威,必须维护宪法权威。宪法是国家的根本大法,是一切其他法律权威的渊源和保障。全国各族人民、一切国家机关和武装力量、各政党和各社会团体、各企事业单位和组织,都必须以宪法为根本的活动准则,并负有维护宪法尊严、保证宪法实施的职责。

③ 维护法律权威,必须努力维护社会主义法制的统一和尊严。我国的社会主义法律体系是一个有机统一的整体,任何法律、法规、规章都不得同宪法相抵触,下位法不得同上位法相抵触,地方性法规不得同全国性法律相抵触。但处于法律初级阶段的中国,还有许多不尽完善的地方,法律打架的现象还在一定程度上存在着,有的地方和部门从保护本地区、本部门的利益出发,对严格执行国家法律讲价钱、打折扣,甚至制定和实施一些违反国家法律规定和法制原则的"土政策"、"土办法",搞"你有法律,我有对策",破坏社会主义法制的统一,损害法律的权威与尊严。

④ 维护法律权威,必须树立执法部门的公信力。一方面,要克服我国社会公众中普遍存在的"法不责众"、"只要有理,怎么闹都行"等不讲法制的传统观念,从严执法。另一方面,执法者要切实做到严格、公正、文明执法,用规范的执法行为令人信服,用公正的执法裁判赢得权威。特别是要减少个别案件因为一开始处理不当,以致到后来越来越难补救的情况,甚至对有的案件朝令夕改、不断"炒冷饭"的现象。现在执法活动中出现的执行难、袭警等现象,虽然有其复杂的社会原因,但不能不看到执法部门因执法不公而使公信力不高才是最根本的因素。

3.严格依法办事

严格依法办事主要有四个方面的含义:

一是职权由法定。从私权角度讲,"法无禁止即许可";而从公权角度讲,"法不授权即禁止"。因此,执法机关的权力必须来自于法律具体而明确的授予,执法机关必须在严格依据法律规定的权限内履行职责,无法定授权的执法就是越权,就是对法律权威与尊严的损害。但在现实生活中,一些执法机关及工作人员职权法定观念淡薄,执法越位、错位的现象时有发生,如没有罚款权却实施罚款,没有收费权却收费或变相收费,等等。

二是有权必有责。它包括两个方面的含义:①行使权力要对所引起的法律后果负责,法律授予了权力,同时也就意味着赋予了责任;②被法律赋予了权力而不去行使或者行使不到位,就是不尽职、不作为,就是失职渎职,也要承担相应的法律责任。

三是用权受监督。"权力产生腐败,绝对的权力产生绝对的腐败。"国家机关掌握着与公民人身、财产以及其他权利密切相关的执法、司法大权,这种重要权力一旦被腐蚀滥用,将直接损害公民的合法权益。为此,我国《宪法》第27条明确规定了一切国家机关和国家工作人员都要受到监督的原则。

四是违法受追究。培根曾指出,如果普通人违法犯罪是污染了水流的话,那么,执法者违法就是污染了水源。为了使社会主义法律的权威与尊严这一"水源"免遭污染,我们必须建立起对执法犯法者的严厉追究机制。

(二) 执法为民理念

执法为民就是按照邓小平理论、"三个代表"重要思想和科学发展观的本质要求,把实现好、维护好、发展好最广大人民群众的根本利益,作为工作的根本出发点和落脚点,在各项工作中切实做到以人为本、执法为民、一心为民,具体包括三方面的内容:

1. 一切为了人民

"一切为了人民"就是要恪尽职守,严密防控打击违法犯罪,保证公民的人身权利、财产权利和民主权利不受侵犯。对群众所反映的权益受侵害的案件不能麻木不仁,有案不立、立而不查、久拖不决、重罪轻判,甚至包庇违法犯罪。

"一切为了人民"就是要根据改革开放和社会发展的形势变化,及时把握人民群众不断变化的利益诉求。从实践看,就业再就业、收入分配不公、征地、拆迁、国有企业改制、劳资关系纠纷等问题,已经成为当前社会矛盾纠纷的热点和焦点。这些问题大多涉及工人、农民等切身利益,调处这些利益纠纷,必须实现好、维护好、发展好工人、农民等基本群众的根本利益,不能以牺牲广大人民群众的利益为代价来满足少数企业、商人的不正当要求,以及少数地方搞"政绩工程"、"面子工程"、"形象工程"的需要。

"一切为了人民"就是要坚决反对将人民赋予的执法权力用来谋取私利、部门利益和局部利益。以罚款、收费为目的,超越法定权限设立收费项目和数额,下达罚款指标,指使、纵容乱罚款、乱收费、乱扣押等行为,就不是执法为民,而是背离人民的利益,用权谋取部门权利、个人权利。

2. 一切依靠人民

贝卡利亚曾说过,法律的力量应当跟随着公民,就像影子跟随着身体一样。群众路线是我们党的优良传统,是党领导人民取得新民主主义革命和社会主义建设事业胜利的三大法宝之一。走群众路线,是做好政法工作、实现为人民服务宗旨的重要途径和保证。政法机关坚持群众路线,必须正确处理专门机关工作与群众路线的关系。政法工作人员要善于走群众路线,学会做群众工作,特别是要学会做群体性事件等特殊状态下的群众工作。实践证明,没有人民群众的支持,政法工作就会成为无源之水、无本之木。如我们在侦查办案工作中,无论侦查设备、技术和手段多么先进,编制增加多少,如果脱离了人民群众,人民群众不给予支持、配合,侦查工作就耳不聪、目不明,结果是案难破、人难抓。因此,解决案多人少、警力不足的矛盾,解决一些地方破案难、取证难、追逃难、执行难等问题,都要注重从专门机关工作和群众路线结合中找出路。

3. 尊重和保障人权

人权就其实质而言,指的是使每一个生物意义上的人成为自由的、人格独立的和尊严受保障的人所必需的条件。人不是为国家与法律而存在,而是国家与法律为人而存在。对于一个良性的社会而言,法律最终的任务并不在于追求有序的、稳定的社会,更主要的是体现人在社会中所拥有的价值和尊严。在西方学者看来,法治的危机也就在于失却了人文的关怀。近代资产阶级启蒙思想家认为是"天赋人权",但现代大多数人认为,人权不是天赋的,也不是理性的产物,它是一定历史条件下产生的,最终是由一定物质生活条件所决定的。它的具体内容和范围总是随着历史的发展、社会的进步而不断丰富和扩展的,不同阶级以及不同的历史阶段有着不同的人权观。2004 年,我国宪法修正案将"尊重和保障人权"写进了宪法。

政法工作尊重和保障人权,不仅要为广大人民群众共同和普遍的人权提供完善的司法保障,而且也要切实尊重和保护行政管理相对人、违法行为人、犯罪嫌疑人、被告人、服刑人员以及被害人的诉讼权利和其他合法权利。政法机关被法律赋予了限制和剥夺人身自由、裁决财产归属等重要权力,这些权力能否正当行使,对于公民个人的利益和权利有着重大影响。在执法过程中,对当事人的人权保障程度如何,是衡量一个国家法治水平和政治文明程度的重要标志。死刑案件二审开庭审理和死刑复核权统一由最高人民法院行使,既是为了统一死刑适用标准,保证死刑案件的质量,正确适用死刑,贯彻少杀慎杀、防止错杀的刑事政策,也是完善死刑案件的诉讼程序,进一步加强人权保障的表现。

（三）公平正义理念

公平正义是社会和谐的重要基础和保障。如果一个社会没有起码的公平正义,分配不公、贫富悬殊,人与人之间权利、义务不平等,社会地位和待遇差距过大,那么,即使这个社会看上去风平浪静,表面上似乎很和谐,然而这种平静表象的底下却在酝酿着尖锐、激烈的社会矛盾冲突,形成和谐的背后隐藏着更大的不和谐隐患,最终导致的将是社会动荡。公平正义内涵应该包括:

1. 合法合理

公平正义首先要求一切执法、司法行为符合法律规定。不论是政法机关的执法行为,还是社会成员的各种活动,如果是依法进行的,便可以说合乎了公平正义的形式要求。即使法律本身可能存在需要进一步完善的地方,在没有由立法机关通过法定程序修改完善之前,也不能成为执法者违法执法的理由,法律本身没有授予执法者任何否定法律的权力。执法机关与执法者不能标新立异,擅自突破法律的规定;也不允许钻法律的空子,以形似合法之名行违反法律实质精神之实。如果任何人都可以按照自己的理解对法律拒不执行,法律的权威将荡然无存,法律也就无法保障和实现社会的公平正义。

合理性是指执法中正确行使自由裁量权,所采取的措施、作出的决定合乎理性,符合案件事实、情节、执法对象本身的情况(包括主观恶性、人身危险性),符合社会公共利益、公平的原则和刑事政策的要求,减少任意性,增强规范性和确定性,防止滥用职权、显失公平。自由裁量权不等于任意裁量权,不是无拘无束的权力,同样是一种必须受到监督的权力。执法者只有在法律规定范围内正确地行使自由裁量权,才符合公平正义的要求。判断执法行为及作出的决定是否具有合理性,一是权力行使应当符合法律赋予该项权力的目的;二是案件与处理结果轻重幅度相当;三是同样情形同样处理。

2. 平等对待

平等对待是法律面前人人平等原则在社会公平正义方面的具体要求。如果说公平正义是社会主义法治的基石,那么,平等对待则是实现公平正义的方式,是公平正义的载体和支撑。没有平等对待,正义便成为抽象的空谈。平等对待主要有反对特权和禁止歧视两方面的内容。反对特权是法律上的平等对待,排除任何特权,反对给予同等条件者不同的待遇;禁止歧视与反对特权相对,法律上的平等对待不允许对任何在社会关系中处于劣势地位的主体有歧视待遇。我国的法律援助制度、司法救助制度、未成年人在刑事诉讼中的特殊待遇、消费者的特殊保护等,都较好地贯彻了这一原则。

3. 及时高效

"正义从来不会缺席,只会迟到",但"迟来的正义即非正义"。这一法律谚语恰当地表明了执法效率对于实现公平正义的重要性。公平正义的传统含义并不包括效率。但随着公平正义理念内涵的丰富,实现正义所付出的"成本"对正义的影响逐渐凸显。例如,一个旷日持久的官司,可以把一个家庭、一个企业拖垮,虽然最终赢得了官司,但公平正义已大打折扣。强调及时高效是在保证执法质量、公平公正的前提下进行的,当效率与公正发生冲突时,前者应当服从于后者,政法工作的性质决定了为追求效率而牺牲公正是本末倒置的。

4. 程序公正

正义不仅应当实现,而且应当以人们看得见的方式实现,这就是程序公正的重要价值所在。英国有句法律谚语:程序是法治和恣意而治的分水岭。程序公正不仅是实体公正实现的前提和保障,而且其本身也具有独立的价值。在实体正义与程序正义发生抵触的时候,以程序正义为正义。当然,这并不意味着程序正义就是结果正义。事实上,正当程序结果也可能不公。如世纪之交的美国辛普森案件，就受到许多人的质疑。但是，如果推翻程序正义的结果重来，可能引发更大的不公。因此，人们宁可信守程序正义。在现代社会，程序法是否完备、是否得到严格地遵守执行，是衡量一个国家法制文明、司法公正、诉讼民主、人权保障程度的重要标志。

（四）服务大局理念

大局是历史的、发展的、具体的。服务大局的内涵十分丰富，其目标任务和基本内容随着大局本身的发展变化而变化。当前和今后一个时期，政法工作服务大局的目标任务就是要紧紧围绕保障和促进中国特色社会主义事业，不断强化保障服务社会主义经济建设、政治建设、文化建设、和谐社会建设的措施，全面正确履行职能，为全面建设小康社会，建设富强民主文明的社会主义国家，创造和谐稳定的社会环境和公正高效的法治环境。

1. 保障社会主义经济建设

经济建设是基础，是中心。当前影响社会和谐稳定的许多矛盾，集中表现为利益矛盾。解决这些矛盾的根本出路靠发展。党的十六大明确指出，"全面建设小康社会，最根本的是坚持以经济建设为中心，不断解放和发展社会生产力"。政法工作保障和服务经济建设，应当坚决维护我国的基本经济制度，依法打击各类经济犯罪活动，为社会主义市场经济发展营造良好的法治环境。完善与行政执法等部门的协作机制，积极支持、参与整顿和规范市场经济秩序工作，健全现代市场经济的社会信用体系，依法保护和鼓励公平竞争。推动建立健全预防经济犯罪体系，依法查处企业改制、征地拆迁、移民补偿、重点工程建设以及金融、证券等领域出现的侵吞、私分、挪用国有资产等犯罪案件，维护国有资产安全，保障改革发展的成果。依法打击危害各类经济主体财产安全、影响正常生产经营秩序的违法犯罪活动，审理好各类经济纠纷案件，调整经济社会关系，平等保护各种经济主体的合法权益，营造有利于安心经营、公平竞争和自主创新的法治环境。

2. 保障社会主义政治建设

政治建设是方向，是保证。社会主义政治是社会主义政治建设、政治文明的重要组成部分。政法工作与社会主义民主政治建设密切相关。政法工作保障和服务社会主义政治建设，必须依法打击危害国家安全的犯罪活动，开展对敌斗争，强化反渗透、反分裂、反恐怖、反窃密、防范处置邪教的工作，高度警惕敌对势力对我们思想政治的侵蚀，防止各种敌对势力插手利用我国社会热点问题和人民内部矛盾制造混乱，保障社会主义根本制度，维护人民民主专政的国家政权，巩固党的执政地位。必须严格公正执法，依法保障公民的各种民主权利。加强行政审判，促进依法行政和服务型政府的建立。开展法制宣传教育，提高全民的法律意识和依法办事能力，推进依法治国方略的实施。积极稳妥地推进司法体制和工作机制改革,抵制各种错误思潮的影响,依法保障各项政治体制改革措施的顺利实施。

3. 保障社会主义文化建设

文化建设是灵魂,是支持。先进文化是人类文明进步的结晶,又是推动人类社会前进的巨大动力。保障社会主义文化建设,是政法工作服务大局的重要内容和具体体现。政法工作保障和促进社会主义文化建设,必须依法保障和促进文化事业和文化产业健康顺利发展,加强对文化市场的执法管理,依法打击各种社会丑恶现象,抵御资本主义腐朽思想文化的侵蚀,弘扬科学文化精神,引导群众形成健康、科学、文明的生活方式,提高识别和抵制封建迷信及伪科学的能力,为人民依法享有文化权益提供重要保障。特别要依法打击盗版行为,查处非法出版物,维护文化市场秩序。做好"扫黄打非"、禁毒禁赌等工作,依法查处卖淫嫖娼、赌博、吸毒、封建迷信等丑恶现象以及暴力、色情出版物和网站等,净化思想文化环境,营造健康向上的文化娱乐氛围,保障和推动先进文化发展。依法保障科学、文化工作者的合法权益,保护专利权、著作权等不受侵犯,保障良好的创作环境,努力为繁荣文化事业服务。

4. 保障社会主义和谐社会建设

和谐社会建设是环境,是条件。法律本身就是追求社会和谐的产物,法治的功能与构建和谐社会的目标具有一致性。社会主义和谐社会六个方面的基本特征都与法治、与政法工作密切相关。政法工作保障和促进社会主义和谐社会建设,必须在继续强调打击敌人、惩治犯罪、保护人民、服务"四化"的同时,要全面发挥维护国家安全、化解矛盾纠纷、打击预防犯罪、管理社会秩序、维护公平正义、服务改革发展的职能。要进一步增强稳定是第一责任的意识,树立主动维护稳定的观念,做好矛盾纠纷的排查调处,及时把矛盾化解在基层、解决在萌芽状态,依法妥善处置群体性事件,防止影响社会稳定。要着眼于化解社会矛盾,缓和社会冲突,减少社会对立,化消极因素为积极因素,充分运用调解手段解决纷争。要坚持宽严相济的刑事政策,依法执行从轻、减轻、不起诉、缓刑、社区矫治等规定。依法制裁民事经济活动中的欺诈行为以及不赡养老人、不抚养子女、虐待家庭成员等不友爱行为,促进和睦的社会、家庭与人际关系的形成。审理好资源开发、环境保护等方面的案件,促进人与自然和谐发展。加强农村社会治安综合治理,防范打击影响农民生产生活的各种违法犯罪,依法审理涉农案件,维护农民群众的合法权益,保障和服务社会主义新农村建设,促进城乡统筹发展。

(五)党的领导理念

1. 政党与法治的关系

政党与法治并不是天然排斥的,而是有着紧密联系的。政党对法治社会的领导是当今世界一个十分普遍的现象。这是因为：第一，法治为政党的存在和发展提供了保障。政党的合法化成为当今世界的普遍法则，它不再像封建社会那样被作为"朋党"而遭受压制和打击，也不再像法西斯执政时期那样横遭取缔。很多国家通过宪法和法律肯定政党在政治体制中的作用，明确政治运作主要甚至只能通过政党统治的方式来进行。如俄罗斯《政党法》规定："只有全国性政党才能参加国家政治生活，政党之外的团体和组织不得参加议会和选举。"第二，法律规范了政党的各种行为。由于政党与公共权力之间存在着如此密切的关系，政党腐败在世界各国政治中都时有出现，因而宪法和法律在为政党提供保护的同时，也对政党提出了种种限制，以防止政党滥用权力。不少国家制定了关于政党的专门法律、法规。第三，政党通过对立法、行政、司法机构的影响甚至控制来实现对法治的影响或者领导。我党既领导人民制定宪法和法律，又领导人民实施宪法和法律，通过立法程序，把党的大政方针、政策、意志等，以法律的形式固定下来，坚持下去。政党与法治的关系是辩证统一、相互促进的。

2. 中国共产党作为执政党，其领导政法工作的合法性有着深厚的历史渊源和现实基础

一是共产党的领导权来自人民的历史选择。新民主主义革命时期，共产党领导人民推翻三座大山，人民因而选择并拥戴共产党的领导。这是历史必然性。

二是共产党的领导权来自它的先进性。任何一个政党，其执政的合法性在于得到人民的信任和拥护；而是否具有先进性、是否代表人民利益，则是其能不能得到最广大人民信任和拥护的根本条件。执政党的政治优势应当建立在群众拥护的基础上。

三是共产党的领导权来自人民通过选举所给予的认可。在社会主义建设时期，国家权力机关、行政机关、司法机关的领导者是经过各级人民代表大会选举产生的，而基层人民代表则是选民直接选举产生的。人民通过选举任命了党推荐的干部作为国家机构的领导者，从而确定了党领导国家事务的合法地位。

四是坚持党的领导是我国宪法确定的一项基本原则。

3. 坚持党的领导，需要正确认识和把握的三个关系

① 正确认识坚持党的领导、人民当家做主和依法治国的关系，自觉地把巩固党的执政地位、保障公民合法权利和维护社会主义法治统一起来。首先，要认识到党的领导是人民当家做主和依法治国的根本保证。历史和现实反复证明，在中国这样一个深受封建主义传统影响的、有着13亿人口的大国，建设民主政治和法治国家，必须有步骤、有领导、有秩序地进行，离开了中国共产党的领导，只能使国家陷入无政府状态，既谈不上真正实现人民当家做主，也谈不上依法治国。其次，要认识到人民当家做主是社会主义民主政治的本质要求。在我国，一切权力属于人民，人民当家做主体现着国家的性质和方向，任何法律的制定和实施，都要表达人民的意志，维护人民的利益，接受人民的监督。最后，要认识到依法治国是党领导人民治理国家的基本方略。党的领导要体现在依法治国的全部过程

中,即立法、执法、司法都要体现党的领导,并通过党组织的卓越工作和党员的模范作用维护宪法和法律的连续性、稳定性、权威性。

②　正确认识贯彻落实党的方针政策与执行国家法律的关系,自觉地把贯彻落实党的方针政策与严格执法有机结合起来。政策是一定社会集团为实现一定利益或完成一定任务而确定的原则和行为准则,如严打政策、产业政策、贸易政策、投资政策等。执政党的政策与法律有着密切的关系。任何执政党都要通过国家政权机关利用法律手段贯彻自己的政策。任何一项法律的创制都具有一定政策背景,都要受到执政党政策的影响。

党的政策与法律虽然在意志属性、规范形式、实施方式、调整范围、稳定性程度等方面有区别,但在我国,党的政策与法律在本质上是一致的。因此,在倡导法治的条件下,把党的政策与法律对立起来,认为党的政策是法治化的阻碍,否定党的政策对法治化进程的指导作用,是不正确的。其错误在于不懂得二者在本质上、方向上的一致性,而把二者等同起来,认为"政策就是法",否定法律的作用;其错误还在于不懂得二者在形式上、实施程序上、效力上的差异,也是不正确的。必须正确把握党的方针政策和国家法律的关系,克服把党的方针政策与国家法律割裂开来、对立起来或完全等同等错误观念,不断增强贯彻落实党的方针政策的自觉性和坚定性,不断增强严格执行国家法律的自觉性和坚定性。

③　正确认识坚持党的领导与司法机关依法独立行使职权的关系,把加强和改进党对政法工作的领导与保障司法机关依法独立行使职权统一起来。坚持党的领导和司法机关依法独立行使职权都是我国宪法规定的原则,前者是四项基本原则的核心内容,是党和国家的根本制度;后者是我国司法制度的重要特征,是依法治国的必然要求。二者的共同目的都是保障国家法律的正确实施。

在处理二者的关系上,存在两种错误倾向。一种是在个别党政领导同志中还存在干预司法的现象,其主要的表现是,在案件事实认定和具体适用法律上对司法机关施加压力,特别是一些媒体热衷于炒作司法个案,在案件正在办理的过程中,就指手画脚、妄加评论。这些都是违反司法独立原则的行为。另一种是一些司法人员包括一些政法部门的领导干部不能正确对待党委的领导和社会监督,把党委领导同志关心、督促政法部门严格公正执法,把其他社会力量在案件办结后对群众反映强烈的案件进行评论、监督,当作干预司法。这也是对司法独立原则的错误理解。

处理好二者的关系,一方面,要改进党的执政方式,解决好党对政法工作领导什么和怎么领导的问题;另一方面,对司法机关依法独立行使职权要有正确的认识。司法机关独立行使职权,不是不要党的领导,也不是不接受监督。即使在标榜"三权分立"的国家,所谓司法独立也是相对的,它们的司法活动不可能不受到当时当地政治环境和各派政治势力的影响,完全独立于政治之外的司法独立是不存在的。

五、践行社会主义法治理念的基本要求

将践行社会主义法治理念落实到具体工作中,就是要贯彻落实好依法治国、执法为民、公平正义、服务大局、党的领导五个理念。这就要求执法、司法人员在执法办案过程中必须做到以下几个方面:

(一) 执法严格、公正、文明

严格执法是法治的基本内涵,是依法办事观念对政法工作的必然要求。一部法律即使立法意图再美好、法律结构再严谨、法律规定再具体、法律条文再完善,如果执法不严,在现实中得不到切实执行,那就等于一纸空文。同时,还会使社会公众普遍产生对法律的轻视和忽略心理,对法律的权威和尊严造成严重损害。因此,就政法机关而言,一方面,一切执法行为都必须严格遵守法律规定。这是依法办事原则对执法行为合法性的要求。另一方面,所有执法结果都必须符合立法目的。这是依法办事原则对执法结果合理性的要求。执法的目的是为了实现法的精神和思想,而不是让执法者拿着法律耍歪风,或者用法律这一手段来为本单位搞创收,甚至为自己谋财富。

公正执法就是要求我们准确理解和把握公平正义的内涵,克服认识上的偏差,自觉用公平正义理念指导执法活动,努力维护社会的公平正义。要坚持以事实为依据,以法律为准绳,严把证据关,严把法律关。目前,实践中公然违反法律、枉法裁判的已极为少见,但因法律水平不高而导致的错误理解和适用法律的情况还时有发生。要坚持实体公正与程序公正并重,坚决纠正"重实体轻程序"的陈旧观念。要坚持公正与效率并重,那种以执法公正为借口,任意延长办案时限,甚至久拖不决,最终损害的是公正本身;那种以提高办案效率为借口,刑讯逼供,违法取证,任意损害当事人应有的权利,就谈不上公正。要坚持以公开促公正,防止执法中的权钱交易和暗箱操作,消除当事人和社会公众对执法不公的疑虑,促进和彰显执法公正。

文明执法是社会主义道德规范对政法工作的基本要求,是社会主义政治文明和进步的表现,是政法机关执法为民的本质要求和外在体现。政法机关文明执法有助于妥善化解矛盾,密切政法机关与人民群众的联系,增强人民群众对政法工作的信任。文明执法不仅要做到服务热情、举止文明、态度公允,还要注意执法者自身的形象。

（二）勤政、廉洁、守法

作为人民的公仆，政法干警应当具有无私奉献和牺牲精神，履行好政法工作的神圣职责。勤政守法，执法为民，当前最紧迫的是要坚决杜绝乱作为，有效防止不作为。乱作为和不作为是执法领域存在的突出问题，广大人民群众对此反映十分强烈。乱作为和不作为从根本上讲，是对人民群众缺乏真情实感，是没有牢固树立执法为民的理念，不仅损害了人民群众的切身利益，而且直接损害了政法机关和政法队伍的形象，我们在执法办案过程中必须坚决予以克服。

执法者是否清正廉洁，是为公执法还是为私执法的集中体现。保持清正廉洁是人民群众对公务人员基本道德的期待，是党纪政纪和国家法律的严格要求，《中国共产党纪律处分条例》、《公务员法》、《刑法》等都对党员、公务人员保持清正廉洁作出了详细规定。政法干警必须正确认识和对待金钱和权力，树立正确的人生观和价值观，自觉抵制拜金主义、享乐主义和极端个人主义的侵蚀，淡泊名利、甘于清贫，养成艰苦奋斗的精神和良好的工作作风，时刻保持清正廉洁。模范遵守法律是政法干警的应尽责任。在普通社会公众眼里，执法者在很大程度上代表了法律的地位、权威和形象，执法者就是法律的化身。如果执法者能够自觉尊重法律，模范遵守法律，时时处处注意维护法律的权威和尊严，就会为全社会树立一个良好的榜样。相反，如果执法者不尊重、不遵守法律，甚至执法犯法，带头破坏和践踏法律，那么，也同样会为全社会树立一个恶劣的典型。实践证明，执法者良好的守法形象有助于树立法律的权威和尊严，更有助于增强公众对法律的信仰。

（三）大局、本职、职责

胸怀大局是服务大局的前提。胸无全局者，不足以谋一域。每一名政法工作者尤其是各级政法领导干部要打牢服务大局的思想基础，善于围绕大局筹划部署工作，善于结合实际创造性地开展工作。

立足本职是服务大局的基础。服务大局对于部门、单位和个人来讲，就体现为具体的职能任务和岗位职责。只有把本职工作干好，把各自职责履行好，把职能作用发挥好，才能真正为大局服务好。

正确履行职责是服务大局的关键。政法干警只有全面正确履行好职责，才能正确有效地服务好大局，取得好的效果。工作中要正确处理以下三种关系：

第一，正确处理好服务大局与严格依法履行职责的关系。政法机关和干警作为执法者，严格依法履行职责，就是在为大局服务。既不能离开法定的职能去"服务"大局，又不能不顾大局去"发挥"职能。服务大局的重要手段和前提是依法正确履行职责、充分发职能作用。

第二，正确处理好全局利益与局部利益的关系。政法机关必须坚持法制的统一性原则，坚决克服执法中的地方和部门保护主义，绝不能为了某个地方、部门、单位的局部利益，置全局利益和法制统一于不顾，搞执法特殊化，破坏社会主义法治，妨碍和影响大局。

第三，正确处理好执法的法律效果和社会效果之间的关系。这绝不是一个简单的政治口号，而是执法、司法的本质要求，也是执法实践中的一个难点。众所周知，法律是社会关系的调节器。整合社会利益，维护社会秩序，实现社会福祉，是法律的终极目标。法律的功能和作用最终是通过法律作用于社会的效果体现出来的。法律和社会的这样一种天然的、历史的联系，决定了在司法活动中，必须高度重视法律效果与社会效果的统一。

（四）增强党性、遵守党纪、正党风

坚持党的领导，就要加强党的执政能力建设，巩固党的执政地位。具体到政法机关和广大政法干警，就要切实增强党性、遵守党纪、正党风，坚持马克思主义的指导地位，自觉贯彻执行党的路线方针政策，不断加强党组织和党员队伍建设。

第一，切实增强党性观念，在政治上、思想上、行动上与党中央保持高度一致，真正做到永远忠于党、忠于国家、忠于人民、忠于法律。政法干警要对党绝对忠诚。

第二，始终坚持马克思主义在政法工作中的指导地位，切实增强政治鉴别力，做到旗帜鲜明、立场坚定。

第三，坚决贯彻执行党的路线方针政策和重大决策部署，把党的路线方针政策和中央的决议、决定不折不扣地贯彻到各项政法工作中，落实到各项执法活动中。同时，要自觉服从党对政法工作的领导和监督。

第四，充分发挥党组织和共产党员的作用。

总之，牢固树立党的领导的理念，是对政法干警的根本政治要求。每一名政法干警都要始终坚持正确的政治立场，忠实履行党和人民赋予的神圣职责，永远做党和人民的忠诚卫士。

【相关法律规范指引】

《宪法》及其修正案第 5 条第 1 款、第 33 条第 3 款。

 练习题

一、填空题

1. 法律意识是人们关于（　　　）的思想、观点、知识和心理的总称。

2. 法治理念是一定的组织和个人对（　　　）的功能、作用和（　　　）的实施所持有的思

想、信念和观点的总和。

二、单项选择题

1. 下列有关法制与法治关系的表述中正确的是(　　)。
   A. 有法制必然有法治　　　　　　　B. 法治与法制同时产生
   C. 法治和法制可以通用　　　　　　D. 有法治必然有法制

2. 社会主义法治理念必须反映和坚持社会主义先进(　　)的发展要求。
   A. 生产力　　　　B. 生产关系　　　C. 经济基础　　　D. 上层建筑

3. 社会主义法治理念必须反映和坚持(　　)的国体。
   A. 人民民主专政　B. 人民代表大会　C. 政治协商会议　D. 党的领导

4. 社会主义法治理念必须反映和坚持(　　)的指导地位。
   A. 马克思主义
   B. 马列主义
   C. 毛泽东思想
   D. 邓小平理论、"三个代表"重要思想、科学发展观

5. 社会主义法治理念必须反映和坚持(　　)的领导。
   A. 工人阶级　　　　　　　　　　　B. 农民阶级
   C. 工人阶级和农民阶级　　　　　　D. 中国共产党

三、多项选择题

1. 法治理念包括(　　)成分。
   A. 知识成分　　　B. 感情成分　　　C. 意志成分　　　D. 信念和理想成分

2. 社会主义法治理念包括(　　)。
   A. 依法治国理念　　　　　　　　　B. 执法为民理念
   C. 公平正义理念　　　　　　　　　D. 服务大局理念
   E. 党的领导理念

3. 践行社会主义法治理念的基本要求有(　　)。
   A. 执法严格、公正、文明　　　　　B. 勤政、廉洁、守法
   C. 大局、本职、职责　　　　　　　D. 增强党性、遵守党纪、正党风

四、名词解释

1. 法治理念
2. 社会主义法治理念

五、简答题

如何践行社会主义法治理念?

六、论述题

结合社会主义法治理念教育的内容,谈一谈你对社会主义法治理念的体会。

七、案例思考题

1. 2008 年 6 月 21 日下午 6 点多，某省某某县第三中学初二年级学生李某某吃完晚饭后与同班同学王某一起外出。约晚上 10 点，王某给李某某哥哥李某打电话，说李某某跟她一起住，第二天再回去。当晚 12 时 30 分左右，李某再次接到王某的电话，说李某某在县城西门河大堰桥"被水淹了"。李某与亲友立即赶到出事地点。

6 月 22 日凌晨 3 点 50 分，李某某尸体被其叔李二等人打捞上岸。据李某某姨妈罗某某讲，她与李二等人赶到事发现场时，除了王某，现场还有两个男青年，其中一人没穿上衣，有些发抖。李某某尸体被打捞上来以前，这三个人就被当地派出所带走了。

6 月 22 日上午，李某某父亲李大等人到县镇派出所询问案情，派出所告知已上交县公安局刑侦队处理。他们又赶到县公安局刑侦队询问。办案人员告诉他们，李某某系自己投水死亡，与当时在场的另外三名青年无关，李某某尸体由家属自己安埋。李大等人不服，提出要进行法医鉴定。

6 月 22 日晚 8 时左右，某某县公安局法医对李某某作了第一次尸检，认定李某某为溺水死亡。李大对尸检结果仍表示怀疑，继续到某某州有关部门进行反映。

6 月 25 日下午，某某州公安局法医到达该县，对李某某尸体进行了第二次尸检，再次认定李某某确系溺水死亡。当晚，县公安局组织李某某家属与王某小叔王某某等在镇政府协商，王某某等提出三人各补助李某某家里 3 000 元，由李家自行将其安埋，李大不同意。由于对李某某的真实死因存在争议，李家将女儿遗体一直停放在事发地点县城西门河大堰桥边。随着前往观看的人群越来越多，各种传言开始在小县城里广泛流传。

6 月 28 日下午，有 300 多人用白布写上标语做成横幅后，从停尸地点出发进城游行"喊冤"，沿途不断有人加入，追随围观的人越聚越多。至 18 时许，附近多辆警车被点燃，现场浓烟滚滚，一片喧嚣，聚集人群多达 2 万余人。20 时至 23 时，公安局办公楼、县政府办公楼、财政局办公楼、县委办公楼相继被不法分子点燃，熊熊大火映红了县城的夜空。6 月 28 日晚 8 时，省委书记指派省委常委、政法委书记、省公安厅厅长崔某某赶赴该县指挥处置工作。6 月 29 日凌晨 1 时 30 分，崔某某抵达现场部署处置工作。3 时许，近万名群众全部散去，事态暂时平息。

6 月 29 日上午 6 时起，部分不明真相的群众又向县委、县政府、县公安局方向聚集围观，高峰时有 6 000 余人。少数不良分子混杂其中，进行煽动，向执勤公安、武警投掷石块、砖头并试图冲破警戒线，局势一度紧张。6 月 29 日晚 7 时，武警官兵和公安人员开始强力清场，现场人群逐渐散去，没有发生新的冲突。

据有关部门统计，事件共造成县委大楼被烧毁，县政府办公大楼 104 间办公室被烧毁，县公安局办公大楼 47 间办公室、4 间门面被烧毁，刑侦大楼 14 间办公室被砸坏，县公安局户政中心档案资料全部被毁，另外，还烧毁包括 22 辆警车、15 辆摩托车在内的 54 辆车辆，150 余人受伤。

试用本单元学习的知识剖析"6·28"事件反映了当地领导干部在处置突发性事件中存在什么样的理念。应该树立什么理念？

【提示】 按社会主义法治理念的内涵与践行要求进行分析。

2. 2008 年 7 月 19 日,某某市某某县发生一起群体性突发事件——"7·19"事件,从表面上看这是警民冲突,实质上是胶农与企业经济利益的长期纠纷所引发的一起较为严重的群体性社会安全突发事件,是人民内部矛盾在特定条件下的集中表现。经初步调查,该县的橡胶产业发展从 20 世纪 80 年代以来经历了两次改革,一次是乡镇企业改革,一次是股份制改革,但两次改革都不彻底。由于产权不清晰,管理不规范,利益诉求长期得不到解决,特别是随着近年来橡胶价格的不断上涨,利益分配纠纷逐渐被激化,胶农长期以来对橡胶公司的积怨逐步发展成为对基层干部、基层党委政府的不满,加之少数违法人员乘机进行挑唆、误导,在个别地方出现了围攻、打砸橡胶公司,甚至围攻、殴打县乡工作组人员,打砸公私财物,非法收缴群众费用、欺压群众等情况,致使基层政权不能正常发挥作用,群众正当利益诉求得不到及时调处,严重影响了当地社会治安的稳定。针对以上种种问题,该县委、县政府为进一步整顿社会治安,调整理顺各方利益关系,决定于 2008 年 7 月 15 日派出工作组深入某某乡镇各村寨开展群众工作,深入宣传《某某县深化橡胶产业产权及经营管理体制改革指导意见》和《某某县人民政府关于对某某乡某某镇部分农村地区进行社会治安重点整治的通告》及《关于限令违法犯罪人员投案自首的通告》,限令违法犯罪人员主动投案自首。7 月 19 日上午,公安机关依法对该乡镇某某村某某组分别涉嫌聚众扰乱社会秩序罪、故意伤害罪的 5 名犯罪嫌疑人采取强制传唤措施,在依法强制传唤任务执行完毕后,按计划向村民开展法制宣传教育时,500 多名不明真相的人员在极少数别有用心的人的煽动下,情绪激动,行为过激,多次冲越警戒线,手持长刀、钢管、铁棍、木棒向民警进行攻击性劈砍、殴打,致使多名民警受伤,民警在生命受到严重威胁,经多次喊话劝阻、退让、鸣枪警告无效的情况下,被迫使用防暴枪自卫,由于距离较近,致使两人死亡。事件还造成 41 名公安民警和 19 名群众受伤,9 辆执行任务的车辆不同程度受损。执行任务的公安民警被不明真相的 500 多名群众围攻、殴打,冲突过程中,民警被迫使用防暴枪自卫,2 人被击中致死。事件发生后,党中央、国务院和省委、省政府高度重视,社会广泛关注。通过各级党委政府的努力和社会各界的支持,经过 4 天的艰苦努力,目前,事件处置工作取得了初步成果,局势较为平稳,伤亡人员得到妥善安置,群众情绪基本缓和,整个事态正朝着好的方向发展。

试用本单元学习的知识剖析某某县委、县政府动用警力处置新形势下人民内部矛盾反映了县委、县政府领导的什么观念。应该树立什么理念？

【提示】 根据社会主义法治理念的内涵与践行要求进行分析。

学习单元 8　社会发展与宪法

学习目的与要求

　　了解宪法产生与发展的历史,尤其是新中国宪政发展的历程;明确宪法的价值和作用;掌握宪法制定、修改、解释的程序;充分认识和理解宪法在现代社会文明进步进程中的重要性,增强宪法至上意识。

学习重点与提示

　　新中国宪法产生与发展的历程;宪法的价值与作用;我国宪法制定与修改的程序;宪法解释。

一、人类社会的发展是宪法产生和发展的基础

　　法不是从来就有的,也不是永恒存在的,而是人类社会发展到一定历史阶段后才出现的社会现象。原始社会末期,随着社会生产力的发展和社会财富的丰富,出现了社会分工和产品交换。社会的分工、产品的剩余和交换,导致了私有制的产生,从而进一步导致了贫富分化和阶级的形成。阶级形成以后,掌握军事领导权以及生产、交换和分配权的阶级为了维护本阶级的利益,巩固本阶级的统治地位,就建立了军队、警察、监狱和法庭。这样,国家就产生了,原来氏族社会的公共事务管理机关就变成了奴隶主阶级镇压奴隶阶级反抗的暴力工具。这样,原始社会就解体了,奴隶制社会建立起来了。随着阶级的出现和国家的产生,原始社会的习惯渐渐被渗入阶级性,最后形成体现奴隶主阶级的利益和意志的法,这样,法就产生了。法和国家的产生是互相支持、互相促进的。一方面,统治阶级要运用法律来维护其统治,来推动国家的运转;另一方面,法的认可和制定、法的普遍效力,需要以国家强制力作保障。因此,法的产生有深刻的经济根源和阶级根源,是原始社会后期社会基本矛盾发展的必然结果,是社会经济的发展带来社会关系性质的根本变化,进而促成社会规范的发展变化。法的产生经历了一个长期渐进的发展过程。经历了一个由习惯到习惯法再到成文法的长期发展过程,经历了与道德、宗教等社会规范从融合到分离的

过程。

宪法作为国家的根本法,实质上是国家权力的运行法,是国家与公民分权、制衡的法。它是近代资产阶级革命的产物。封建社会末期,新兴的资产阶级为了自由地发展资本主义经济,为了取得政治上的平等地位和权力,与封建专制统治进行了激烈的斗争。在斗争中产生和发展了天赋人权、人民主权、自由、平等等立宪主义思想,并要求制定永久性的根本法来限定政府的活动范围,保护公民的合法权益免受侵害。资产阶级立宪主义思想随着资产阶级反对封建革命斗争的胜利而得以实现。

从 17 世纪中期到 18 世纪末,是资产阶级革命在欧美几个大国取得胜利的时期,最早的资产阶级宪法就是在这个时期的欧洲和北美洲几个国家出现的。

17 世纪中期的英国资产阶级革命,是最早的资产阶级革命。由于当时的工业还很不发达,资产阶级的力量还不够强大,所以,这场革命以资产阶级、新贵族和封建贵族间的妥协而告终。这种妥协在立宪方面的表现就是,资产阶级同新贵族结成联盟,不断迫使国王签署一系列限制王权和扩大资产阶级权力的宪法性文件,如 1628 年的"权利请愿书"、1629 年的"人身保护法"、1689 年的"权利法案",以及 1701 年的"王位继承法"等。这些宪法性文件,以及长期形成的宪法惯例,都是英国宪法的重要组成部分。英国宪法就是由数百年历史形成的不拘单一法典形式的宪法,它由各个历史时期颁布的宪法性文件和形成的宪法惯例所构成。有些宪法文件和宪法惯例甚至还是中世纪的产物。一般认为,英国宪法的起源可以远溯至 13 世纪的"大宪章"。

世界上第一部成文宪法是《美利坚合众国宪法》。17 世纪末到 18 世纪初,由于科技的发展与商业的繁荣,在北美大西洋沿岸的北部,很快形成了市场经济体制,促进了生产力的发展。但是英国殖民者对 13 个殖民地的残酷奴役和掠夺,严重阻碍了商业与贸易的发展。为此,北美人民奋起抗争,于 1776 年在第二届殖民地大陆会议上通过了《独立宣言》。经过近 8 年的武装斗争,终于赶走了英国殖民者,并于 1787 年制定了美国联邦宪法,这是世界上最早以书面文字表述的资产阶级宪法。

在欧洲,1789 年的法国国民议会通过了《人权和公民权利宣言》(以下简称《人权宣言》)。两年以后,该宣言作为序言被写入 1791 年的法国宪法。1791 年的宪法是法国第一部资产阶级宪法,也是继美国宪法之后的世界上第二部成文宪法。

第一次世界大战结束后,新兴的民族独立国家大多采用成文宪法和普选制度,战前已实行民主制国家的民主政体也有很多新的发展。宪法的发展已迈入现代宪法的门槛。1919 年的德国《魏玛宪法》和 1918 年苏俄宪法的颁布,标志着现代宪法的产生。进一步民主化是这一阶段宪法发展的主流,但也有逆流,如法西斯德国对《魏玛宪法》的破坏等。

二、新中国宪法的产生与发展

（一）近代中国的宪政历程

1840年，鸦片战争以后，中国受帝国主义、封建主义和官僚资本主义的压迫，沦为半封建半殖民地国家。外国资本主义经济的入侵，破坏了中国自给自足的自然经济，在客观上促进了国内早已萌芽的资本主义经济的发展。伴随资本主义经济的出现和发展，封建知识分子中的有识之士以及受资产阶级民主思想影响的政治家就提出了在中国实行宪政的要求。

1895年，以康有为、梁启超为首的资产阶级维新派，举起了"变法"、"维新"的旗帜，发动了一场通过改良途径实现君主立宪制度的资产阶级宪政运动，揭开了中国近代宪政运动的序幕。

戊戌变法的失败，使资产阶级革命派和进步人士认识到：民主不是靠乞求得到的，只有通过革命的途径，推翻封建专制制度，中国才有可能实现民主宪政。孙中山领导的资产阶级革命的浪潮，直接冲击着清王朝的反动政权；帝国主义的入侵和俄国在日俄战争中的失败，进一步促进了革命的发展。面对革命形势的迅速高涨以及有识之士的立宪要求，清王朝为了挽救摇摇欲坠的统治，于1906年8月宣布所谓"预备仿行立宪"，并于1908年9月颁布了《钦定宪法大纲》。它是清王朝拟定宪法条文的原则或纲要，是我国近代史上制定的第一部宪法性文件。

辛亥革命后，以孙中山为首的资产阶级革命派推翻了清王朝的腐朽统治，结束了长达两千年之久的封建专制制度，建立了中华民国，这是中国社会的一个巨大进步。1912年1月1日，南京临时政府成立。资产阶级革命派为了制约袁世凯的政治野心，决定由参议院立即进行临时约法的制定工作。在孙中山的领导下，《中华民国临时约法》草案经参议院通过，同年3月11日，由临时大总统孙中山公布。临时约法是中国仅有的一部反映资产阶级意志和利益的宪法性文件。

辛亥革命失败以后，中国进入了北洋军阀反动政府的统治时期。在这一时期，先后有几部主要宪法性文件问世，其中包括1913年的《中华民国宪法》草案，又称"天坛宪草"；1914年的《中华民国约法》，又称"袁记约法"；1924年的《中华民国宪法》，又称"贿选宪法"、"曹锟宪法"。北洋军阀政府的制宪活动只是政治骗局，它们打着资产阶级民主宪政的招牌，推行的是封建军阀的独裁统治。

随着北伐战争的胜利，以蒋介石为首的国民党政府又玩弄制宪骗局。1931年5月12日，国民党一手操办的"国民会议"通过了《中华民国训政时期约法》。这是国民党政府用根本法的形式确认国民党一党专政和蒋介石个人独裁的政治制度的第一部宪法性文件。迫于全国人民要求实行民主的压力,1932 年 12 月,国民党四届三中全会决定于 1935 年 3 月召开"国民大会","决议宪法"。1933 年 1 月成立了"立法院宪法起草委员会",开始了宪法起草工作。1936 年 5 月 5 日,国民政府将《中华民国宪法草案》(以下简称"五五宪草")明令公布。但是国民党并不甘心将其付诸实施,它们把召开"国民大会"的时间一拖再拖,到 1940 年,干脆宣布"无限延期",继续实行"训政"。1946 年 11 月 15 日,国民党非法召开了"国民大会",40 天后,通过了《中华民国宪法》。作为这部宪法组成部分的《动员戡乱时期临时条款》,在实际上限制和剥夺了革命进步人士的权利和自由。

(二)新中国宪法的产生与发展

1949 年秋,解放战争取得了基本胜利,新中国即将诞生。同年 9 月 21 日召开了具有广泛代表性的中国人民政治协商会议第一届全体会议。会议通过了《中国人民政治协商会议共同纲领》(以下简称《共同纲领》),规定了新中国的国家制度、社会制度以及其他方面的重要国策和总任务等。由于当时人民革命战争还在进行,土地制度改革在广大新解放区尚未进行,人民群众尚未充分组织起来,故不具备召开普选的人民代表大会并制定宪法的条件,只能以《共同纲领》作为全国人民共同遵守的最高准则。因此,《共同纲领》在新中国成立初期起着临时宪法的作用。在这次会议上还通过了有关国家标志的若干决议:一是中华人民共和国的国都定于北平。自决议之日起,北平改名为北京。二是中华人民共和国的纪年采用公元。新中国诞生之年为 1949 年。三是在中华人民共和国的国歌未正式制定前,以《义勇军进行曲》为国歌。四是中华人民共和国的国旗为红地五星旗,象征中国革命人民大团结。会议对国徽图案未能作出决定,后由政协第一届全国委员会第二次会议讨论,决定提交中央人民政府委员会。1950 年 9 月 20 日,中央人民政府委员会第八次会议通过并由毛泽东主席公布了中华人民共和国国徽。

新中国成立后的 3 年间,我国先后完成了全国大陆的统一,完成了土地改革,进行了镇压反革命和抗美援朝斗争,以及其他的民主改革运动,实现了国家财政经济状况的根本好转,恢复和发展了国民经济。这时,已经有可能组织普选,并在普选的基础上召开全国人民代表大会。1953 年 2 月 11 日,中央人民政府委员会通过了《中华人民共和国全国人民代表大会及地方各级人民代表大会选举法》。从 1953 年下半年开始,全国各地根据选举法开展了新中国成立后的第一次普选。1954 年 9 月 15 日至 28 日,第一届全国人民代表大会第一次会议在北京举行,刘少奇作了关于《中华人民共和国宪法草案》的报告。同年 9 月 20 日,大会以无记名投票方式一致通过了《中华人民共和国宪法》。1954 年的《宪法》是新中国成立后第一部社会主义类型的宪法,具有重大的历史意义。

1954 年,社会主义宪法制度在我国确立以来,其发展并不是一帆风顺的,特别是 10

年"文化大革命"，使我国宪法制度遭到严重的破坏，直到 1978 年，中共中央召开十一届三中全会，才开始全面恢复在我国曾发挥了巨大作用的社会主义宪法制度。

1975 年 1 月 17 日，第四届全国人民代表大会第一次会议通过了修改后的宪法。由于这部宪法是在"左"的思想指导下修改制定的，加上"四人帮"的干扰和破坏，致使它存在着严重的错误。与 1954 年的宪法相比，1975 年的宪法无论在内容上还是在形式上都是一次大倒退。

1976 年 10 月，粉碎了"四人帮"，结束了"文化大革命"，我国进入了新的历史发展时期。广大干部、群众强烈要求纠正"文革"的错误，特别是恢复被"四人帮"破坏的宪法原则。1977 年，中共中央政治局决定修改 1975 年的宪法。1978 年 3 月 5 日，第五届全国人民代表大会第一次会议一致通过了修改过的宪法。但由于当时的历史条件，1978 年的宪法仍然没有能够摆脱"左"的指导思想的影响，没有能够纠正"文化大革命"的错误理论、政策和口号，保留了 1975 年宪法的痕迹，是一部有着明显缺陷的宪法。

1978 年 12 月，党中央召开了第十一届三中全会，全会确定了"解放思想、开动脑筋、实事求是、团结一致向前看"的指导方针，为宪法的修改指明了方向。1982 年 12 月 4 日，第五届全国人大第五次会议举行全体会议，表决并通过了《中华人民共和国宪法》，即现行宪法。1982 年的宪法是新中国成立以来最好的一部宪法。它正确总结了 100 多年来中国人民革命斗争的历史经验以及新中国成立后 30 多年来正反两个方面的经验，并注意吸收了国际上的有益经验。它的制定和实施，标志着我国社会主义民主和法制建设走上了一个新的台阶，也标志着我国社会主义制度的基础得到了进一步的巩固和完善，是新时期我国社会主义建设事业发展的根本指南和保障。

三、宪法的渊源与宪法的分类

（一）宪法渊源

宪法渊源是指宪法的效力来源，包括制宪主体、制宪权限、制宪程序和制宪方式等内含要素。它追求的是宪法的根源，即研究宪法是怎么来的。效力来源不同的宪法就会有不同的宪法渊源形式。例如，由专门机关制定的表现为成文宪法典的形式；由普通司法机关在判案中形成的则以宪法判例的形式出现等。

宪法形式是指宪法的外部表现形式，既包括宪法的渊源形式，又包括宪法的结构形式。宪法的渊源形式是指基于不同的效力来源所形成的宪法外部表现形式，包括成文宪法典、宪法性法律、宪法惯例、宪法判例、宪法解释、国际条约和国际习惯以及权威性宪法著作，等等。我国宪法的渊源形式没有宪法判例和权威性宪法著作。

　　宪法的结构形式包括宪法体系和成文宪法典的结构形式。其中,宪法体系是由不同渊源形式所构成的整体架构,成文宪法典的结构形式是由不同构成要素的组合方式所体现的外部形态。

　　宪法形式和宪法内容是不同的概念,它们既有区别又有联系。宪法内容具体表现为:国家的根本制度、基本国策,公民的基本权利和义务,国家机关的组织、权限、活动原则等。因此,两者的关系表现为:

　　第一,宪法内容决定宪法形式。宪法的本质内容决定宪法作为一种规范性文件的形式而出现;宪法内容的根本性、全面性和宏观性决定宪法规范结构形式的最高性和原则性;宪法内容的发展变化决定宪法形式的发展变化,如修正案附于宪法典之后改变了宪法的形式。

　　第二,宪法形式服务宪法内容,但具有相对性。宪法形式是宪法内容的存在方式;反过来,任何内容都需要一定的形式来表现。宪法形式具有相对的独立性,即同一内容的宪法在不同国家或同一国家的不同时期,由于文化传统、政治习惯、社会环境和法治水平的不同,采取的形式也不一样。英国和日本都是君主立宪制国家,但宪法形式(不成文和成文)不同。

(二) 宪法渊源形式的种类

　　通观世界各国宪法,宪法的渊源形式主要有成文宪法典、宪法性法律、宪法惯例、宪法判例、宪法解释、国际条约和国际习惯、权威性宪法著作,等等。

1. 成文宪法典

　　成文宪法典是指一国最根本、最重要的问题由一种有逻辑、有系统的法律文书加以明确规定而形成的宪法。一般由特定制宪机关采用特殊制宪程序制定,在一国法律体系中具有最高法律效力。现代民主国家大多采用成文宪法典形式。其特点是形式完整、结构严谨、内容明确、条款原则、相对稳定、便于适用。

2. 宪法性法律

　　宪法性法律是指一国宪法的基本内容不是统一规定在一部法律文书之中,而是由多部关联的法律文书表现出来的宪法,具体又分为:宪法本体法和宪法关联法。宪法本体法是指一国的根本制度由多部单行法律文书表现出来的宪法,多为不成文宪法国家采用,例如,英国是采用不成文宪法国家的典型。英国的宪法本体法主要有 1679 年的《人身保护法》(*Act of Habeas Corpus*)、1689 年的《权利法案》(*Bills of Rights*)、1701 年的《王位继承法》(*Act of Settlement*)和 1911 年的《议会法》(*Parliament Act*),等等。宪法关联法是指由普通立法机关为实施宪法而制定的宪法性法律,具体包括组织法、选举法、代表法、议会（代表）机关议事规则、立法法，等等。其效力低于宪法，但属于宪法范畴，世界各民主国家均有宪法关联法。其特点是由国家立法机关制定；涉及国家根本问题的某一方面；制定程序普通；效力低于宪法典。其作用是宪法性法律在成文宪法国家为宪法典提供补充，在不成文宪法国家是宪法结构的成文形式，具有重要意义，承载着大多数宪法规范、宪法原则和宪法指导思想。

3. 宪法惯例

宪法惯例是指宪法条文无明确规定，但在实际政治生活中存在和通行并经国家认可，具有宪法效力的习惯和传统。一般由代议机关、国家元首、政府首脑或政党领袖等在实际政治生活中开创先例，并为后人所仿效而逐渐形成。例如，英国关于"内阁首相自行组阁"的宪法惯例，就是 1834 年首相罗伯特·皮尔（Robert Peel）为保持内阁稳定，自行组阁并获得英王默许而逐渐形成的。宪法惯例多见于不成文宪法国家，但成文宪法国家也不少见。其作用和意义在于，能适应国家形势的发展变化，同时也充实并丰富了一国宪法的内容，便于宪法功能的充分发挥。但宪法惯例属于政治性规则，一般不适用于普通案件的审判之中。

4. 宪法判例

宪法判例是指宪法条文无明文规定，由司法机关在审判实践中逐渐形成并经国家认可、具有宪法效力的判例。宪法判例一般存在于以判例法为主要渊源的普通法系国家，如英国、美国等，其特点是针对性和可操作性较强。例如，美国司法审查制的确立，就是通过"马伯里诉麦迪逊一案"的判决而形成的。

5. 宪法解释

宪法解释就是对宪法条文含义进行的释义和说明。从解释主体、对象、原则、方式等方面来看，对于宪法解释，人们有多种不同的理解。李步云教授主编的《宪法比较研究》一书中，将宪法解释分为立宪解释、行宪解释、违宪司法审查解释和监督解释四种类型。我们认为，作为宪法渊源形式之一的宪法解释主要指立宪解释。具体地说，就是指在制定和修改宪法过程中，对宪法条文、规范、原则、结构、功能及其相关法律关系所作的分析、说明和补充。

立宪解释也可称为补充解释，其特点是以宪法文件为依据，围绕宪法条文的内涵和外延进行释义和补充，同被解释的宪法条文具有同等效力。宪法解释一般附在宪法正文之后，如 1979 年的印度宪法随后所列 10 个附表，就属此类；也有的专列一章出现在宪法正文中，如 1973 年的巴基斯坦伊斯兰宪法，专设一章"解释"，对宪法条文中名词术语的含义进行解释。

6. 国际条约和国际习惯

国际条约是指国际法主体之间就权利义务关系缔结的一种书面协议。

国际习惯则是指各国在相互交往中形成的一种有法律约束力的行为规则。

"条约必须遵守"是国际法的一项基本原则,国际习惯一旦被各国所接受,就应该具有普遍的约束力。

国际条约和国际习惯是国际法的主要渊源,但能否成为国内法的渊源以及宪法的渊源,则取决于一个国家的参与和认可。西方有些国家在本国宪法中,对国际条约和国际习惯在国内法中的地位和效力问题有专门规定,如美国 1787 年的《宪法》第 6 条规定,合众国已经缔结和即将缔结的一切条约,皆为合众国的最高法律,每个州的法官都应受其约束;又如,德国 1949 年的《基本法》第 25 条规定,国际公法的一般原则是联邦法律的组成部分,它们的地位优于法律,并直接创制联邦境内居民的权利和义务;再如,法国 1958 年的宪法设专章"国际条约和协定",具体规定了国际条约和协定的签订批准程序,并在第 55 条规定,依法批准的条约和协定,自公布后即具有高于各种法律的权威。显然,国际条约和国际习惯在这些国家已成为国内法和宪法的主要渊源。

国际条约和国际习惯成为国内法和宪法的渊源,是现代国家之间交往与合作的基本条件和必然结果。在当今世界,即使有些国家在宪法条文中对国际条约和国际习惯在国内法中的地位和作用没有明确规定,但它们参与缔结条约的行为和参与国际合作的行为,已经得到充分承认和认可。

7. 权威性宪法著作

权威性宪法著作作为宪法的一种渊源形式,并不是一种普遍现象。在采用成文宪法体系的国家,以及宪法监督和宪法解释制度比较健全的国家,权威性宪法著作只能作为制宪机构和宪法监督与解释机关的参考。因此,在这些国家,权威性宪法著作不能视为宪法的渊源。但在少数不成文宪法体系的国家,如英国,在没有宪法规定以及宪法判例尚未形成时,权威性宪法著作,往往在不违背宪法精神的前提下,被作为司法判决的依据来引用。例如,关于英国皇家特权在国外的行动范围及保卫国家的行动范围,就曾经求助于 A. V. 迪塞和梅特兰的著作。在英国,自 18 世纪以来,每一时代都有著名的法学家,如布莱克斯通(Black Stone)、白芝浩(Bagehot)、戴雪(Dicey)、恩逊(Anson)、詹宁斯(Jennings)等,他们的著作对宪法惯例和宪法判例作了大量的总结、归纳和解释,往往被作为司法判决的依据。

(三) 我国宪法的渊源形式

我国宪法的渊源形式大致包括成文宪法典、宪法性法律、宪法惯例、宪法解释、国际条约和国际习惯,等等。

1. 成文宪法典

1949 年,我国解放战争取得基本胜利之后,于 9 月召开了具有广泛代表性的中国人民政治协商会议,制定了《中国人民政治协商会议共同纲领》。尽管它还不是一部社会主义类型的宪法,但它规定了我国的基本政治、经济和文化制度,为我国社会主义成文宪法典的制定奠定了基础。

1954 年 9 月 20 日,中华人民共和国第一届全国人民代表大会第一次会议,通过了我国第一部社会主义宪法,标志着我国社会主义成文宪法典的正式产生。之后,又经过 1975 年、1978 年和 1982 年的三次全面修改,以及 1988 年、1993 年、1999 年和 2004 年的四次部分修改,确立了我国现行成文宪法的体系结构。所以,成文宪法典是我国宪法的主要渊源形式。

2. 宪法性法律

在我国,国家最根本、最重要的问题大多通过宪法典的形式确认和规定,所以我国的宪法性法律,主要是指为实施宪法而由全国人大等制定的宪法关联法。例如,1995 年的《选举法》、1982 年的《全国人大组织法》、1982 年的《国务院组织法》、1983 年的《法院组织法》、1995 年的《地方各级人大和地方政府组织法》、1984 年的《民族区域自治法》、1990 年的《香港特别行政区基本法》、1993 年的《澳门特别行政区基本法》、1992 年的《人民代表法》、1980 年的《国籍法》、1990 年的《归侨侨眷权益保护法》、1992 年的《未成年人保护法》、1991 年的《残疾人保障法》、1992 的《妇女权益保障法》和 1996 年的《老年人权益保障法》,等等。

3. 宪法惯例

我国是否存在宪法惯例以及有哪些宪法惯例的问题,目前理论界没有统一的说法。有人认为,宪法惯例只存在于英美法系国家,大陆法系国家没有宪法惯例,我国基本上接近大陆法系国家,所以从法理上讲,不存在宪法惯例。但我们认为,宪法惯例是一种通行的政治习惯和传统,因而一般国家都存在。在我国国家领导人、最高国家机关和执政党中央委员会的行为中,一些不成文的习惯做法确实存在。例如,关于宪法修正案的提案问题,现行宪法规定全国人大常委会或者 1/5 以上的全国人大代表,才有权提出宪法修正案的议案,但在实践中,一般则由执政党中央委员会首先以建议案的形式提出来;又如,每届全国人大开会时,全国政协会议也同时进行,并且全国政协委员会委员全体列席全国人大的有关会议;再如,中华人民共和国中央军事委员会主席,习惯上由中国共产党中央军事委员会主席兼任,这些习惯做法已经起到了宪法惯例的作用,从实践上讲,也可以说它们就是中国的宪法惯例。

4. 宪法解释

根据我国现行《宪法》第 67 条的规定,解释宪法的权力属于全国人大常委会,也就是说,只有全国人大常委会对宪法条文进行的书面解释,才能作为我国宪法的一种渊源形式。从实践中看,如第六届全国人大常委会第二次会议通过的《关于国家安全机关行使公安机关的侦查、拘留、预审和执行逮捕的职权的决定》,就对现行《宪法》第 37 条、第 40 条的内容作了新的说明,等等。尽管宪法解释在我国政治实践中并不多见,但宪法解释不失为我国宪法的一种渊源形式。

5. 国际条约和国际习惯

关于国际条约和国际习惯在国内法中的地位和效力问题,我国宪法没有明确规定,但中国是联合国安理会常任理事国成员之一,于 1945 年组织起草并参与签订了《联合国宪章》(以下简称《宪章》),享有《宪章》赋予的各项权利,并积极履行《宪章》规定的各种义务。新中国成立之后,我国先后参与签订和认可的国际法文件很多,尤其是近年来,我国又认可了《经济、社会、文化权利国际公约》和《公民权利和政治权利国际公约》两个著名的人权公约。应该说,我国参与签订和认可的国际法文件无疑是我国现行法律的渊源之一,其中关于人权等问题的规定,当然也是我国宪法的一种渊源形式。

(四)宪法的分类

自宪法产生以来,宪法学者就根据不同的标准对宪法进行了分类研究。近代以来出现的各种宪法分类,归纳起来主要有两种,即形式分类和实质分类。

1. 宪法的形式分类

近代资产阶级学者根据宪法的某些外部表现特征,对宪法作了多种分类。这主要有以下三种:

(1)成文宪法与不成文宪法

这种分类的依据和标准是宪法是否具有统一的法典形式。成文宪法是指由一个或者几个规定国家根本制度和根本任务的宪法性法律文件所构成的宪法典。世界上最早的成文宪法是 1787 年的美国宪法。现代世界上绝大多数国家的宪法是成文宪法。不成文宪法是指既有书面形式的宪法性法律文件、宪法判例,又有非书面形式的宪法惯例等构成的宪法。英国宪法是典型的不成文宪法,主要由宪法性法律文件、法院判例、宪法惯例构成。

(2)刚性宪法与柔性宪法

这种分类的依据和标准是宪法的制定修改程序的不同。刚性宪法是指制定和修改宪法的程序比普通法律严格的宪法。当今世界上绝大多数国家的宪法属于这种类别的宪法。柔性宪法是指制定和修改宪法的程序、法律效力与普通法律完全相同的宪法。如作为英国宪法的重要组成部分的宪法性法律文件是在不同历史时期,由议会以一般立法程序制定和修改的。

(3)钦定宪法、民定宪法和协定宪法

这种分类的依据是制定宪法的主体。钦定宪法是指由君主自上而下地制定并颁布实施的宪法。如 1889 年日本明治天皇颁布的《大日本帝国宪法》及 1908 年中国清末的《钦定宪法大纲》等。钦定宪法是封建君主迫于社会要求民主的压力而制定的，对民权作了点缀式规定，而主要是以宪法的形式规定了至高无上的君权。民定宪法是指由民选议会、制宪会议或公民投票表决制定的宪法。当今绝大多数国家的宪法属于这种类别。协定宪法是指由君主与人民或民选议会进行协商共同制定的宪法。

2. 宪法的实质分类

马克思主义承认从形式上对宪法进行分类的意义，同时也看到了其局限性，因而从实质上对宪法进行了分类。

（1）资本主义类型的宪法与社会主义类型的宪法

这是根据宪法所赖以产生和存在的经济基础的性质以及国家政权的性质所进行的分类。资本主义类型的宪法又称资产阶级类型的宪法，是指建立在资本主义私有制基础之上和确认资产阶级专政的宪法。资本主义类型的宪法建立在生产资料资本家私有制的基础之上，为资本主义的经济制度服务，确认和保护资产阶级专政。社会主义类型的宪法又称无产阶级类型的宪法，是指建立在社会主义公有制基础之上和确认由人民当家做主的宪法。社会主义类型的宪法建立在生产资料社会主义公有制基础之上，为社会主义经济制度服务，并公开确认工人阶级在整个国家中的领导作用。

（2）法定的宪法与现实的宪法

这是列宁根据马克思主义关于经济基础与上层建筑之间的关系的基本原理进行的分类。法定的宪法又称成文的宪法，是指统治阶级通过法定程序制成的书面形式的宪法。现实的宪法又称事实的宪法或真正的宪法，是指一个国家现实的社会经济和政治关系，以及现实的政治力量对比关系。列宁认为，现实的宪法决定法定的宪法的性质和内容，只有当法定的宪法真实地反映现实的经济、政治关系，与现实的宪法一致起来，才能符合社会发展要求和广大人民的愿望，法定的宪法才是真实的。

四、宪法的社会作用

（一）宪法的社会作用的概念

宪法的社会作用是指宪法的社会功能和社会效应。当然，宪法社会作用的有无与好坏首先取决于它赖以建立的经济、政治、思想和文化条件的状况如何；其次，取决于它能否发挥宪法的积极作用；最后，取决于宪法指导思想的正确与否。

（二）宪法的社会作用的表现

宪法的社会作用表现在以下四个方面：

1. 确认和巩固作用

宪法作为规定国家最根本、最重要问题的国家根本法，要将国家的政治、经济、文化和社会生活等各方面的基本制度确认下来，将统治阶级在各方面的意志集中表现为国家意志。

在政治方面，宪法的作用主要是确认和巩固国家政权以及相应的政治制度和法律制度。法律和政权并不矛盾。宪法总是国家权力的法律化，总是统治阶级最高意志的表现；一定的统治阶级掌权，就会颁布相应的宪法，以确认其已经取得的政权。因此，尽管宪法是在统治阶级掌握国家权力的前提下制定的，并在国家权力的支持下得以贯彻，但宪法对统治阶级的国家政权又起着巩固和保卫作用。这既表现在宪法以根本法的形式确认统治阶级权力的合宪性，任何侵犯这种权力的行为都属违宪，可以依法予以追究；也表现在确认有利于体现统治者地位的根本制度和统治秩序，规定调整统治阶级内部不同阶层、集团之间相互关系的基本方针等内容。因此，国家的政治制度及其运行方式构成宪法的重要内容。同时，宪法作为其他法律的立法基础为国家法制的统一和完整奠定了基础。

在经济方面，作为上层建筑的宪法由经济基础决定，但宪法对自己的经济基础又有积极的保护作用和促进作用。宪法对于经济基础的这种反作用主要通过以下三个途径来实现：

第一，通过宪法规范确认其赖以存在的经济基础；

第二，通过宪法规范，使特定的所有制转化为所有权，从而影响经济基础的发展；

第三，通过宪法规定国家的基本经济政策，从而影响国家经济的发展。

资本主义国家的宪法承认和保护了生产资料的资本家私人所有制，即资本主义的经济基础。

社会主义国家的宪法则公开确认生产资料公有制是社会主义经济制度的基础，并且宣布社会主义公共财产神圣不可侵犯，同时明确规定了各种所有制形式的法律地位，以及国家发展经济的基本政策，从而有力地促进了社会主义经济基础的发展。在文化和社会生活方面，宪法通过确认符合统治阶级利益的社会政治思想和伦理道德意识，规定国家统治和社会进步所必需的科学、文化，从而为统治阶级实现统治职能提供思想文化基础。宪法通过规定国家发展科学研究和文化教育的基本政策，以及公民享有社会文化教育等方面的权利和自由，从而进一步推进国家文化社会生活的发展。

2. 限制和规范作用

宪法的这种限制作用在宪法刚一产生时就已被充分体现出来。宪法在刚刚产生时就明确地限制王权，例如，英国 1215 年的《自由大宪章》就有规定，国王征收税金必须征得有封建主参加的"共同会议"的同意。英国议会于 1689 年制定的《权利法案》规定，未经国会同意，国王无权在和平时期征募或维持常备军；法院不得处以过多罚金，不应滥施酷刑等。美国宪法修正案第 1 条规定，国会不得制定关于下列事项的法律：建立宗教或禁止宗教自由；剥夺言论自由或出版自由；剥夺人民和平集会和向政府请愿申冤的自由。从政治角度而言，宪法本身就是权利制约权力的结果。宪法的内容基本可分为保障公民权利和正确行使国家权力两大部分，因此，宪法对国家权力并非处于消极被动地位。宪法的限制和规范作用，就是宪法对国家权力发挥作用的表现。宪法作为公民权利的保障书，必须对国家权力予以限制。近代宪法对权力的限制，主要是通过授权的形式实现的。一般均在宪法上明确规定：各种权力机构是如何组成的；对这些机构赋予了什么职权；这些职权是如何行使的。就这样，宪法把国家机构的活动限制在一定范围和程度上。

宪法对国家权力的规范作用是指宪法通过规定国家权力运行的范围、方式和程序，使国家权力在宪法设定的轨道上有效地运行。任何国家权力都必须通过适当的形式才能实现，宪法则通过规定国家的政权组织形式和国家结构形式等问题，使国家权力的运行和实现有着稳定的轨道。

3. 指引和协调作用

指引作用是所有法律规范都共同具有的作用，它是指法律规范对人们的行为起到的导向、引路作用。宪法的指引作用具有其自身的特点：

第一，就指引的行为主体而言，它既包括国家机关、社会组织，也包括公民个人。宪法不仅规定国家的根本制度、基本国策以及国家机关的组织和活动，而且还规定公民的基本权利和义务，这些规定即为国家和公民提供了行动指南。

第二，就指引的范围来说，它涉及政治、经济、文化和社会生活各个方面，指引的领域非常广泛。

第三，就指引的效力来看，宪法作为国家的根本法、母法，具有至高无上的法律效力。

第四，就指引的思想基础来讲，宪法对机关、组织和个人行为的指引，实际上贯穿着民主的基本精神，或者说是通过对人们行为的正确指引，促进民主的真正实现。

协调作用是宪法对社会整体的作用。宪法通过调整各种社会行为，不仅使社会生活的各个方面有章可循，而且也使各个方面相互之间形成良性和谐的互动关系。我国现行宪法在序言中明确规定我国今后一个时期的总任务，即"集中力量进行社会主义现代化建设"、"逐步实现工业、农业、国防和科学技术的现代化"，把我国建设成为富强、民主、文明的社会主义国家"，第四次宪法修正案在其后又增加规定"推动物质文明、政治文明和精神文明协调发展"。宪法的这种规定，实际上是把我国今后一个时期的总任务确立为法定的奋斗目标，为全国人民指明了前进的方向和实现奋斗目标的道路。

4.评价和宣传作用

法律作为一种标准和尺度,具有判断、衡量人们行为的作用,并且法的评价具有客观性、统一性、普遍性、强制性。宪法的评价作用还具有以下鲜明的特色。

第一,宪法评价具有广泛性。国家和社会生活的各主要方面,都能在宪法中找到评价的依据和标准,而其他法律则不可能。

第二,宪法评价具有集中性。既然宪法集中表现统治阶级意志,那么,宪法评价实际上是统治阶级的评价。

第三,宪法评价具有最高性。宪法具有最高的法律效力,一切机关、组织和公民个人都必须以它为根本的活动准则。因此,宪法的评价具有至高无上性。

宪法不仅是评价人们社会行为的标准,而且它还具有宣传作用,它对于增强公民的思想意识,特别是公民意识和法律意识具有极为重要的影响。我国宪法是社会主义类型的宪法,我国现行宪法可以对人民群众进行革命历史的宣传教育,因为在宪法序言中叙述了我国近百年来的历史;我国现行宪法可以对人民群众进行四项基本原则的宣传教育,因为在宪法中对坚持四项基本原则作了完整的规定;我国现行宪法可以对人民群众进行社会主义精神文明建设的宣传教育,因为在宪法中对社会主义民主与法制的基本原则作出了明确规定。我国宪法在思想建设方面规定了国家对公民进行普及思想、道德、文化、纪律和法制的教育;国家对人民进行爱国主义、集体主义和国际主义、共产主义的教育,进行辩证唯物主义和历史唯物主义的教育;国家提倡爱祖国、爱人民、爱劳动、爱科学、爱社会主义的公德;国家在思想战线上反对资本主义的、封建主义的和其他的腐朽思想。

五、宪法的制定、修改、解释

（一）宪法的制定

1.宪法的制定权

宪法的制定权简称制宪权,它是指制宪主体按照一定原则创造作为国家根本法的宪法的一种权力。宪法制定权是宪法制定行为的根据和前提,因此,宪法制定不等于宪法成立,没有制宪行为的合法化就没有宪法的成立。关于宪法制定权的含义,有两种观点:

一是权力说,认为制宪权就是对固有政治实体和形态作出根本判断的权力,具体表现为创造宪法、维护宪法以及废止宪法的一种权能,优于国家权力。

二是活动说,认为制宪权是指统治阶级按照一定的法律程序,通过立法机关创造宪法的活动。

制宪权、修宪权与立法权是不同层次的权力形态。修宪权是依据制宪权而产生的一种权力,可以理解为是制度化的制宪权,是一种源于制宪权的权力。因此,即使制宪权与修宪权的行使主体一样,但它们的行为性质也不同。而立法权活动则要遵从制宪权宗旨,不能脱离制宪的目的与原则。

制宪权理论源于古希腊、罗马的法治思想以及中世纪的根本法思想。系统提出这一理论的是法国的著名学者西哀耶士,他在《第三等级是什么》中指出,唯有国民拥有制宪权,国民意志永远是最高法律。由此看来,制宪权不同于修宪权和立法权。

2. 宪法制定权的性质

关于制宪权的性质或者说来源,目前有两种不同的主张:

一是自然法观点。认为制宪权是不以国家权力或任何意义上的实定法存在为其条件的,国家权力是依据制定权而产生的"形成的权力",制宪权是国家权力存在的前提。这种观点是不正确的,它混淆了制宪权的理论形态和实践形态的界限,把制宪权理解为纯自然的权力。事实上,我们应区分根源意义上的国家权力与具体组织化的国家权力,否则,会导致制宪权和国家权力的冲突。

二是国家权力观点。制宪权是国家最高决定权的具体体现,换句话说,它是国家权力中的最高权力。这一观点,我们认为是较为正确的。

3. 宪法制定权的界限

制宪权主体在运用制宪权时是否应受限制,制宪权是否存在"绝对意志的自由",这就涉及制宪权的界限问题。制宪权作为国家最高的权力,实际上也是一种受到制约的权力,主要表现为:一是受宪法目的的制约;二是受法的理念制约(法理论、法正义、法稳定);三是受国际法的制约;四是受自然法制约(人生而平等)。上述四个方面从不同程度上制约着特定国家制宪权的运作。

4. 宪法的制定机关

（1）制宪权主体

制宪权主体是制宪权得以运行的首要因素,只有国民才能构成制宪权主体,但在历史上,君主、少数者组织、一定团体等也在一定条件下成为了制宪主体。享有制宪权主体地位与具体行使制宪权是不同的概念,为使国民有效地行使制宪权,各国建立了不同形式的制宪机关,并赋予它们相对独立的职权。

（2）制宪机关

由国民选举的具有独立制定宪法的机关。为了使制宪权的实现具体化,各国通常根据制宪的需要,成立各种形式的制宪机关,如制宪会议、国民会议、立宪会议等机关。制宪机关依据民意行使制宪权,具体负责宪法的制定。实际行使制宪权的议会或代表机关一般是由国民经过选举产生的,制宪议会不同于一般国会或民意机关,可不受旧宪法的约束,具有政治议会的性质。中华人民共和国的成立意味着中国人民成为制宪权主体,有权独立自主地行使制宪权,但作为制宪权主体的人民,通过选举把制宪权赋予全国人民代表大会来具体行使,因而有了 1954 年宪法的产生。

制宪机关与宪法起草机构是不同的。制宪机关是行使制宪权的国家机关,而宪法起草机构是具体工作机关,不能独立行使制宪权;制宪机关一般是常设的,而宪法起草机构是临时的,起草任务完成后便解散;前者有权批准通过宪法,而后者无权批准通过;制宪机关由公民选举产生,而后者由任命方式产生。对制宪机关的规定,各国宪法不尽相同,虽然我国宪法未加明确规定,但实际上,全国人民代表大会是我国的制宪机关。

5. 宪法的制定程序

宪法的制定程序是指制宪机关制定宪法时所经历的阶段和具体步骤。宪法制定程序的科学性和民主性是判断一部宪法价值的指标。由于宪法是根本法,因而其制定程序不同于普通法律,程序比较严格。综合来看,它主要包括制宪机构(不是制宪机关)的设立(如我国的宪法起草委员会,由民主产生的各方面高素质的代表组成)、宪法草案的提出(目的是征求意见、讨论通过)、宪法草案的通过(制宪机关或全体国民,程序严格)和宪法公布四个环节。

(二) 宪法修改

1. 宪法修改的概念

宪法修改是指一个国家的宪法在实施过程中,因为政治经济形势发生重大变化或者由于宪法自身条款的某种缺陷,致使宪法继续执行遇到困难时,由有权的机关依照法定程序对其内容和条款作出书面变更的修正。

2. 我国采取的修宪方式及其特点

一是全面修改。它是指依法对原宪法进行大部分内容的修改。其特点是国家性质和制宪权根源未变;以原宪法规定程序进行;修宪机关整体通过并重新公布宪法。修改的原因一般是由于指导思想、基本原则和大部分内容不适应现实,例如,1975 年的宪法、1978 年的宪法、1982 年的宪法。

二是部分修改。它是指依法对宪法的部分内容的调整或变动。包括两种情况:①通过修宪决议进行的部分修改,如 1979 年五届人大二次会议《关于修改〈中华人民共和国宪法〉若干规定的决议》,实现了对 1978 年宪法的部分修改,即县级和县级以上地方各级人大设立常委会,将地方各级革命委员会改为地方各级人民政府,扩大直选范围,等等。又如,1980 年,五届人大三次会议《关于修改〈中华人民共和国宪法〉第四十五条的决议》,即取消该条关于"大鸣大放大字报大辩论的权利",也属于部分修改。其特点是变动原文即以新内容代替旧内容或废除某些规定;重新公布宪法。②通过修正案进行的部分修改,即以宪法修正案的方式增删宪法的内容，附于宪法典之后，如 1988 年、1993 年、1999 年、2004 年四次修宪；又如，1955 年对 1954 年宪法关于立法权第 22 条的修正，都未直接变更文字，只是形成了《关于授权常委会制定单行法规的决议》，改变了只有人民代表大会是唯一立法机关的弊端；再如，1982 年又授予较大市、县具有"半立法权"的地位，也是对宪法的补充和修改。其特点是用法律补充宪法（不变动原文）；后法优于前法；不重新公布宪法。

三是无形修改。它是指在宪法条文未作变动的情况下，由于社会的发展、国家权力的运作等，使宪法条文本来的含义发生了变化。1984 年，中国共产党提出实行有计划的商品经济，显然也是对宪法上"计划经济"的无形修改。直到 1993 年全国人大才通过宪法修正案，将第 15 条修改为"国家实行社会主义市场经济"。无形修改不是宪法修改机关依据宪法规定程序而进行的一种有意识的活动，而是非真正意义上的修改，但却具有相同的效果，因而属于广义的宪法修改。无形修改有人戏称为"违宪修改"，表现为现实不按宪法运作，因而许多人反对无形修改，进而维护宪法的权威。但也有部分学者赞成，只是需要达到一定的要件（例如，国民的同意等）。

3. 宪法修改的程序

目前，世界上绝大多数国家都在宪法中规定了比普通法更为严格的宪法修改程序，虽然规定各不相同，但通常都包括以下几个阶段：

程序一：提案

提议主体提出建议和草案。提议主体分为三类：

一是代表机关或国会议员。多数国家采用这一方式，例如，我国《宪法》第 64 条规定，全国人大常委会或者 1/5 以上人大代表具有建议权，但实践中，通常由中共中央委员会提出建议案，全国人大常委会或者 1/5 以上人大代表接受，再向全国人大提出正式宪法修改草案。再如，美国是国会在两院 2/3 议员或者 2/3 州议会提议后才提出修正案。

二是行政机关。极少数国家规定行政机关具有提案权，如法国 1958 年的宪法规定总统和议会议员具有提议权；多哥《宪法》第 52 条也具有同样的规定。

三是混合主体。提议主体涉及多种性质的机关或组织，有的国家宪法规定由国会、修宪大会和一定数量的公民提出，如菲律宾；有的国家由政府和议员提出，如泰国、缅甸；有的规定由总统和议会提出，如叙利亚等；少数国家的政党也有提议权，如多哥。多数国家由立法机关和行政机关共同提出的情形居多。

程序二：先决投票（针对提议是否成立）

提议之后，议决之前，对宪法修正案进行的决定。约有 30 多个国家实行先决投票，如叙利亚、希腊、巴拿马等国。先决投票的目的在于使宪法修改的条文和内容明确具体。行使先决投票权的机关在各国并不相同，但多数是由公民、州议会、多数议员等决定是否可以提出。

在不实行先决投票的国家,提议机关在提出修改宪法的动议时,一般同时提出宪法修正案的草案,从而使修改的内容具体明确。

程序三:公告(草案予以公告)

提议成立后,由立法机关或行政机关将宪法草案予以公布,20多个国家规定了公告程序,如荷兰、比利时、卢森堡等。公告的目的在于让公民知晓并予以讨论。我国未规定公告程序,但都进行了公布。

程序四:议决

议决机关包括立法机关(如中国)、行政机关(极少数国家)、特设机关(少数国家)、混合机关(70多个国家)四类。议决机关必须以高于通过其他普通议案的出席和同意人数,即两个2/3或一个2/3、一个3/4才能予以通过。其中,个别国家还附加了其他条件:联邦制国家需要州议会的批准,如美国;有些国家需要相隔一定时间的两次审核才能通过,如意大利;有些国家需要国家元首批准后才能生效,如约旦、荷兰等;有些国家需要全民公决半数以上通过才能生效,如日本、丹麦等;有些国家的全面修改和部分修改的议决程序不同,如西班牙。

程序五:公布

宪法修改草案通过后,法定机关以一定形式予以公布才能发生效力。公布机关有国家元首(多数国家如爱尔兰)、代表机关(少数国家如巴西)、行政机关(主要指美国国务卿)。我国在实践中,一般由人大主席团以全国人大公告的方式公布。

宪法修改草案公布后的生效时间也不一致,有批准之日、公布之日、公布一定时间后。我国采取后两种方式。

4. 我国 1982 年宪法的修改

随着我国改革开放和社会主义现代化建设的深入发展,不断出现一些新情况、新问题,宪法的某些规定已经同发展了的我国政治、经济和社会生活的现实情况不相适应,需要根据形势的变化加以修改。为了适应形势发展的需要,1982年的宪法自施行以来,已作过四次必要的修改和补充。

1988年4月12日,第七届全国人大第一次会议通过了中华人民共和国宪法修正案。这个修正案共两条,第1条是对《宪法》第11条作了增写,允许私营经济在法律规定的范围内存在和发展;第2条是对《宪法》第10条第4款作了修改,允许土地的使用权可以依照法律的规定转让。

1993年3月29日,第八届全国人民代表大会第一次会议又通过了第3条到第11条宪法修正案。这次修改的主要内容:一是序言第7段增加"我国正处于社会主义初级阶段","根据建设有中国特色社会主义的理论"和"坚持改革开放",并将原来的"高度民主、高度文明"改为"富强、民主、文明";二是序言第10段增加"中国共产党领导的多党合作和政治协商制度将长期存在和发展";三是将"国营经济"改为"国有经济";四是删去原有的

"农村人民公社、农业生产合作社"，改为"农村中的家庭联产承包为主的责任制"；五是把原来规定的计划经济改为"社会主义市场经济"；六是将县、不设区的市、市辖区的人民代表大会每届任期由原来的三年改为五年。

1999年3月15日，第九届全国人大第二次会议通过了第12条到第17条宪法修正案。修宪的主要内容有：一是序言第7段增加"在邓小平理论指引下"，增加"发展社会主义市场经济"；二是《宪法》第5条增加一款，规定"中华人民共和国实行依法治国，建设社会主义法治国家"；三是《宪法》第6条增加"国家在社会主义初级阶段，坚持公有制为主体、多种所有制经济共同发展的基本经济制度，坚持按劳分配为主体、多种分配方式并存的分配制度"；四是《宪法》第8条第1款修改为"农村集体经济组织实行家庭承包经营为基础、统分结合的双层经营体制"；五是《宪法》第11条将个体经济、私营经济等非公有制经济由"社会主义公有制经济的重要补充"修改为"社会主义市场经济的重要组成部分"；六是《宪法》第28条将"反革命的活动"改为"危害国家安全的犯罪活动"。

2004年3月，第十届全国人大第二次会议通过了14条宪法修正案。其主要内容包括：一是确立"三个代表"重要思想在国家政治生活和社会生活中的指导地位；二是增加推动物质文明、政治文明和精神文明协调发展的内容；三是统一战线的表述中增加社会主义事业的建设者；四是完善土地征用制度；五是进一步明确国家对发展非公有制经济的方针；六是完善对私有财产保护的规定；七是增加建立健全社会保障制度的规定；八是增加尊重和保障人权的规定；九是完善全国人民代表大会组成的规定；十是关于紧急状态的规定；十一是关于国家主席职权的规定；十二是修改乡镇政权任期的规定；十三是增加对国歌的规定。

宪法作为国家的大法，必须保持稳定。这是维护宪法的权威和发挥宪法作用的重要前提。但任何宪法都不是一成不变的。宪法的规定来源于社会实践。当社会现实发生变化时，必然会引起宪法的修改。否则，宪法就会失去生命力。列宁曾指出："当法律同现实脱节的时候，宪法是虚伪的；当它们是一致的时候，宪法便不是虚假的。"他还说，社会主义国家的宪法应该在"实际运用中得到修正和补充"。有人统计，世界上142部成文宪法中，有137部有宪法本身允许修改的规定，占96.5％；没有这种规定的只有5部，仅占3.5％。这表明，绝大多数国家在尽力维护宪法稳定性的同时，又都注意适当地对宪法进行修改。同时，从许多国家的历史经验看，宪法的重大和频繁修改，不仅会对宪法自身的稳定造成损害，而且会影响政局的稳定。因此，修改宪法是极端严肃和需要慎重对待的重大问题，必须正确处理宪法的稳定和修改的关系。

外国的一些修改宪法的经验和教训，值得我们注意。世界上第一部成文宪法——美国宪法，自1787年创造到现在，200多年中提议修改的有5 000多次，但它只修改了17次，通过修正案26条。其中除3条修正案（有关废除奴隶制和改进联邦与州的关系等）是比较重大的修改外，其余修正案对美国的根本制度来说没有什么重大修改。从总体上看，美国宪法是稳定的,它保障了美国资本主义社会生产力的顺利发展。日本自明治维新以来,也只制定过两部宪法,一部是 1889 年的《明治宪法》,另一部是第二次世界大战后制定的 1946 年的《日本国宪法》。法国则是世界上颁布宪法最多的国家之一。从 1789 年"人权宣言"开始,在 80 多年间就有 1791 年的《君主立宪宪法》,1793 年建立资产阶级政权的宪法、1799 年的《拿破仑宪法》、1848 年的《第二共和国宪法》、1875 年的《第三共和国宪法》,可以说其宪法频频改换。但此后,法国宪法相对稳定。1946 年,通过了《第四共和国宪法》,但由于在多党制、政府和议会的关系等问题上仍和《第三共和国宪法》一样存在着缺陷,影响资产阶级统治的稳定和效率。1958 年 9 月,又产生了戴高乐的《第五共和国宪法》,即现行宪法。不能不承认,这部宪法对法国政局趋于稳定和资本主义经济的发展,起了重大促进作用。苏联和东欧的一些国家 1988 年到 1990 年修改宪法的实践,则从另一个方面说明了宪法修改可以促成社会主义国家解体和社会动乱、经济下降。它表明宪法决不可轻易地去修改,尤其要警惕和反对涉及宪法规定的国家根本制度、根本任务的修改主张。

（三）宪法解释

1.宪法解释的概念

宪法解释是指为了正确理解和统一实行宪法,维护法律的统一和宪法的尊严,弥补宪法因时代变迁而产生的不足,依据一定的标准或原则对宪法条文所作出的说明。

（1）宪法解释的对象

关于宪法解释的对象,目前主要有三种观点:一是整体宪法说,即认为宪法解释的对象是作为一个整体的宪法典,不能孤立地解释单个条文,重在把握宪法典的基本原则和总体精神;二是宪法规范说,即认为宪法解释的对象仅限于宪法条文,是对宪法规范含义所作的说明;三是宪法原则说,即宪法解释的意义在于对宪法的原则性条文加以适当的说明,这是一种占主导地位的观点。

（2）宪法解释与法律解释的区别与联系

首先,宪法是法律,因此,宪法解释是一种广义上的法律解释,宪法解释的原则、方法、程序以及运作的一般原理都应遵循法律解释的一般规律。其次,宪法是法律的法律,是一种特殊的法律,因此,宪法解释与普通法律解释有所不同,例如,顾及整体性、解释程序严格等。

（3）宪法解释与宪法修改的区别与联系

首先,两者从属于不同的学科范畴,前者属于解释学,后者属于立法学;其次,两者的行为特性不同,即各自有不同的主体和运作程序,对宪法产生不同的变化效应。因此,决不能以解释为名行修改之实,因为宪法解释只能是不超越宪法原意的严格解释。

2. 宪法解释的分类

依据解释的主体和效力,宪法解释可分为正式解释和非正式解释两种;依据解释的方法可将宪法解释分为文理解释、逻辑解释、历史解释、系统解释、全面解释和补充解释;依据解释的目的可将其分为立宪解释、行宪解释、违宪解释、监督解释等。

正式解释又称有权解释,是指由宪法授权的机关或宪法惯例所认可的机关依据一定的标准或原则对宪法条文所作的具有法律效力的说明。正式解释的特点是特定主体,具有效力。其中,特定主体主要有四类:一是司法机关;二是立法机关;三是专门机关;四是国家元首(如美国)和公民团体(如日本)。

非正式解释又称无权解释,是指非特定的机关、团体和个人对宪法条文所作的说明,没有法律上的约束力,有人又称为学理解释。如宪法学对宪法所作的解释,即为宪法的学理解释,它是非正式宪法解释的一种,其性质属于学术探讨,没有法律效力,但它是一定宪法要求、宪法评价的表现方式。

3. 宪法解释的限制

宪法解释根源于宪法所具有的原则性和时代性而引起的宪法纠纷,但宪法是根本法,对它的解释也是有限制的,并不是随意的,主要包括:

一是主体的限制,比如,我国宪法的解释属于立法机关解释宪法体制,这种体制确认于 1978 年,具体规定为,全国人民代表大会常务委员会有权"解释宪法和法律",从而以根本法的形式予以确认。

二是原则的限制,具体是法定要求、立宪意图、宪法基本精神、发展需要、字面解释、整体解释。有人称为宪法解释的具体原则。

我国宪法解释的标准及原则有:一个中心,两个基本点;宪法至上,法制统一;从严为主,适度灵活。

4. 宪法解释的方法

宪法解释的方法是指具体解释宪法的技术手段,主要包括以下四种:

一是统一解释。即指对人们理解不一的宪法条文作出明确而统一说明的方法,其目的在于消除各种误解,使宪法得到一致遵守。

二是条理解释。为准确理解宪法条文的含义而需要根据文字含义、法理要求,利用先例、类推和上下文之间的关系等对其予以说明。其中,以字面含义为依据的解释称为文字解释;以法学原理为依据的解释称为法理解释。

三是补充解释。它是指宪法在规定过程中存在遗漏,而在实施中通过解释予以适当补充的方法,其目的在于使宪法发挥完整的作用。

四是扩大解释。它是指由于社会情况的变化、发展,使宪法的内容不能满足社会现实的需要,因而通过宪法解释扩大其含义的方法。此种方法具有高度的灵活性,但在应用中应慎重,防止出现修改意图。

【相关法律规范指引】

1.《中国人民政治协商会议共同纲领》序言。

2.1954年宪法序言。

3.《宪法》及其修正案序言、第64条。

4.《立法法》第42条。

练习题

一、填空题

1.宪法作为国家根本法,实质上是(   )运行法。

2.宪法渊源是指宪法的(   )来源。

3.宪法形式是指宪法的(   )表现形式,包括宪法的(   )形式和宪法的(   )形式。

二、单项选择题

1.世界上第一部成文宪法是《   》。

    A.美国宪法   B.法国宪法   C.英国宪法   D.德国宪法

2.我国《宪法》第64条规定,宪法修改由全国人民代表大会以全体代表的(   )以上多数通过。

    A.2/3   B.1/2   C.3/4;   D.4/5

三、多项选择题

1.宪法的结构包括(   )。

    A.宪法原则   B.宪法序言   C.宪法正文   D.宪法附则

2.宪法渊源形式的种类有(   )。

    A.成文宪法典   B.宪法性法律   C.宪法惯例   D.宪法判例

    E.宪法解释   F.国际条约和国际习惯

3.我国宪法渊源的形式包括(   )。

    A.成文宪法典   B.宪法性法律   C.宪法惯例   D.宪法解释

    E.国际条约和国际习惯

4.宪法的社会作用表现为(   )。

    A.确认和巩固作用   B.限制和规范作用

    C.指引和协调作用   D.评价和宣传作用

四、名词解释

1. 宪法制定权
2. 宪法修改
3. 宪法解释
4. 成文宪法

五、简答题

宪法修改程序有哪些？

六、论述题

论述宪法的社会作用。

七、案例思考题

1. 1953年1月，中央人民政府委员会成立以毛泽东为首的宪法起草委员会，宪法草案经8 000多人讨论提出8 900多条意见修改后，于1954年6月14日公布交付全国人民再次讨论。历时两个多月约1.5亿人提出100多万条意见，又经多次修改后，于1954年9月20日第一届全国人民代表大会第一次全体会议以无记名投票方式一致通过。

试用本单元所学习的知识说明1954年宪法的制定符合制宪程序吗？

【提示】 依据宪法制定程序予以判断。

2. 1980年9月10日，第五届全国人民代表大会成立宪法修改委员会，于1982年2月提出《中华人民共和国宪法修改草案》讨论稿，经交付全民讨论广泛征求意见并多次修改后，于1982年12月4日第五届全国人民代表大会第五次会议通过实施。

试用本单元所学习的知识说明1982年对宪法的修改是否符合法律要求。

【提示】 依据宪法修改程序予以判断。

3. 2003年3月27日，中共中央政治局常委会会议研究和部署了修改宪法的工作，确定了这次修改宪法的总原则，成立了以全国人大常委会委员长吴邦国为组长的中央宪法修改小组。

2003年4月，中共中央请各省、自治区、直辖市在调查研究的基础上提出修改宪法的建议。

2003年5月至6月，中央宪法修改小组先后召开6次座谈会，听取地方、部门和部分企业负责人、专家的意见。在此基础上，拟订出《中共中央关于修改宪法部分内容的建议》（以下简称《建议》）征求意见稿，由中央下发一定范围征求意见。

2003年8月28日，中共中央总书记胡锦涛主持召开各民主党派，中央、全国工商联负责人和无党派人士座谈会，征求意见。

2003年9月12日，吴邦国召开部分理论工作者、法学专家和经济学家座谈会，征求意见。

　　2003 年 10 月 11 日前,根据各地方、各部门和各方面意见对中共中央的《建议》征求意见稿进行了进一步修改,形成了中共中央《建议》草案。经中共中央政治局常委会会议和中共中央政治局会议多次讨论研究,将《建议》草案提请中共十六届三中全会审议通过。

　　2003 年 10 月 11 日至 14 日,中共十六届三中全会在北京举行。会议通过了《建议》草案,由中共中央提请全国人大常委会依照法定程序提出宪法修正案(草案)的议案。

　　2003 年 12 月 22 日,中共中央关于修改宪法部分内容的建议全文公布。

　　2003 年 12 月 22 日至 27 日,第十届全国人大常委会第六次会议在讨论中共中央修宪《建议》的基础上,形成并全票通过了全国人大常委会关于提请审议宪法修正案(草案)的议案和宪法修正案(草案),决定提请十届全国人大二次会议审议。

　　2004 年 3 月 8 日,全国人大常委会副委员长王兆国向十届全国人大二次会议作关于《中华人民共和国宪法修正案(草案)》的说明。

　　2004 年 3 月 14 日,出席会议的 2 903 名全国人大代表,以无记名投票方式,郑重表决宪法修正案草案。16 时 54 分,总监票人向大会执行主席报告投票结果后,工作人员宣读表决结果:"收回有效票 2 890 张,赞成 2 863 票,反对 10 票,弃权 17 票。"随后,全国人大常务委员会委员长吴邦国宣布:中华人民共和国宪法修正案通过。

　　结合本单元所学习的知识说明我国社会改革发展与宪法修改的关系及其具体修改程序是否合法。

　　【提示】　从宪法的作用与修改程序的规定予以判断。

学习单元 9　公民与国家

了解公民与国家之间的法律关系；明确公民的法律地位及其基本权利和基本义务的规定；充分认识和理解国家尊重和保障人权的重要意义，增强公民意识。

公民的法律地位；公民的基本权利；公民的基本义务。

一、公民的法律地位

（一）公民的概念

公民是指具有一国国籍，并根据该国宪法与法律规定享有法定权利、履行法定义务、承担法律责任的人。国籍是一个人属于某个国家的一种法律上的身份。中华人民共和国公民是指具有中华人民共和国国籍，并根据中华人民共和国宪法与法律规定享有法定权利、履行法定义务、承担法律责任的人。

1. 公民与人民

公民是个属于法律范畴的个体概念，是指具有国籍的自然人。

人民是个属于政治范畴的群体概念，是指以劳动群众为主体的社会基本成员群体。在不同的国家和各个国家的不同历史时期，人民有着不同的内容。在我国社会主义时期，一切赞成、拥护和参加社会主义革命和建设的阶级、阶层和社会集团，都属于人民的范围。

在我国，公民和人民的区别在于：

第一，公民是法律概念，人民是政治概念；

第二，公民比人民范围大，公民包括具有国籍的全体社会成员，人民不包括具有国籍的全体社会成员，依法被剥夺政治权利的人和敌对分子不属于人民范畴。

2. 公民与罪犯

罪犯是指被审判机关确定为有罪,依法服刑的人,包括本国籍的罪犯、外国籍的罪犯、无国籍的罪犯三类。本国籍的罪犯虽然犯了罪,但他还是本国的公民。外国籍罪犯和无国籍罪犯不是本国公民。因此,公民包括罪犯,但罪犯不一定是本国的公民。

3. 公民与华侨、华人、华裔

华侨是指保留了中华人民共和国国籍而工作或生活在国外的中国人。他是中华人民共和国公民的重要组成部分。

华人是指生活在中国以外的,他们既持有中国护照,又还没有所在国的国籍,但又具有所在国永久居留权的中国公民。

华裔是指出生在中国以外的华侨和华人的后代及其子子孙孙。

(二)中华人民共和国国籍的取得、丧失和恢复

1. 中华人民共和国国籍的取得

① 父母双方或一方为中国公民,本人出生在中国,具有中国国籍。

② 父母双方或一方为中国公民,本人出生在外国,具有中国国籍;但父母双方或一方为中国公民并定居在外国,本人出生时即具有外国国籍的,不具有中国国籍。

③ 父母无国籍或国籍不明,定居在中国,本人出生在中国,具有中国国籍。

④ 外国人或无国籍人,愿意遵守中国宪法和法律,并具有下列条件之一的,可以经申请批准加入中国国籍:一是中国人的近亲属;二是定居在中国的;三是有其他正当理由的。

申请加入中国国籍获得批准的,即取得中国国籍;被批准加入中国国籍的,不得再保留外国国籍。

2. 中华人民共和国国籍的丧失

① 定居外国的中国公民,自愿加入或取得外国国籍的,即自动丧失中国国籍。

② 中国公民具有下列条件之一的,可以经申请批准退出中国国籍:一是外国人的近亲属;二是定居在外国的;三是有其他正当理由的。

申请退出中国国籍获得批准的,即丧失中国国籍。

3. 中华人民共和国国籍的恢复

曾有过中国国籍的外国人,具有正当理由,可以申请恢复中国国籍;被批准恢复中国国籍的,不得再保留外国国籍。

中国国籍的加入、退出和恢复,必须办理申请手续。未满十八周岁的人,可由其父母或其他法定代理人代为办理申请。受理国籍申请的机关,在国内为当地市、县公安局,在

国外为中国外交代表机关和领事机关。加入、退出和恢复中国国籍的申请，由中华人民共和国公安部审批。经批准的，由公安部发给证书。《国籍法》公布前，已经取得中国国籍的或已经丧失中国国籍的，继续有效。

（三）中华人民共和国公民的法律地位

《中华人民共和国宪法》规定："凡具有中华人民共和国国籍的人都是中华人民共和国公民。"我国的每一个人，除必须"具有中华人民共和国国籍"外，没有任何限制条件，即不管男女老幼，不论社会地位如何，不论种族、民族、财产状况、居住年限、教育程度、宗教信仰如何，不论是否享有政治权利，都是中国公民。

公民是国家的成员。作为公民，个人与国家之间有特定的法律关系，是受国家宪法和法律管辖和保护的个人。作为公民，享有国家宪法和法律所规定的公民权利和履行公民义务。每个中国公民，都享有中国宪法和法律所规定的公民权利，同时必须履行宪法和法律所规定的义务。作为公民，在法律上享有平等的权利。也就是说，公民的法律地位是平等的。无论是国家领导人，还是普通群众，在法律面前一律平等。

公民是法律关系中的重要权利义务主体，虽然法律规定他们的法律地位是平等的，但在现实中存在着差异是不可否认的，如特别行政区与普通行政区公民、城市和农村公民、少数民族和汉族公民、经济特区（深圳）和非经济特区公民在宪法和法律上享有的权利和履行的义务都存在差异性。因此，要从观念上排除平等的认识误区，从宪法和法律上完善平等的规范，为法律适用上的执法和司法提供法律保障，逐步缩小、消除这种差异性。

二、公民的宪法权利

公民宪法权利是指在宪法中确定的公民基本权利。它是宪法规定的公民最主要的、必不可少的和最低限度的权利，在公民权利体系中处于核心和基础地位。宪法是国家的根本法，不可能也没有必要把公民的一切权利都规定下来，所以宪法规定的权利通称为公民基本权利。我国公民基本权利包括政治、经济、文化、社会和家庭生活等各个方面，大致可作如下分类。

（一）公民的平等权

平等权是指公民平等地享有权利，平等地履行义务，不允许任何人享有法律特权。它是公民参与社会生活的前提条件。平等权的价值观念必然推出权利和义务一致性的结论,对整个公民的权利和义务体系都具有指导意义,可见平等权在公民基本权利中占有重要地位。

平等权既是一项原则,也是一项权利。作为一项原则,平等权的价值观念贯彻于任何一项权利当中。而作为一项权利,平等权被视为与生命权、自由权、追求幸福权等具有相同性质的人的与生俱来的基本权利。平等权的存在形式有其独自的特点,其权利内容需要与其他权利相结合才能体现,如公民在政治上的平等权、经济上的平等权、文化上的平等权,等等。

平等权的内容非常广泛,一般可概括为以下几个方面:

1. 公民在法律面前一律平等

我国《宪法》第 33 条第 2 款规定:"中华人民共和国公民在法律面前一律平等。"第 3 款规定:"任何公民享有宪法和法律规定的权利,同时必须履行宪法和法律规定的义务。"这是平等权的最基本内容,也是平等权的首要内容。它意味着不允许因公民的民族、种族、性别、职业、家庭出身、宗教信仰、教育程度、财产状况、居住期限等不同而进行差别对待,其中涉及的民族平等和男女平等在我国尤其具有重要意义。

2. 适用法平等和守法平等

适用法平等是指执行机关和司法机关在执行法律和运用法律时对所有公民都一律平等,即对任何公民的合法权益都平等地予以保护,同时对违法行为一律予以追究,不使任何有犯罪行为的人逍遥法外。守法平等是指公民一律平等地遵守宪法和法律,不允许任何人享有特权而蔑视法律,也不允许任何公民因受到歧视而承担法外义务,受到法外惩罚。适用法平等和守法平等是互相联系、相辅相成的,是公民平等权的具体体现。

我国现行宪法在平等权的表述上将 1954 年宪法规定的"中华人民共和国公民在法律上一律平等"改为"中华人民共和国公民在法律面前一律平等",准确地表达了平等权的适用范围,即包括司法平等和守法平等而不包括立法平等。从字面上看,公民在法律面前一律平等是指法律被制定出来放在那里之后,所有公民站在法律的面前彼此是平等的,其中没有涵盖法律制定之前即立法过程中的平等。立法上的不平等并不是对平等权的否定,因为平等不能绝对化,平等不意味着平均,这与民法的权利能力和行为能力有类似之处。民法上公民的权利能力是平等的,在同等条件下有获得同等权利的资格,但是有这个权利资格不意味着一定就会获得这个权利的行为能力,也就是说每个公民的行为能力是不可能完全一样的。平等权要求禁止的是不合理差别,而合理的差别仍具公平性和合法性,往往体现了对更高层次的平等的追求。比如,我国选举法规定的农村每一代表所代表的人口数四倍于城市每一代表所代表的人口数,从表面上无疑是一种不平等,但这种不平等是立法上的不平等,具有合理的基础。其他如人大代表的言论免责权、人身特别保护权、对公务员及军人的行为限制、妇女及少数民族权益的特殊保护等,均属于这种情况。

（二）政治权利

政治权利是指公民依照宪法和法律规定参与国家政治生活的权利。它包括两部分的内容：

一是参与国家管理的权利，即公民的选举权和被选举权。

二是政治自由，即发表政治看法，表达意愿的权利。公民能否享有政治权利以及这些权利在现实中的实现程度，是衡量一个国家民主宪政发达程度的重要标志，因此，政治权利在公民基本权利体系中占有突出地位。

1. 选举权和被选举权

我国《宪法》第 34 条规定："中华人民共和国年满十八周岁的公民，不分民族、种族、性别、职业、家庭出身、宗教信仰、教育程度、财产状况、居住期限，都有选举权和被选举权；但是依照法律被剥夺政治权利的人除外。"

选举权和被选举权是指公民依法享有选举或者被选举为代表机关代表的权利，具体包括三个方面内容：

① 公民依法有权进行投票参与选举国家代表机关代表；

② 公民依法享有被选举为国家代表机关代表的权利；

③ 公民依法享有监督和罢免其参与选出的代表机关代表。

我国《宪法》规定国家的一切权力属于人民，但这并不意味着每一个人都直接去行使国家权力。《宪法》明确规定人民行使国家权力的机关是全国人民代表大会和地方各级人民代表大会，因此，人民需要通过参加选举的方式，选举或者被选举为代表组成国家权力机关，具体行使国家权力。由此可见，公民的选举权和被选举权是最重要的政治权利，也是公民参与国家管理的基本形式。正因为如此，往往对敌对分子和严重的犯罪分子依法剥夺其包括选举权和被选举权在内的政治权利。

2. 政治自由

我国《宪法》第 35 条规定："中华人民共和国公民有言论、出版、集会、结社、游行、示威的自由。"

自由本身就是一种权利，自由的本意就是做法律所许可的一切事情的权利。《宪法》所规定的公民六项政治自由是公民参加国家政治生活、表达自己意愿的一项经常性的政治权利，是国家民主政治的基础。

（1）言论自由

法国的《人权宣言》规定："自由传达思想和意见是人类最宝贵的权利之一，因此每个公民都有言论、著作和出版自由。"此后，言论自由普遍规定于各国宪法之中。言论自由的内容是广泛的,涉及政治、经济、社会、文化等各个方面;形式是多样的,包括口头或者书面,也包括言论的延伸形式,如新闻、广播、电影、电视以及网络等大众传媒,广义上还包括出版和著作。语言是人类相互交流、传播信息的最基本形式,因此,言论自由也是公民政治自由中的首要内容,是公民其他的政治自由赖以存在的基础。我国《宪法》规定的言论自由是指公民依照宪法和法律规定,对于国家和社会生活中的各种问题,以口头或者以正式出版物以外的其他方式表达其思想或者见解的自由。言论自由和其他权利一样也必须在法律规定的范围内行使,不得用言论颠覆政府、危害国家安全,不得用言论诬告、陷害其他公民,不得用言论侮辱、诽谤、诋毁其他公民的人格尊严。

(2) 出版自由

出版自由是指公民依照宪法和法律规定,以出版物形式表达其思想和见解的自由。1997 年,国务院《出版管理条例》第 23 条明确规定:"公民可以依照本条例规定,在出版物上自由表达自己对国家事务、经济和文化事业、社会事务的见解和意愿,自由发表自己从事科学研究、文学艺术创作和其他文化活动的成果。"出版自由在广义上属于言论自由的内容,但由于报纸、期刊、图书、音像制品、电子出版物等以其发行量大、流传范围广、影响深远而在社会生活中所占的地位日益重要,因此才单列出来作为一项独立的权利。近年来,我国的出版自由已经逐步走上法制轨道,1990 年,全国人民代表大会常务委员会制定了《中华人民共和国著作权法》;1997 年,国务院制定了《出版管理条例》。随着出版和新闻法制的发展,我国公民的出版自由将会得到愈来愈多的法律保障。出版自由与言论自由一样也要在法律规定的范围内行使,因此,出版自由与出版管理是密不可分的,合理的出版管理是对出版自由的重要保障。《出版管理条例》第 5 条规定:"公民在行使出版自由的权利的时候,必须遵守宪法和法律,不得反对宪法确定的基本原则,不得损害国家的、社会的、集体的利益和其他公民的合法的自由和权利。"

(3) 结社自由

结社自由是指公民依照宪法和法律规定为一定宗旨而组成某种社会组织的自由。结社的种类广义上包括营利性结社和非营利性结社,前者如公司等由企业法、公司法等调整;后者则可分为政治性结社和非政治性结社。政治性结社如政党、社会政治团体等;非政治性结社如宗教团体、文学艺术团体、学术团体等。我国《宪法》所规定的结社是指不以营利为目的的结社,主要指成立社会团体。根据 1998 年国务院颁布的《社会团体登记管理条例》的规定,社会团体是指中国公民自愿组成,为实现会员共同意愿,按照其章程开展的非营利性的社会组织。目前,我国全国性社会团体已有 1 800 多个,地方性社会团体已有 20 多万个,其中,学术团体、行业协会、专业团体占 90% 以上。成立社会团体必须符合我国法律规定,不得反对宪法的基本原则;不得损害国家的统一和民族的团结;不得违背社会道德风尚;不得损害国家、社会公共利益和其他公民的合法权利和自由;不得从事以营利为目的的经营活动。加强结社立法,是保障和规范公民结社自由权利行使的根本手段。

（4）集会、游行、示威自由

集会自由、游行自由、示威自由都是公民表达自己见解和意愿的自由，具有相当大的共性，只是表达方式和程度稍有不同。集会偏于静态，游行则偏于动态，而示威的程度更强烈一些，在法律上相互的界限并不明显，因此，三者是由一部统一的法律具体进行规定的。根据 1989 年制定的《中华人民共和国集会游行示威法》（以下简称为《集会游行示威法》）的规定，集会是指公民聚集于露天公共场所，发表意见，表达意愿的活动；游行是指公民在公共道路、露天公共场所列队行进，表达共同意愿的活动；示威是指公民在公共场所或者公共道路上以集会、游行、静坐等方式，表达要求、抗议或者支持、声援等共同意愿的活动。集会、游行、示威自由是公民基本权利中较为特殊的内容，即使与言论、出版、结社自由相比，也属于公民合法表达自己意愿的方式中最激烈的方式。但集会、游行、示威自由毕竟是宪法明文规定的公民的政治权利，是公民基本权利体系中不可缺少的组成部分，是现代民主政治的基本要求，其存在的合理性是经过历史验证的。现代社会中由于利益的多元化，政府的一种行为要想满足所有公民的要求是不现实的，政府的行政行为与一部分公民的利益发生冲突也是不奇怪的。因此，一个社会必须建立和完善不同利益的平衡机制。而公民集会、游行、示威自由权利的行使就是这种平衡机制中公民维护自身利益的合法行为的底线，它是公民行使当家做主权利的必然要求，同时，对整个国家、社会和政府也是有积极的政治作用的。从根本上讲，集会、游行、示威自由的行使具有维护政治稳定的积极意义。《集会游行示威法》明确地规定了对公民合法的集会、游行、示威权利的保障。规定了主管机关对合法的集会、游行、示威的申请应当予以许可；规定了集会、游行、示威的负责人对主管机关不许可的决定不服时，可以向同级人民政府申请复议；规定了主管机关和人民警察要负责维持秩序，保障集会、游行、示威的顺利进行；还规定了任何人不得以暴力、胁迫或者其他非法手段干扰、冲击和破坏合法的集会、游行、示威，对违反这一规定的，要追究法律责任。《集会游行示威法》在保障公民民主权利的同时，为了维护社会安定和公共秩序，也对这些权利的行使规定了一些限制。违法举行集会、游行、示威的，应当承担相应的法律责任。

3. 监督权

监督权是一项类似政治权利的公民权利，我国《宪法》第 41 条第 1 款规定："中华人民共和国公民对于任何国家机关和国家工作人员，有提出批评和建议的权利；对于任何国家机关和国家工作人员的违法失职行为，有向有关国家机关申诉、控告或者检举的权利，但是不得捏造或者歪曲事实进行诬告陷害。"第 3 款规定："由于国家机关和国家工作人员侵犯公民权利而受到损失的人，有依照法律规定取得赔偿的权利。"这就是我国宪法赋予公民的对国家机关和国家工作人员的监督权，是"国家一切权力属于人民"的原则的具体表现。

监督权是一项综合权利,包括以下内容:

第一,建议权,即公民对国家机关和国家工作人员的日常工作表明自己的看法的权利,如合理化建议等。

第二,批评权,即公民对国家机关和国家工作人员在工作中的缺点和错误,有提出批评意见的权利。

第三,申诉权,即公民对国家机关和国家工作人员履行职务过程中实施的侵害自己合法权益的行为,有向有关国家机关提出申诉的权利。申诉权的行使主要针对行政行为和司法行为进行,有严格的法律程序。

第四,控告权,即公民对国家机关和国家工作人员做出的侵害自己合法权益的违法失职行为,有向有关国家机关进行控告的权利。控告权的行使一般不要求严格的法律程序。

第五,检举权,即公民对国家机关和国家工作人员的违法失职行为,虽未直接侵害自己的合法权益,但基于正义感和维护公共利益的目的,有向有关国家机关进行举报和揭发的权利。

第六,取得赔偿权,即公民因遭受国家机关和国家工作人员的违法失职行为的侵犯致使合法权益受到损害时,有依法取得赔偿的权利,具体包括行政赔偿和刑事赔偿两个方面。

监督权的行使需要公民面对行使国家权力的国家机关和国家工作人员,因此,对公民行使监督权的保障是必不可少的。《宪法》第41条第2款规定:"对于公民的申诉、控告或者检举,有关国家机关必须查清事实,负责处理。任何人不得压制和打击报复。"《刑法》第254条规定:"国家机关工作人员滥用职权、假公济私,对控告人、申诉人、批评人、举报人实行报复陷害的,处二年以上有期徒刑或者拘役;情节严重的,处二年以上七年以下有期徒刑。"同时,公民行使监督权也不能逾越法律规定的界限,《宪法》明确规定公民不得捏造或者歪曲事实进行诬告陷害。

（三）宗教信仰自由

我国《宪法》第36条第1款和第2款规定:"中华人民共和国公民有宗教信仰自由。任何国家机关、社会团体和个人不得强制公民信仰宗教或者不信仰宗教,不得歧视信仰宗教的公民和不信仰宗教的公民。"从中可以看出,宗教信仰自由是指公民依据自身的精神信念,自愿地决定是否信仰宗教的自由。具体包括公民既有信仰宗教的自由,也有不信仰宗教的自由;公民有信仰这种宗教的自由,也有信仰那种宗教的自由;在同一宗教里面,公民有信仰这个宗教的自由,也有信仰那个宗教的自由;公民有过去信教而现在不信教的自由,也有过去不信教而现在信教的自由;公民有按宗教信仰参加宗教仪式的自由,也有不参加宗教仪式的自由。

以上表明，宗教信仰自由的含义是非常广泛的，在行为上包括作为的自由即信教，也包括不作为的自由即不信教。宗教信仰自由权利的行使还必然延伸至传教、举行宗教活动和宗教仪式等内容。

我国《宪法》第 36 条第 3 款和第 4 款规定："国家保护正常的宗教活动。任何人不得利用宗教进行破坏社会秩序、损害公民健康、妨碍国家教育制度的活动。宗教团体和宗教事务不受外国势力的支配。"宗教信仰作为个人的自由不允许干预行政、司法、教育等国家事务和社会事务。我国宗教团体和宗教界人士可以同世界各国的宗教团体和宗教界人士友好往来，开展文化交流，但应当坚持自传、自治、自养的方针，防止国际宗教势力控制、干预我国宗教事务。此外，我国还坚决打击邪教组织犯罪活动，1999 年 10 月 30 日，全国人民代表大会常务委员会通过了《关于取缔邪教组织、防范和惩治邪教活动的决定》，对组织和利用邪教组织破坏国家法律的实施、聚众闹事、扰乱社会秩序，以迷信学说蒙骗他人、致人死亡或者奸淫妇女、诈骗财物等犯罪活动，依法予以严惩。

（四）人身自由

人身自由是指公民的人身不受非法侵害的自由。广义的人身自由还包括与人身自由相关联的其他人身权利。我国《宪法》第 37 条第 1 款规定："中华人民共和国公民的人身自由不受侵犯。"人身自由以人的身体所享有的权利为核心，是公民基本权利体系的基础，是公民行使政治权利、经济权利等其他权利的前提。如果人身权利得不到保障，其他权利都会失去意义，因此，人身自由在宪法中具有独特的地位。根据我国《宪法》规定，人身自由包括以下内容：

1. 人身自由不受侵犯

人身自由不受侵犯是指公民享有人身（包括肉体或精神）不受任何非法搜查、拘禁、剥夺、限制的权利。《宪法》第 37 条第 2 款和第 3 款规定："任何公民、非经人民检察院批准或者决定或者人民法院决定，并由公安机关执行，不受逮捕。禁止非法拘禁和以其他方法非法剥夺或者限制公民的人身自由，禁止非法搜查公民的身体。"如果公民实施了违法犯罪行为，需要剥夺或限制其人身自由，必须严格依照法定程序。我国《宪法》和《刑事诉讼法》等对于拘留和逮捕程序、调查取证程序、审判程序都作了明确规定，特别强调了严禁刑讯逼供的原则。《刑法》第 247 条规定："司法工作人员对犯罪嫌疑人、被告人实行刑讯逼供或者使用暴力逼取证人证言的，处三年以下有期徒刑或者拘役。致人伤残、死亡的，依照本法第 234 条（故意伤害罪）、第 232 条（故意杀人罪）的规定定罪从重处罚。"

2. 人格尊严不受侵犯

人格尊严不受侵犯又称人格权，《宪法》第 38 条规定："中华人民共和国公民的人格尊严不受侵犯。禁止用任何方法对公民进行侮辱、诽谤和诬告陷害。"这里的人格是指公民做人所必须具有的自主资格,从法律上讲,人格就是公民独立作为权利和义务主体的资格。现行宪法第一次规定了保护公民人格尊严的内容,是对人身自由的进一步扩展,适应了时代的要求。

自从宪法明确规定公民的人格尊严权利以来,其权利范围愈来愈广泛,主要包括以下内容:

① 公民的姓名权。公民可以随父姓,也可以随母姓,并且依法有决定、变更和使用自己姓名的权利,他人不得干涉;公民的姓名未经本人同意,他人不得滥用、假冒或用于商业目的;公民的姓名不受侮辱,如不得利用姓名的谐音、谐意起一些恶意外号等。

② 公民的肖像权。肖像是通过摄影、摄像等方式对人的形象的客观真实反映。公民的肖像权包括两层含义:

其一,未经本人同意,不得以营利为目的使用公民的肖像;

其二,公民的肖像不受污辱,如不得在他人照片上打"×"等。

③ 公民的名誉权。名誉权即公民享有自己的声誉不受诽谤的权利。古语有"宁为玉碎,不为瓦全"之说,可见名誉、名节对于一个人来讲往往具有比财产内容更重要的地位。现实中屡屡发生的超市搜身现象即属于侵犯公民名誉权的情形。

④ 公民的荣誉权。荣誉是公民因对社会的突出贡献而获得的精神上的奖励,如荣誉称号、奖项、奖章等。法人虽也有荣誉权,但不属于《宪法》规定的公民基本权利的范畴。人格尊严权利当中包含的荣誉权是指公民的终身荣誉不受侵犯、剥夺的权利,如某人设计时装获得大奖,其所在工厂以时装所用布料为本厂生产为由,将大奖据为单位所有,即侵犯了此人的荣誉权。

此外,公民的人格尊严不受侵犯还包括生命权、健康权、隐私权等内容。随着我国法治水平的提高和公民法律意识的不断增强,公民的人格尊严权利的范围将不断扩展。

3. 住宅不受侵犯

住宅不受侵犯又称住宅权,《宪法》第39条规定:"中华人民共和国公民的住宅不受侵犯。禁止非法搜查或者非法侵入公民的住宅。"居住安全与人身密切相关,是公民正常生活的基本保证。

公民的住宅不受侵犯是指任何机关、团体或者个人,非经法律许可,不得侵入、搜查或者查封公民的住宅。当公安、检察机关需要对公民住宅进行搜查时,必须依照法律程序进行,向被搜查人出示搜查证,应有被搜查人或其亲属、邻居或其他人在场,搜查笔录应由在场人签字。侵犯公民的住宅权将承担相应法律责任,如《刑法》第245条规定:"非法搜查他人身体、住宅,或者非法侵入他人住宅的,处三年以下有期徒刑或者拘役。"

4. 通信自由和通信秘密受法律保护

通信自由和通信秘密受法律保护又称通信权,《宪法》第40条规定:"中华人民共和国公民的通信自由和通信秘密受法律保护。除因国家安全或者追查刑事犯罪的需要，由公安机关或者检察机关依照法律规定的程序对通信进行检查外，任何组织或者个人不得以任何理由侵犯公民的通信自由和通信秘密。"

公民的通信自由和通信秘密是指公民的通信（包括书信、电报、电话、传真、电子邮件等）他人不得隐匿、毁弃和私阅、窃听。隐匿、毁弃信件不仅侵犯了公民的通信自由，而且侵犯了公民的通信秘密。通信是公民参与社会生活、进行日常交往不可缺少的基本活动，对公民通信权的保护是保护人身自由的必然延伸。为此，《刑法》第252条规定："隐匿、毁弃或者非法开拆他人信件，侵犯公民通信自由权利，情节严重的，处一年以下有期徒刑或者拘役。"如某中学校长规定"凡本校学生来信必须先交老师审查后方可交还本人"，就是侵犯了公民的通信自由和通信秘密。

为了国家安全和公共利益的需要，对于公民的通信自由和通信秘密可依法进行限制，但必须基于合理的理由和正当的法律程序。

（五）社会经济权利

社会经济权利是指公民依照《宪法》的规定享有的物质利益和社会保障方面的权利。社会经济权利是公民享有其他基本权利的物质基础，而一个国家的经济发展状况又决定了社会经济权利的内容。从我国社会主义初级阶段的国情出发，我国《宪法》规定的公民社会经济权利包括如下内容：

1. 公民有劳动的权利

我国《宪法》第42条第1款规定："中华人民共和国公民有劳动的权利和义务。"劳动作为一项权利，是指有劳动能力的公民有获得工作并按照劳动的数量和质量取得报酬的权利。从中可以看出，劳动权的内容包括劳动者的就业权利和取得报酬的权利两个方面。

劳动权作为一项社会经济权利，在受制于国家的经济发展水平这一点上，表现得尤为明显，国家不能保证每一个公民都获得工作，但应当努力为公民的就业提供愈来愈多的机会。因此，《宪法》第42条第2款规定："国家通过各种途径，创造劳动就业条件，加强劳动保护，改善劳动条件，并在发展生产的基础上，提高劳动报酬和福利待遇。"

2. 劳动者的休息权

我国《宪法》第43条规定："中华人民共和国劳动者有休息的权利。国家发展劳动者休息和休养的设施，规定职工的工作时间和休假制度。"这表明，休息权是指劳动者的休息和休养的权利。劳动者的休息权与劳动权是互相联系、密不可分的，有劳就有逸。因此，有劳动权必然就有休息权，休息权是劳动权存在和延续的基础。休息权的享有不仅能够使劳动者恢复体力，而且还为公民提高劳动机能创造条件，从而为公民劳动权的行使提供更多的机会。

目前,我国劳动者的休息权主要表现在每日工作 8 小时、每周工作 5 天以外的业余时间,以及其他有关公休假日、年休假日和法定节日休假的规定等。

3. 退休人员的生活保障权

我国《宪法》第 44 条规定:"国家依照法律规定实行企业事业组织的职工和国家机关工作人员的退休制度。退休人员的生活受到国家和社会的保障。"退休(包括离休)制度是指依据国家有关政策、法规规定,国有和集体企业事业组织的职工和国家机关工作人员达到一定年龄或工龄时离开劳动和工作岗位进行休养,同时仍然领取一定的退休金或离休金并继续享受有关福利待遇的制度。退休制度是人的生理发展的必然要求,也是劳动者休息权的必然延伸。

为防止因企业亏损、破产等原因而导致退休人员的生活得不到保障,依照《中华人民共和国劳动法》的规定,我国正在全国推行养老、疾病、失业等社会保险制度,从而为退休人员生活保障权的行使,提供了更加切实和稳定的保障。

4. 物质帮助权

我国《宪法》第 45 条第 1 款规定:"中华人民共和国公民在年老、疾病或者丧失劳动能力情况下,有从国家和社会获得物质帮助的权利。国家发展为公民享受这些权利所需要的社会保险、社会救济和医疗卫生事业。"物质帮助权是指公民在不能自养时,有获得国家和社会救济的权利,目的在于保障公民的最低生活标准,以防止陷入贫困,缩小贫富差距,从而实现公民的生存权和发展权等基本人权。

物质帮助权在我国的具体表现包括:

第一,老年人的物质帮助权。国家通过推行社会保险、设立敬老院和实行"五保户"等制度进行保障。

第二,患病公民的物质帮助权。国家通过推行医疗保险和发展医疗卫生事业进行保障。

第三,丧失劳动能力公民的物质帮助权,主要是指残疾人特别是残疾军人和烈士家属的物质保障权。国家通过安排盲、聋、哑和其他有残疾公民的劳动、生活和教育,特别是通过保障残疾人生活、抚恤烈士家属、优待军人家属等措施予以切实保障。

(六) 文化教育的权利

文化教育权利是指公民在接受教育和从事文化活动过程中所享有的权利。对于国家而言,其整体的文化教育状况表明了一个国家的文明和发达程度,是国家发展经济、提高综合国力的基础;对于公民而言,其个体文化教育状况表明了一个公民自身在品德、智力、技能、体质等多方面的综合素质和修养，是公民立足于社会、实现自我价值的基础。因此，宪法赋予并保障公民享有充分的文化教育权利，具有重要的意义。文化教育权利是一个综合权利体系，具体包括以下内容：

1. 公民有受教育的权利

我国《宪法》第46条规定："中华人民共和国公民有受教育的权利和义务。国家培养青年、少年、儿童在品德、智力、体质等方面全面发展。"受教育权是指公民在达到适宜的年龄时，有从国家和社会提供的学校和其他机构中学习文化科学知识的权利。公民享有受教育权是公民享有其他文化教育权利的前提和基础。

从公民角度而言，在受教育过程中，学习文化科学知识，掌握劳动技能是公民健康成长和全面发展的保证。国家有义务为公民提供基本的受教育条件，特别是应当实现全民的义务教育，因而，受教育是公民的一项权利。公民受教育的形式包括学前教育、初等教育、初级中等教育、职业教育、高等教育、劳动就业训练教育和在社会力量办学机构中接受教育。根据《中华人民共和国义务教育法》的规定，我国将初等教育和初级中等教育列为九年制的全民义务教育。

2. 文化权利

我国《宪法》第47条规定："中华人民共和国公民有进行科学研究、文学艺术创作和其他文化活动的自由。国家对于从事教育、科学、技术、文学、艺术和其他文化事业公民的有益于人民的创造性工作，给以鼓励和帮助。"公民的文化权利具体包括以下几项：

第一，科学研究的自由。我国公民在从事自然科学、社会科学和思维科学的研究时，有选择课题、研究问题、交流看法、发表见解的自由。科学技术是第一生产力，是国家发展的关键因素。因此，保护公民的科学研究自由具有重要的意义。但同时应当明确科学研究自由是在有益于人类进步事业的前提与范围内的自由，某些领域的科学研究如人体实验、生物武器、毒品制造等是受到严格控制或禁止的。

第二，文艺创作自由。公民的文艺创作自由是指公民有创作各种形式的文学艺术作品并发表成果的自由，包括自由选择创作内容、创作形式和创作风格。文艺创作是人类精神文明和成就的集中表现，保护公民的文艺创作自由意义重大。

第三，其他文化活动的自由。除上述科学研究和文艺创作自由以外，公民还有从事体育活动和娱乐活动等其他文化活动的自由，国家应当为此提供必要的设施和物质保障。

（七）特定主体的权利

我国《宪法》除了对所有公民都普遍享有的权利和自由作出明确规定外，还根据实际情况对某些特定主体的权利和自由予以专门的保护，主要包括下述几项权利。

1. 国家保护妇女的权利和利益

我国《宪法》第 48 条规定："中华人民共和国妇女在政治的、经济的、文化的、社会的和家庭的生活等各方面享有同男子平等的权利。国家保护妇女的权利和利益，实行男女同工同酬，培养和选拔妇女干部。"妇女占人类人口的半数，男女平等是我国宪法的一项基本原则。由于历史和现实中的种种原因，妇女经常处于受歧视的境地，因此，我国宪法特别规定了对妇女权利的保护。妇女作为我国的公民，享有宪法规定的公民在政治、经济和文化等各方面的全部权利和自由，同时还特别强调：在政治权利上，妇女有权参与国家事务，国家应当重视培养和选拔妇女干部；在人身权利上，妇女具有独立的人格权，其生命权、健康权、生育权受到保护，禁止虐待女婴，禁止对妇女进行性侵犯；在受教育权上，要特别注意根据女性学习特点，在教育、管理、设施上采取特别措施，保障女性学生健康成长；在劳动权利上，妇女与男子具有同等的就业权和同工同酬权，并且还特别享有特殊劳动保护权和生育权，对处于结婚、怀孕、生育和哺乳期间的妇女不得进行歧视；在家庭生活方面，保护妇女的婚姻自主权、家庭财产权和子女监护权。1992 年颁布的《中华人民共和国妇女权益保障法》对妇女权益作了具体的规定。

2. 婚姻家庭方面的权利

我国《宪法》第 49 条第 1 款规定："婚姻、家庭、母亲和儿童受国家的保护。"第 4 款规定："禁止破坏婚姻自由，禁止虐待老人、妇女和儿童。"婚姻是男女双方基于自愿结合并经依法登记而形成的夫妻关系，是家庭产生的基本条件。家庭是基于婚姻、血缘和收养关系而形成的共同生活的群体，是构成社会的基本单位。婚姻必定对家庭产生影响，而家庭又必定对社会发生作用。宪法保护公民在婚姻、家庭方面的权利，是对合法的婚姻、家庭关系的确认，也是对国家和社会秩序的保护。

宪法规定禁止虐待老人、妇女和儿童，是因为这些权利主体在家庭和社会生活中往往处于弱者地位，其权益极易受到侵犯，所以必须予以特别保护。为了贯彻这一宪法原则，我国分别制定了《中华人民共和国老年人权益保障法》、《中华人民共和国妇女权益保障法》和《中华人民共和国未成年人保护法》，为实现老年人、妇女和儿童的宪法权利作出了进一步保障。

3. 保护华侨、归侨和侨眷的权利和利益

我国《宪法》第 50 条规定："中华人民共和国保护华侨的正当的权利和利益，保护归侨和侨眷的合法的权利和利益。"

华侨是指定居在外国的具有中国国籍的人；归侨是指回国定居的华侨；侨眷是指华侨和归侨在国内的亲属。

华侨作为我国公民，享有宪法规定的各项基本权利和自由，但由于华侨长期居住在国外，情况特殊，因此，宪法又予以华侨特别的保护。国家一方面要求华侨遵守所在国的法

律,与所在国人民和睦相处,促进所在国的经济、文化等各方面事业的发展,推动所在国与中国的友好往来;另一方面,又根据国际公约、双边协定和国际惯例维护华侨的正当权益,反对强迫华侨改变国籍或实行种族歧视。

归侨由于曾经长期生活在国外,生活习惯等各方面具有特殊性。侨眷与家人两国分居,各方面也有自己的特点。历史上受极"左"思想的影响,归侨、侨眷曾多次在政治上受到冲击。总结经验教训,我国宪法明确规定保护归侨、侨眷的合法权益,并于 1990 年通过了《中华人民共和国归侨侨眷权益保护法》,明确规定在国家权力机关中应当有适当名额的归侨代表、私有房屋的所有权受法律保护、通信自由受法律保护、有权出国定居等,使归侨、侨眷的宪法权利得以具体落实。

4. 外国人的合法权益

这里的外国人,是指不具有中国国籍,但在中国境内居住或停留的人。外国人因其并非我国公民,因此其合法权利和利益不是在宪法第二章规定的,而是在宪法总纲中规定的。

我国《宪法》第 32 条规定:"中华人民共和国保护中国境内的外国人的合法权利和利益。在中国境内的外国人必须遵守中华人民共和国的法律。中华人民共和国对于因为政治原因要求避难的外国人,可以给予受庇护的权利。"根据上述规定,外国人的合法权益包括两方面内容。

第一,国家保护在境内外国人的合法权利和利益。随着我国经济不断发展,对外开放不断扩大,国际交往日益增加,来华经商、旅游、工作、学习的外国人逐年递增,涉外法律关系的发生越来越普遍。根据国际法的属地管辖原则,必须明确外国人在我国的法律地位,因此,我国《宪法》明确宣布保护在中国境内外国人的合法权利和利益,同时确认其负有遵守我国法律的义务。为了具体实施宪法的规定,我国的许多法律都专门对涉外法律关系作了细化的规定。这对促进我国的改革开放和现代化建设事业,并为我国公民争取到对等的国民待遇具有重要意义。

第二,外国人受庇护权。外国人的受庇护权又称政治避难权,在国际法上,它是指一国公民因为政治原因请求另一国准予进入该国居留,或已进入该国居留,经该国政府批准,而享有受庇护的权利。其法律后果是享有受庇护权的外国人,在所在国的保护下不受驱逐或引渡。

外国人的受庇护权最早规定于法国宪法,后为世界大多数国家所效仿,其目的是为了保护那些因为持不同政见而受本国政府迫害的外国人。享有这项权利的关键是必须出于政治原因,一般刑事罪犯不受保护。

5. 刑事被告人有获得辩护的权利

刑事被告人是指被指控实施了犯罪行为并正式被检察机关或者自诉人向人民法院提

出控诉,要求追究刑事责任的人。公民被指控实施了犯罪行为,作为刑事被告人接受人民法院的审理,其已经处于不利地位,合法权益可能受到损害。为了维护刑事被告人正当和合法的权益,以及正确及时地查明案件的事实,《宪法》第125条规定:"被告人有权获得辩护。"从宪法的基本精神出发,有权获得辩护的主体,除被告人外,还应包括犯罪嫌疑人。

刑事被告人有权获得辩护是指被告人在刑事诉讼中,有权获得辩护,人民法院有义务保证被告人获得辩护。它包括两个方面:①被告人在刑事诉讼中享有辩护权。辩护权是指被告人针对控告进行申辩,通过提出相应的事实和证明材料等手段,说明自己无罪、罪轻或者有应当从轻、减轻、免除等处罚的情节,以维护自己合法权益的权利。②司法机关有义务保证被告人获得辩护。犯罪嫌疑人在被侦查机关第一次讯问后或者采取强制措施后,可以聘请律师为其提供法律帮助;自案件侦查终结审查起诉之日起,律师可以作为辩护人参加诉讼。公诉案件犯罪嫌疑人在移送审查起诉时,可以委托律师及其他辩护人辩护,律师及其他辩护人开始了解案情,收集与本案有关的材料,履行辩护职责。辩护律师在审查起诉阶段,可以查阅、摘抄、复制本案的诉讼文书、技术性鉴定材料;辩护人在审查起诉阶段、审判阶段可以同在押的犯罪嫌疑人会见和通信;辩护律师经证人或者其他有关单位和个人同意,可以向他们调取证据,或者申请人民法院通知证人出庭做证。在取得被害人或者其近亲属提供的证人同意,并经人民检察院、人民法院许可,也可以向他们收集与本案有关的材料。在审判阶段,被告人没有委托辩护人的,人民法院依法可以或者应当指定承担法律援助义务的律师为其提供辩护。

刑事被告人行使辩护权的方式包括被告人自行辩护、被告人委托辩护及人民法院指定辩护。

三、国家对公民权利的尊重与保障

(一)人权与公民权利

人权是指作为自然的和社会的人所固有的权利,包括生存权、发展权及公民在人身、政治、经济、社会、文化等各方面享有的权利。人权不是抽象的,正如在现实中人往往表现为一个国家的公民一样,人权在法律上往往表现为具体的公民权利。

公民权利是指宪法和法律中确定的公民权利。

我国一贯尊重和维护人权,早在民主革命时期就提出"争自由、争人权"的口号,1941年,《陕甘宁边区施政纲领》第6条规定"保证一切抗日人民的人权";1942年又颁布了《陕甘宁边区保障人权财权条例》。新中国成立以来,我国宪法和法律虽然长期没有使用"人权"一词,但是并不意味着我国否定人权。实际上,人权的主要内容已经包括在宪法规定的公民基本权利当中。1993年，国务院发表《中国的人权状况》白皮书，全面阐述了我国人权理论，强调对于发展中国家而言，生存权和发展权才是首要人权；相对于个人人权而言，集体人权具有更重要的意义。人权的核心是使每个人的个性、人格、精神、道德和能力获得最充分的发展。我们应当看到，由于受到社会主义初级阶段经济、文化和其他方面条件的限制，在现实生活中的某些方面，我国的人权状况还有待于进一步加强。

2004年3月14日，第十届全国人民代表大会第二次会议通过了宪法修正案，其中第24条修正案规定，宪法第33条增加一款，作为第3款，即国家尊重和保障人权。这是我国将"人权"一词首次引入宪法，突出了人权概念在价值理念上的普遍性和影响力，提升了公民基本权利概念的实质含义和价值，必将在很大程度上拓宽基本权利体系的范围，丰富我国宪法基本权利规范体系，为宪法关于公民基本权利的规定注入新的意义。当然，此次修宪将"人权"一词写入宪法并不是在公民的基本权利之外另行规定人权，而是将"国家尊重和保障人权"增加在第二章"公民的基本权利和义务"之中，并且作为《宪法》第33条关于公民基本权利的原则性规定之一，强调了人权概念与公民的基本权利概念的一致性，体现了宪法的稳定性与适应性的统一。

（二）国家对公民权利的尊重与保障

1. 国家对公民权利的尊重与保障

国家对公民权利的尊重：一是指国家对公民权利的基本立场和宪政理念的提升，即以公民权利的实现为国家权力运作的价值取向，而不再单纯地追求社会秩序的稳定性；二是指对国家权力要进行合理限制，防止国家权力对公民权利的侵害。

国家对公民权利的保障是指国家要保护公民各项权利免受来自于国家机关、其他团体、公民的侵害与破坏，当这些权利受到侵害和破坏时，国家应予以有效的救济。

2. 国家对公民权利的尊重与保障的措施

（1）加强和完善法律制度建设，规范国家权力的行使

我国宪法和法律规定的公民权利是我国公民的基本人权。建立以宪法为核心的公民权利保障体系，对现行法律、法规、规章进行清理，对不符合国家尊重与保障公民权利精神的内容进行修改或废除，确保公民各方面的具体权利得以实现；加强律师制度和法律援助制度建设，对国家侵犯公民权利的行为予以司法救助，以确保在司法过程中，公民的权利能得到公平、公正的对待。

（2）各级各类国家机关对公民的自由权利要提供积极的法律保护

国家的一切权力属于人民。人民通过宪法把国家权力交给全国人民代表大会和地方各级人民代表大会行使。人民代表大会又把部分国家权力交给政府、法院、检察院等部门行使。国家机关和国家工作人员行使的国家权力是公共权力，受宪法的严格规范和限制。

各级国家机关和国家工作人员不得做宪法和法律禁止做的事,不得拒绝做宪法和法律规定做的事,不得做宪法和法律未授权的事。如对于公民人身自由、宗教信仰自由等,国家不仅不能侵犯,而且还需要在这些权利受到其他社会主体侵犯时为公民提供有效的救济,而不能坐视不管。

(3) 国家机关要按宪法的要求保证公民权利的实现

国家和政府负有保证公民权利实现的责任。各级各类国家机关对公民需要国家干预才能实现的权利,如受教育权、劳动权、物质帮助权等,国家不仅不能侵犯,还要创造条件或提供机会使其实现。

四、公民对国家的义务

我国宪法在确认公民权利的同时也明确规定了公民应尽的义务。由于宪法是国家根本大法,没有必要也不可能将公民的所有义务规定出来,宪法只就公民最主要、最基本的义务作了规定,这些义务就是我国公民应遵守的基本义务。基本义务与基本权利一起构成了我国公民宪法法律关系的核心和要素,决定了我国公民在国家生活中的法律地位。在社会生活中,公民负有许多法律义务,宪法规定的公民基本义务是其他一般法律义务的基础。根据《宪法》第 42、第 46、第 52 条至第 56 条的规定,我国公民的基本义务包括以下内容:

(一)公民有劳动的义务

劳动既是一项权利,又是一项义务。在我国社会主义条件下,公民的个人利益与国家利益在本质上的高度一致,决定了劳动既是公民创造个人利益的谋生手段,也是公民为国家和社会的发展作出的贡献。从国家对公民角度来说,国家有义务保障公民获得工作和报酬,因此,劳动是公民的权利。从公民对国家角度来说,《宪法》第 42 条第 3 款规定:"劳动是一切有劳动能力的公民的光荣职责……国家提倡公民从事义务劳动。"因此,劳动又是公民的一项义务。

(二)公民有受教育的义务

从国家角度而言,公民是否接受教育不仅仅是公民个人的事,还会影响到整个国家和民族的科学文化水平,是关系到国家发展、民族兴亡的大事,国家有权利要求公民接受各级、各类和各种形式的教育,特别是接受全民的义务教育,因而受教育又是公民的一项义务。

（三）公民有维护国家统一与民族团结的义务

我国《宪法》第52条规定："中华人民共和国公民有维护国家统一和全国各民族团结的义务。"国家统一与民族团结是国家繁荣、民族昌盛的重要标志。只有国力强盛，国家才有实力保障公民充分享有各项基本权利和自由，因此，任何公民都负有这项义务。

维护国家统一是指维护国家的主权独立和领土完整。国家主权是国家的基本构成要素之一，是国家对内、对外独立处理事务的最高权力，不受任何人干涉或支配。对领土与国家的侵犯就意味着对国家主权的侵犯。宪法确认公民有维护国家统一的义务，因此，任何公民都应与分裂祖国的行为作斗争，与"台独"势力作斗争，完成祖国统一大业。

民族问题关系到国家的统一与稳定，民族分裂必然导致国家分裂，民族团结是民族和国家繁荣的基本保证。国家通过民族区域自治制度确保少数民族充分享有自主管理本民族地方性事务的权利，为实现我国的民族团结创造了条件。宪法规定公民有维护全国各民族团结的义务，因此，任何人不得以任何形式离间民族关系，破坏民族团结。

（四）公民有遵守宪法和法律等方面的义务

我国《宪法》第53条规定："中华人民共和国公民必须遵守宪法和法律，保守国家秘密，爱护公共财产，遵守劳动纪律，遵守公共秩序，尊重社会公德。"

1. 遵守宪法和法律

我国《宪法》序言规定，宪法"是国家的根本法，具有最高法律效力。全国各族人民、一切国家机关和武装力量、各政党和各社会团体、各企业事业组织，都必须以宪法为根本的活动准则，并且负有维护宪法尊严、保证宪法实施的职责"。其他法律以宪法作为立法的基础和依据，是宪法的具体化。宪法和法律是我国人民根本利益和意志的集中体现，依法治国，建设社会主义法治国家，是我国的基本治国方略。这就要求所有公民必须毫无例外地遵守宪法和法律的义务，是公民基本义务体系的基础和核心。

2. 保守国家秘密

国家秘密是指关系国家安全和利益，依法尚未公布或不准公布，只限一定时间和一定范围知悉的事项。泄露国家秘密必然会给国家和社会造成重大损失，侵害人民的根本利益。因此，宪法规定公民负有保守国家秘密的义务。我国1988年颁布的《中华人民共和国保守国家秘密法》对于公民的这一宪法义务作了更加具体的规定。

3. 爱护公共财产

公共财产是指全民所有制财产和集体所有制财产。《宪法》第 12 条规定："社会主义的公共财产神圣不可侵犯。国家保护社会主义的公共财产。禁止任何组织或者个人用任何手段侵占或者破坏国家的和集体的财产。"公共财产是国家得以不断发展的基础和公民切实享有各项权利、自由的物质保证，与国家利益和人民利益息息相关。因此，每个公民都有义务爱护公共财产，同侵犯公共财产的行为作坚决斗争。

4. 遵守劳动纪律

劳动纪律是指劳动者进行生产和工作时，必须共同遵守的劳动规则、工作制度和操作规程，是保证劳动者人身安全、提高劳动效率和维护社会化大生产的正常秩序不可缺少的基本手段。宪法规定公民负有遵守劳动纪律的义务，对于国民经济发展和社会秩序的稳定具有重要意义。

5. 遵守公共秩序

公共秩序是指由国家法律规定的人们在社会生活中共同形成的基本准则，包括生活秩序、生产秩序、工作秩序和学习秩序等。良好的公共秩序是国家和社会稳定发展、人民群众日常生活正常进行的基本条件，因此，宪法要求每一公民都负有遵守公共秩序的义务。对于严重扰乱公共秩序的行为，依据《治安管理处罚法》和《刑法》的有关规定予以行政处罚或者刑事处罚。

6. 尊重社会公德

社会公德是指社会公共道德，即人们在社会生活中应当遵守的基本道德标准。在我国，社会公德的核心内容是爱祖国、爱人民、爱劳动、爱科学、爱社会主义。社会公德作为一种道德，其力量一般来源于社会舆论、信念、习惯、传统和教育等，而不依靠国家的强制力量。我国宪法明确规定尊重社会公德是公民的一项基本义务，无疑将社会公德的效力提高了一个层次，这表明社会公德在我国不仅具有道德意义，同时也具有法律意义。

（五）公民有维护祖国的安全、荣誉和利益的义务

我国《宪法》第 54 条规定："中华人民共和国公民有维护祖国的安全、荣誉和利益的义务，不得有危害祖国的安全、荣誉和利益的行为。"本条规定以命令性规范和禁止性规范两种法律规范反复确认了公民的同一个义务，突出强调公民维护祖国安全、荣誉和利益义务的重要性。

1. 维护祖国的安全

祖国安全是指国家主权和领土完整不受威胁，是保证国家统一和安定的基础。宪法

确认公民负有维护祖国安全的义务,这就要求公民提高警惕,同一切危害国家安全的行为作斗争。我国的《中华人民共和国国家安全法》对此作了具体的规定。

2. 维护祖国的荣誉

祖国荣誉是指国家在世界上享有的良好声誉,维护祖国荣誉是公民爱国主义情感的具体表现,也是民族自尊心和国家自豪感的具体表现。宪法确认公民负有维护祖国荣誉的义务,因此,公民在社会生活中应当维护民族气节,坚决制止一切丧失国格、败坏祖国荣誉的行为。1997 年,我国颁布了《中华人民共和国国防法》,进一步明确了公民的这一基本义务。

3. 维护祖国的利益

祖国利益是人民利益的代表,对内、对外均具有最高性。公民负有维护祖国利益的义务,这就要求公民正确处理国家、集体、个人之间的关系,同一切损害国家利益的行为进行斗争。

（六）公民有保卫祖国,依法服兵役和参加民兵组织的义务

我国《宪法》第 55 条规定:"保卫祖国、抵抗侵略是中华人民共和国每一个公民的神圣职责。依照法律服兵役和参加民兵组织是中华人民共和国公民的光荣义务。""国家兴亡,匹夫有责。"若国家灭亡,则公民必沦为亡国奴。因此,保卫祖国、抵抗侵略,是每一个中华儿女神圣的职责。

保卫祖国,必须有一支强大的人民武装力量,因此服兵役和参加民兵组织是公民保卫祖国、维护国家安全的实际行动。1984 年颁布的《中华人民共和国兵役法》,对公民履行服兵役的宪法义务作了具体规定:凡年满 18 周岁的我国公民,不分民族、种族、性别、职业、家庭出身、宗教信仰、教育程度和财产状况,都有义务依法服兵役,并明确规定了不得服兵役、不征集服兵役、免服兵役和缓服兵役的情况。公民履行服兵役义务的形式,不仅包括服现役即参加中国人民解放军和中国人民武装警察部队,也包括服预备役和参加民兵组织,还包括参加军事训练,等等。

（七）公民有依法纳税的义务

我国《宪法》第 56 条规定:"中华人民共和国公民有依照法律纳税的义务。"纳税是指纳税义务人依法向国家税收部门缴付税款的行为,具有强制性和无偿性的特征。税收是我国财政的主要收入来源,是国家进行宏观调控的重要经济杠杆。税收的特点是取之于民,用之于民,税收主要用于国家的公共开支。因此,依法纳税是公民的基本义务。这就

要求每个公民都要树立依法纳税的意识,杜绝偷税、漏税、欠税和抗税现象。我国于 1980 年颁布并于 1993 年修改的《中华人民共和国个人所得税法》对于公民履行纳税义务作了更为具体的规定。

五、正确处理公民权利与义务的关系

（一）坚持公民权利与义务的统一

公民的权利与义务是相互依存、密不可分的。权利与义务在法律关系上是相互对应存在的。有权利就有义务,有义务就有权利。每个公民既是权利的享有者,也是义务的承担者。不能只享有权利而不履行义务,也不能只承担义务而不享有权利。

公民的权利与义务是相辅相成、互相促进的。公民正确行使权利,忠诚地履行义务,作出更多的贡献,国家才能更加富强,才能提供更好的条件来保障公民的权利。如公民辛勤工作、依法纳税,国家才能有财政收入,国家事务才能正常维持和运转,从而更好地保障公民的权利。

公民的某些权利和义务是相互结合的,如劳动权、受教育权,既是公民的权利,也是公民的义务。

（二）维护权利,履行义务

1. 维护公民权利

权利意识是公民意识的重要内容。权利体现国家对公民提供的权益保护。维护权利主要包括三个方面的内容,即依法享有权利、依法行使权利、尊重他人的权利。

（1）依法享有权利

依法享有权利是指公民应当依照法律保护自己的权利,依法制止各种侵权行为,使自己的权利不受侵害。

（2）依法行使权利

依法行使权利是指公民在行使自己权利的时候,必须采用合法的方式,不得损害国家、社会、集体的利益,不得损害其他公民的合法权利和自由。

（3）尊重他人的权利

尊重他人的权利是要求每个公民在行使和维护自己的权利时也要尊重和维护他人的权利,因为他人的权利与我们个人的权利具有同等的地位。

2. 履行公民义务

权利和义务是相互联系的。义务体现国家对公民的要求和公民对国家、对社会的责任。要真正维护权利，就必须自觉履行义务。自觉履行义务应做到法律鼓励的积极去做，法律要求的必须去做，法律禁止的坚决不做。

【相关法律法规指引】

1.《中国人民政治协商会议共同纲领》第4、第5、第6、第8条。

2.《宪法》第85条至第103条。

3.《宪法》第33条至第56条。

4.《国籍法》第4条至第11条、第13条至第16条。

 练习题

一、填空题

1. 公民是指具有一国（　　　），并根据该国宪法与法律规定享有法定权利、履行法定义务、承担法律责任的人。

2. 任何公民非经人民检察院批准或决定或者人民法院决定，并由（　　　）执行，不受逮捕。

3. 劳动和（　　　）既是我国公民的权利，又是我国公民的义务。

4. 就发展中国家而言，（　　　）和（　　　）才是首要人权。

5. 公民有维护（　　　）统一与（　　　）团结的义务。

6. 公民有维护祖国的安全、（　　　）和（　　　）的义务。

7. 公民有保卫祖国，依法（　　　）和参加（　　　）组织的义务。

二、单项选择题

1. 在我国，"公民"一词的含义是指（　　　）。

    A. 出生在我国的人 　　　　　　　　B. 享有政治权利的人

    C. 具有我国国籍的人 　　　　　　　D. 年满18周岁具有我国国籍的人

2. 下列各项中，不属于宪法规定的公民的基本权利的是（　　　）。

    A. 环境权　　　　B. 平等权　　　　C. 出版自由　　　　D. 受教育权

3. 根据《宪法》规定，下列不属于公民政治自由的是（　　　）。

    A. 言论自由 　　　　　　　　　　　B. 集会、结社、游行、示威自由

    C. 出版自由 　　　　　　　　　　　D. 宗教信仰自由

4. 每个公民自出生到死亡都享有权利的能力或资格，在法学上称为（　　　）。

    A. 财产权　　　　B. 人身权　　　　C. 行为能力　　　　D. 权利能力

5. 住宅不受侵犯属于我国公民的（　　　）。

　　A. 人身自由权　　　B. 政治自由权利　　C. 社会经济权利　　D. 人格尊严权利

6. 依法纳税是公民的（　　　）。

　　A. 权利　　　　　　B. 义务　　　　　　C. 权利和义务　　　D. 责任

三、多项选择题

1. 公民的平等权包括（　　　）。

　　A. 公民在法律面前一律平等　　　　　B. 立法上平等

　　C. 适用法平等　　　　　　　　　　　D. 守法平等

2. 公民的政治权利包括（　　　）。

　　A. 选举权　　　　B. 被选举权　　　C. 政治自由　　　D. 生活自由

3. 公民的政治自由包括（　　　）。

　　A. 言论自由　　　　　　　　　　　　B. 出版自由

　　C. 结社自由　　　　　　　　　　　　D. 集会、游行、示威自由

　　E. 宗教信仰自由

4. 公民的人身自由包括（　　　）。

　　A. 人身自由不受侵犯　　　　　　　　B. 人格尊严不受侵犯

　　C. 通信自由和通信秘密受法律保护　　D. 住宅不受侵犯

5. 公民的社会经济权利包括（　　　）。

　　A. 公民有劳动的权利　　　　　　　　B. 劳动者有休息的权利

　　C. 退休人员的生活保障权利　　　　　D. 获得物质帮助的权利

6. 公民的文化教育权利包括（　　　）。

　　A. 有受教育的权利　　　　　　　　　B. 科学研究自由

　　C. 文艺创作自由　　　　　　　　　　D. 其他文化活动自由

7. 根据《宪法》规定，下列属于我国公民基本义务的有（　　　）。

　　A. 依法纳税　　　　　　　　　　　　B. 保卫祖国，依法服兵役和参加民兵组织

　　C. 维护祖国安全、荣誉和利益　　　　D. 维护国家统一和各民族团结

四、判断并改错

1. 公民的权利与义务是对立的。

2. 公民有纳税的权利。

3. 公民有受教育的权利和义务。

4. 公民有劳动的权利与义务。

五、名词解释

1. 公民

2. 中华人民共和国公民

3. 国籍

4. 人权

5. 公民宪法权利

6. 政治权利

六、简答题

1. 如何理解中华人民共和国公民的法律地位？

2. 我国公民政治权利的主要内容有哪些？

3. 我国《宪法》规定的公民经济权利的主要内容有哪些？

4. 我国公民的基本义务有哪些？

七、论述题

1. 国家如何尊重和保障公民权利？

2. 如何理解平等权？

3. 如何理解宪法关于"公民人身自由不受侵犯"的规定？

八、案例思考题

1. 李某，男性，是某大学法学院的一名本科毕业生。在 2001 年 12 月寻找工作期间，他看到报纸上刊登的某银行成都分行招录职员的启事，启事明确要求应聘者为"男性 168 厘米，女性 155 厘米以上"，而李某的身高只有 165 厘米，他觉得自己受到了歧视。在学院老师的鼓励下，他决定运用自己所学的法律知识向成都市武侯区人民法院提起诉讼，起诉某银行成都分行，请求法院确认被告含有身高歧视的行为违法，判令停止发布违法广告，以维护宪法赋予自己的平等权利。2002 年 1 月 7 日，法院受理了该案。1 月 9 日，某银行成都分行在报上刊登了更正后的招录启事，取消了对应聘者的身高限制。

试用本单元学习的知识说明银行为什么取消了对身高的限制。说明理由。

【提示】 根据公民的平等权与劳动权进行分析。

2. 王某某等 16 人原系北京民族饭店员工。1998 年下半年，北京市西城区人民代表大会代表换届工作开始，由选民选举新一届人大代表。同年 10 月，北京民族饭店作为一个选举单位公布的选民名单中确定了该 16 名员工的选民资格。后该 16 名员工未能参加选举，为此，王某某等 16 人向北京市西城区人民法院递交了起诉状，状告北京民族饭店侵犯其选举权，要求判令被告依法承担法律责任，并赔偿经济损失 200 万元。西城区人民法院经审查认为：原告王某某等 16 人关于被告北京民族饭店对其未能参加选举承担法律责任并赔偿经济损失的请求，依法不属法院受案范围。依照《中华人民共和国民事诉讼法》第 108 条、第 111 条第 3 款、第 112 条之规定，该院于 1999 年 1 月 21 日裁定：对王某某等人的起诉，不予受理。王某某等 16 人不服一审裁定，向北京市第一中级人民法院提起上诉,请求撤销原裁定。北京市第一中级人民法院予以受理,经审查认为,王某某等人以北京民族饭店侵害其选举权利为由,要求北京民族饭店承担法律责任、赔偿经济损失,因此争议不属人民法院受理民事诉讼的范围,故王某某等人提起民事诉讼,主张由法院受理的请求,不予支持,原审法院不予受理的裁定正确。据此,该院于 1999 年 5 月 10 日裁定:驳回上诉,维持原裁定。

试用本单元学习知识说明王某某等人应采取其他什么途径维权。说明理由。

【提示】　根据公民的选举权与被选举权及其侵权处理的规定进行分析。

3. 1990 年 11 月,被告人彭土华所在乡村的一部分信奉伊斯兰教的回族人,集体申请整修已破烂不堪的清真寺。作为该村治保干部的彭拒不同意。后这部分回族人自己集资整修。彭闻知后,极为不悦,责令他们停工,回族人不从,彭大骂说:"老子叫你们修不成,今天就是不准搞这些鬼玩意儿!"回族人向其恳求,彭不理不睬,并带了二十多个汉族村民把他们所修复的清真寺捣毁。回族人对此极为不满。该村与另外两个村的回族人联合起来,游行到县人大常委办公室,要求保护他们的宗教信仰自由。经县领导做工作,才平息事态。

试用本单元学习知识说明彭的行为是否侵犯了回族人的权利。有关部门应该如何处理此事?说明理由。

【提示】　根据公民宗教信仰自由的规定进行分析。

学习单元 10　国家的基本制度

学习目的与要求

　　了解国家制度的知识;明确我国现行宪法所确认的基本制度的内容;充分认识和理解国家基本制度在国家政治生活和公众日常生活中的重要地位,增强维护国家基本制度的自觉性。

学习重点与提示

　　国家基本经济制度;基本政治制度;基本文化制度;基本司法制度;军事制度;基层群众自治制度。

一、国家基本经济制度

　　经济制度是指国家的统治阶级为了反映在社会中占统治地位的生产关系的发展要求,为了建立、维护有利于其政治统治的经济秩序,而确认或创设的各种有关经济问题的规则和措施的总称。它是国家通过宪法、法律、政策来确认和调整所形成的制度。经济制度是宪法的基本内容之一,宪法的主要任务之一就是确认和保护有利于统治阶级的经济制度。我国宪法规定的我国基本经济制度有:国有经济制度、集体经济制度和非公有制经济制度。主要解决生产资料所有制、产品分配、经济管理体制问题。宪法还确立了各种经济制度的地位。

　　经济制度是国家赖以建立和发展的经济基础,也是国家性质的决定因素。国家政权作为上层建筑的主要组成部分,是由一定的经济基础决定,并为一定的经济基础服务的。历史发展的过程表明,生产关系的更替和变化,必然导致国家政权的更替和变化,导致国家性质的差异。经济制度对国家性质的这种决定作用,主要表现在两个方面:一是决定着一个国家所属的历史类型;二是决定着一个国家与其他同类型国家间相互区别的具体国家性质。

　　我国的社会主义经济制度,早在 1956 年生产资料的社会主义改造完成之后即已牢固确立。半个世纪以来,它不断地得到巩固和发展,形成了鲜明的中国特色。我国现阶段的经济制度是一种以公有制为主体、多种所有制经济共同发展,体现劳动者在生产过程中的主人翁地位和平等、互助关系,实行以按劳分配为主体、多种分配方式并存的经济制度。目前,宪法所规定的基本经济制度主要有以下内容。

（一）我国社会主义公有制经济制度

1. 国有经济制度

我国的国有经济是社会主义经济基础的最重要的组成部分。以全民所有制为基础的国有经济,掌握和控制着国家的经济命脉及对国民经济发展具有极其重要意义的资源,在关系国民经济命脉的重要行业和关键领域占支配地位。它拥有现代化的工业和先进技术,可以提供大量的机械设备、燃料、动力,促进国民经济各部门的技术更新和改造;可以为农业提供各种机械、运输工具、化肥、农药等,直接促进农村集体经济的发展;可以提供日用工业生产必需品,满足城乡人民的需要;可以为国家经济建设、文化建设和国防建设积累大量资金。国有经济的发展对于进行社会主义现代化建设和巩固人民政权具有极其重要的意义。因此,我国《宪法》第 7 条规定:"国有经济,即社会主义全民所有制经济,是国民经济中的主导力量。国家保障国有经济的巩固和发展。"

根据宪法和法律的有关规定,国有企业都属于国有经济。据国家财政部统计,截至2007 年年底,我国国有企业有 11.2 万户,总资产 35 万亿元。我国实行市场经济后,不断转换国有企业经营机制,建立适应市场经济要求、产权清晰、权责明确、政企分开、管理科学的现代企业制度;而国有企业实行公司制,使企业成为适应市场的法人实体和竞争主体,则是建立现代企业制度的有益探索。与此同时,根据《宪法》第 16 条的规定,国有企业除了"在法律规定的范围内有权自主经营"外,还应该"依照法律规定,通过职工代表大会和其他形式,实行民主管理"。可以预见,这些规定和改革,不仅在经济上,而且在政治上,都将产生重大而深远的影响。

现在,国有经济除了国有企业、事业单位之外,根据《宪法》第 9 条的规定,矿藏、水流以及法律规定属于集体所有的那一部分之外的其他全部的森林、山岭、草原、荒地、滩涂等自然资源,都属于国家所有,即全民所有;根据《宪法》第 10 条的规定,城市、农村和城市郊区由法律规定属于国家所有的以及国家为了公共利益的需要而依法征用的土地,也都属于国家所有。2004 年,《宪法修正案》第 20 条规定,国家为了公共利益的需要,可以依照法律规定对土地实行征收或者征用并给予补偿。

2. 劳动群众集体所有制经济制度

劳动群众集体所有制经济是由集体经济组织内的劳动群众共同占有生产资料的一种公有制经济。它和全民所有制经济一起,共同构成了我国国民经济的主体,共同构成了我国社会主义经济制度的基础。据国家工商管理总局统计，截至 2007 年 6 月底，内资企业有 327.6 万户，集体所有制企业达到 104.3 万户，占内资企业数量的 31.82%。

《宪法》第 8 条规定："农村集体经济组织实行家庭承包经营为基础、统分结合的双层经营体制。农村中的生产、供销、信用、消费等各种形式的合作经济，是社会主义劳动群众集体所有制经济。参加农村集体经济组织的劳动者，有权在法律规定的范围内经营自留地、自留山、家庭副业和饲养自畜。"统分结合的双层经营体制是指在农村集体经济组织内实行的集体统一经营和家庭承包经营相结合的经营体制，而其中的家庭承包经营则是这种双层经营体制的基础。这些年来，农村集体经济的迅速发展，不仅使农村的社会经济面貌发生了非常显著的变化，而且为国家提供了大量的粮食、原料、劳动力、资金和广阔的市场，对整个国民经济的改革和发展，对巩固工农联盟、加强人民民主专政等，都起到了巨大的积极作用。

1998 年 10 月，党的十五届三中全会通过的《关于农业和农村工作若干重大问题的决定》还提出了从现在起到 2010 年，建设有中国特色社会主义新农村的奋斗目标，以及为实现这些目标所必须坚持的十条方针。这些目标是：在经济上，坚持以公有制为主体，多种所有制经济共同发展，不断解放和发展农村生产力；在政治上，坚持中国共产党的领导，加强农村社会主义民主政治建设，进一步扩大基层民主，保证农民依法直接行使民主权利；在文化上，坚持全面推进农村社会主义精神文明建设，培养有理想、有道德、有文化、有纪律的新型农民。十条方针是：①始终把农业放在国民经济发展的首位；②长期稳定农村的基本政策（以公有制为主体、多种所有制经济共同发展的基本经济制度，以家庭承包经营为基础、统分结合的经营制度，以劳动所得为主和按生产要素分配相结合的分配制度等，都必须长期坚持）；③不放松粮食生产，积极发展多种经营；④实施科教兴农；⑤实现农业可持续发展；⑥大力发展乡镇企业，多渠道转移农业富余劳动力；⑦切实减轻农民负担；⑧实行计划生育基本国策；⑨推进农村基层民主政治建设；⑩物质文明建设和精神文明建设两手抓。

《宪法》第 8 条第 2 款还第一次具体地规定了城镇合作经济的各种形式："城镇中的手工业、工业、建筑业、运输业、商业、服务业等行业的各种形式的合作经济，都是社会主义劳动群众集体所有制经济。"例如，股份合作企业，就是以合作制为基础，由企业职工共同出资入股，吸收一定比例的社会资产投资组建，实行自主经营、自负盈亏、共同劳动、民主管理、按劳分配与按股分红相结合的一种集体经济组织。这些年来，集体经济充分利用城镇在科技、人才、设备等方面的有利条件，在发展生产、扩大就业、繁荣市场、积累资金，甚至出口创汇等方面，也都发挥了巨大的作用。

为了给城乡集体经济的发展创造必要的条件，《宪法》第 10 条规定："农村和城市郊区的土地，除由法律规定属于国家所有的以外，属于集体所有；宅基地和自留地、自留山，也属于集体所有。"同时，"任何组织或者个人不得侵占、买卖或者以其他形式非法转让土地。土地的使用权可以依照法律的规定转让"。另外,根据《宪法》第9条的规定,由法律规定属于集体所有的森林、山岭、草原、荒地、滩涂等,当然也都是集体所有的自然资源。

由于集体经济在整个国民经济中有着重要的地位和作用,所以《宪法》第8条明确规定了国家对它的如下基本政策:"国家保护城乡集体经济组织的合法的权利和利益,鼓励、指导和帮助集体经济的发展。"至于集体经济的经营和管理,《宪法》第17条则作出了比对国有经济更加宽松的规定:"集体经济组织在遵守有关法律的前提下,有独立进行经济活动的自主权。""集体经济组织实行民主管理,依照法律规定选举和罢免管理人员,决定经营管理的重大问题。"

（二）非公有制经济制度

我国当前的各种非公有制经济,都是在实行改革开放以后才出现的。从1998年8月国家统计局、国家工商行政管理局联合颁布的《关于划分企业登记注册类型的规定》可以看出,非公有制经济种类繁多、情况各异,既包括一些内资企业,也包括外商投资企业,还包括港、澳、台商投资企业。但不管怎样,为了不断地解放和发展社会生产力,我们都必须在坚持以公有制经济为主体的前提下,继续促进各种非公有制经济的进一步发展。

1. 个体经济

劳动者个体经济是指城乡劳动者个人占有少量生产资料和产品,从事不剥削他人的个体劳动,收益归己的一种所有制形式。它具有以下三个特点:①生产资料和产品归个体劳动者所有;②以个体劳动为基础;③劳动所得归个体劳动者支配。

个体经济在法律上具体表现为个体工商户,据国家工商管理总局统计,截至2007年6月底,全国共有个体工商户2 621.4万户。根据我国有关法律和政策的规定,个体工商户对其所有合法财产享有所有权,在法律规定和核准登记的经营范围内,享有自主经营的权利,并经批准可以起字号、刻图章,在银行开立账户和贷款。此外,还享有各种依据法律和合同而得以享有的权利,如场地使用权、物质供应权、商标权,以及法律规定情况下的税收减免权等。

在社会主义初级阶段,个体经济的存在和发展是必要的和有益的,它具有全民所有制经济和集体所有制经济不可替代的作用,这是因为:①公有制经济资金有限,不可能兴办一切事业,需要个体经济拾遗补缺;②个体经济具有点多、面广、小型多样、经营灵活的特点,可以弥补国有经济和集体经济的不足,发展生产,增加财富,活跃市场,方便群众;③个体经济的存在有利于广开就业门路。因此,我国1999年《宪法修正案》明确规定,在法律规定范围内的个体经济是我国社会主义市场经济的重要组成部分,国家保护个体经济的合法权利和利益。但个体经济毕竟是一种非公有制经济,如果不依法管理任其自行发展,就可能对社会产生一定的消极作用。因此,该《宪法修正案》又规定,国家对个体经济实行引导、监督和管理。

根据1987年8月国务院发布的《城乡个体工商户管理暂行条例》，可以从事个体工商业经营的主要是城镇待业人员、农村村民以及国家政策允许的其他人员；经营的范围包括工业、手工业、建筑业、交通运输业、商业、饮食业、服务业、修理业以及其他行业；经营的规模主要是个人经营或家庭经营，也可以根据经营情况请一两个帮手，有技术的个体工商户还可以带三五个学徒，等等。

2. 私营经济

私营经济是由私人占有生产资料，存在着雇佣劳动关系，并以获取利润为生产经营目的的一种所有制形式。

我国的私营经济是在改革开放的过程中逐渐形成和发展起来的，所以1982年的宪法中并没有对其作出什么规定。直到1987年10月召开的党的十三大，才第一次正式提出了有关私营经济的问题；在此之后，即1988年4月，第七届全国人大第一次会议通过了《宪法修正案》，在其第11条中增加了一款有关私营经济的规定。根据1988年6月国务院发布的《私营企业暂行条例》，"私营企业是指企业资产属于私人所有、雇工8人以上的营利性的经济组织"。可以申办私营企业的人员为农村村民、城镇待业人员、个体工商户经营者、辞职或退职人员以及法律、法规或政策所允许的离休、退休人员和其他人员；生产经营的范围包括工业、建筑业、交通运输业、商业、饮食业、服务业、修理业和科技咨询等行业；私营企业的种类主要包括私营独资企业、私营合伙企业、私营有限责任公司和私营股份有限公司等。据国家工商管理总局统计，截至2007年6月底，国内实有企业876.1万户，各类私营企业达到520.5万户，占国内企业总户数的59.4%。私营独资企业是指按《私营企业暂行条例》的规定，由一名自然人投资经营，以雇佣劳动为基础，投资者对企业债务承担无限责任的企业。私营合伙企业是指按《合伙企业法》或《私营企业暂行条例》的规定，由两个以上自然人按照协议共同投资、共同经营、共负盈亏，以雇佣劳动为基础，对债务承担无限责任的企业。私营有限责任公司是指按《公司法》、《私营企业暂行条例》的规定，由两个以上自然人投资或由单个自然人控股的有限责任公司。私营股份有限公司是指按《公司法》的规定，由五个以上自然人投资，或由单个自然人控股的股份有限公司。

个体经济、私营经济毕竟都属于私有制经济。《城乡个体工商户管理暂行条例》早已明文禁止偷工减料、以次充好、短尺少秤、掺杂使假、哄抬物价等不正当或者公然违法的经营活动；而私营经济内部还存在着雇佣劳动关系，它追求剩余价值的自发性对我国的经济、法制和精神文明建设的损害和影响，也显然要比个体经济的更大和更严重一些。因此，《宪法》第11条规定"国家保护个体经济、私营经济等非公有制经济的合法的权利和利益。国家鼓励、支持和引导非公有制经济的发展，并对非公有制经济依法实行监督和管理"。国家的这种全面而又正确的基本政策，无疑将大大地有利于个体经济、私营经济的顺利和健康地发展。

3. 外资经济

外资经济即外商投资企业,过去也叫作"三资"企业,但根据《关于划分企业登记注册类型的规定》,外商投资企业除了原来的中外合资经营企业、中外合作经营企业和外资企业之外,现在还包括外商投资股份有限公司。据国家工商管理总局统计,截至 2007 年 6 月底,国内实有企业 876.1 万户,外商投资企业 28 万户,占国内企业总户数的 3.2%。中外合资经营企业是指外国企业或外国人与中国内地企业依照《中华人民共和国中外合资经营企业法》及有关法律的规定,按合同规定的比例投资设立、分享利润和分担风险的企业。中外合作经营企业是指外国公司、企业和其他经济组织或个人,依据中国的法律,同中国的公司、企业或其他经济组织在中国境内共同投资或提供合作条件创办的企业。外资企业是指依照《中华人民共和国外资企业法》及有关法律的规定,在中国内地由外国投资者全额投资设立的企业。外商投资股份有限公司是指根据国家有关规定,经外经贸部(现为商务部)依法批准成立,外资的股本占公司注册资本的比例大于 25%的企业法人。

外商投资企业,从性质上来讲,可以说是一种特殊的国家资本主义。之所以说它"特殊",那是因为它同我国 20 世纪 50 年代公私合营的那种国家资本主义,以及现在资本主义国家的那种国家资本主义,都是不相同的。在讲到"三资"企业的作用和地位时,邓小平同志曾经精辟地指出,只要我们头脑清醒,多搞点"三资"企业,就没有什么可怕的,因为"我们有优势,有国营大中型企业,有乡镇企业,更重要的是政权在我们手里……我国现阶段的'三资'企业,按照现行的法规政策,外商总是要赚一些钱。但是,国家还要拿回税收,工人还要拿回工资,我们还可以学习技术和管理,还可以得到信息、打开市场。因此'三资'企业受到我国整个政治、经济条件的制约,是社会主义经济的有益补充,归根到底是有利于社会主义的"。正因为如此,今后我国还要坚定不移地实行对外开放政策,进一步加快对外开放的步伐,更多地引进外来的资金、技术、设备、人才和管理经验。根据《宪法》第 18 条第 2 款的规定,外商投资企业必须遵守我国的法律,我国当然也要保护它们合法的权利和利益。这就是我国对外商投资企业的基本政策。现在,我国在这方面已经制定了一些基本的法律。今后,随着社会主义市场经济的发展,随着我国更大规模地参与国际经济的合作与竞争,我国还将会根据本国国情和国际经济活动的一般准则,进一步地处理我国的对外经济关系,更加充分地利用国内的两种资源、两个市场,更加有力地推动我国社会主义现代化建设的迅速发展。

（三）混合所有制经济

混合所有制经济是指国有资本、集体资本、非公有资本等交叉持股、相互融合的混合所有制经济。混合所有制经济是基本经济制度的重要实现形式,有利于国有资本放大功能、保值增值、提高竞争力,有利于各种所有制资本取长补短、相互促进、共同发展。允许更多国有经济和其他所有制经济发展成为混合所有制经济。国有资本投资项目允许非国有资本参股。允许混合所有制经济实行企业员工持股，形成资本所有者和劳动者利益共同体。

（四）我国的社会主义分配制度

在社会主义初级阶段，生产资料的社会主义公有制是社会主义经济制度的基础，它的目的是消灭人剥削人的制度，在分配原则上，实行各尽所能、按劳分配的原则。各尽所能是指在社会主义制度下每个有劳动能力的公民都应当在其分工的范围内尽自己的能力为社会贡献力量；按劳分配是指在各尽所能的前提下，由代表人民的国家或者集体经济组织，按照每个公民劳动的数量和质量分配给公民应得的劳动报酬。

但是，由于社会主义初级阶段还存在社会主义公有制经济之外的其他多种所有制经济形式，在分配方式上不可能是单一的，因此还必须实行以按劳分配为主体、多种分配方式并存的分配制度。实行这一制度，把按劳分配和按生产要素分配结合起来；坚持效率优先、兼顾公平；依法保护合法收入，允许和鼓励一部分人通过诚实劳动和合法经营先富起来，允许和鼓励资本、技术等生产要素参与收益分配。这有利于调动广大群众的劳动积极性，有利于优化资源配置和提高劳动生产率，有利于促进经济发展和社会稳定，有利于人民民主专政制度的巩固和发展。目前，在我国除按劳分配这种主要分配方式外，其他常见的分配方式还有：①企业发行债券筹集资金，由此而会出现凭债权取得的利息；②随着股份经济的产生，股份分红也相应出现；③企业经营者的收入中，包括部分风险补偿；④私营企业雇佣一定数量的劳动力，会给企业主带来部分非劳动收入等。

二、国家基本政治制度

政治制度是指统治阶级实现其阶级统治的方式及其有关制度的总和。政治制度是随着人类社会政治现象的出现而产生的，是人类出于维护共同体的安全和利益，维持一定的公共秩序和分配方式的目的，对各种政治关系所作的一系列规定。它包括一个国家的阶级本质，国家政权的组织形式和管理形式，国家结构形式和公民在国家生活中的地位。依据国家的社会性质，它分为：奴隶制国家政治制度；封建制国家政治制度；资本主义国家政治制度；社会主义国家政治制度。中华人民共和国是工人阶级领导的、以工农联盟为基础的人民民主专政的社会主义国家。它的政治制度是社会主义国家政治制度。国家基本政治制度是指由宪法所确定的国家政治制度。在我国，国家基本政治制度主要有：

（一）人民民主专政制度

1. 人民民主专政

我国《宪法》第 1 条规定,中华人民共和国是工人阶级领导的、以工农联盟为基础的人民民主专政的社会主义国家。因此,现行宪法确认我国的国体是,工人阶级领导的、以工农联盟为基础的人民民主专政,实质上即无产阶级专政,表现为无产阶级掌握国家政权,实施对社会的领导和管理。国体是国家性质或者国家阶级本质的反映,它确定社会各阶级在国家中的地位。国体问题也就是谁掌握国家统治权的问题,是国家政权建设的首要问题。

第一,工人阶级是我国的领导阶级,工农联盟是我国的政权基础。工人阶级之所以成为国家的领导阶级,是由工人阶级的阶级性质和它肩负的历史使命所决定的。工农联盟是工人阶级和农民阶级的联盟,是我国的政权基础。以工农两个阶级的联盟为我国政权的基础,是由我国的基本国情决定的。工农联盟代表了我国人口的绝大多数,不但构成了人民民主专政的坚实基础,而且表明了人民民主专政政权充分的民主性和广泛的代表性。

国家政权基础的构成在不同时期是不同的。在新中国的不同历史时期,人民民主专政政权的基础不断发生重大变化。改革开放以来,我国工人阶级的队伍不断扩大,包括知识分子在内的工人阶级和广大农民成为推动我国先进生产力发展和社会全面进步的根本力量。在社会变革中出现的民营科技企业的创业人员和技术人员、受聘于外资企业的管理技术人员、个体户、私营企业主、中介组织的从业人员、自由职业人员等社会阶层,都是中国特色社会主义事业的建设者,人民民主专政政权的基础更加广泛。

第二,人民民主专政是无产阶级专政在我国的一种实现形式。人民民主专政是中国共产党领导中国各族人民在长期的革命斗争中的一个伟大创造,是对马克思主义的重大发展。人民民主专政这种提法更确切地反映了我国的阶级状况和政权的广泛基础。两者在本质上是一致的。因此,宪法序言规定,"工人阶级领导的、以工农联盟为基础的人民民主专政,实质上即无产阶级专政"。

第三,人民民主专政是对人民民主和对敌人专政的结合。两者相辅相成,缺一不可。没有统治阶级内部的民主,就不可能对被统治阶级实行强有力的专政;不对被统治阶级实行专政,统治阶级内部的民主就难以得到保障。《宪法》第 28 条规定:"国家维护社会秩序,镇压叛国和其他危害国家安全的犯罪活动,制裁危害社会治安、破坏社会主义经济和其他犯罪的活动,惩办和改造犯罪分子。"由于人民民主专政具有广泛的、稳定的政权基础,阶级斗争已经不是社会的主要矛盾,因而现阶段国家的主要任务是集中精力进行经济建设,在解决社会主义现代化建设过程中出现的争议和纠纷时,应当主要地、更多地采用民主的方式。民主与专政两个方面不可分割。只有对极少数敌对势力、敌对分子实行专政,才能保障绝大多数人的自由和权利;只有对人民内部充分实行民主,才能调动广大人民群众的积极性和主动性,加快社会主义现代化建设的进程。

2. 我国人民民主专政的特点

由于人民民主专政是马克思无产阶级专政理论与中国国情相结合的产物,因而具有自己的特点:

第一,任务的双重性。我国的人民民主专政经历了民主革命和社会主义革命与建设的两个阶段,因而,既要完成无产阶级专政的任务,又要在第一阶段首先完成新民主主义革命的任务,同时在方法步骤上也有自己的特点。

第二,阶级基础的多样性。即在我国民主革命和社会主义革命时期,参加政权和管理国家事务的不但有工人阶级、农民阶级和城市小资产阶级,而且还有民族资产阶级。

第三,领导权的特殊性。无产阶级专政是由无产阶级独占政权的领导权,而我国的人民民主专政,始终存在着广泛的统一战线,实行中国共产党领导的多党合作制度,这是为了完成历史使命的需要。这个统一战线的组织形式就是中国人民政治协商会议。

第四,民主对象的广泛性。人民民主专政的民主对象包括全体社会主义劳动者、拥护社会主义的爱国者和拥护祖国统一的爱国者,因此,我们的民主是大多数人的民主,这一特点可概括为统一战线特点。

第五,专政对象的极少性。即我国的人民民主专政只对极少数反抗社会主义革命和破坏社会主义建设的阶级敌人实行专政,且专政的方式重在改造,而且民族资产阶级始终属于人民的范畴。可见,人民民主专政是具有中国特色的无产阶级专政。

3. 人民民主专政的阶级结构

随着社会主义制度的确立和巩固,人民民主专政的任务发生了变化,社会主义建设成为了人民民主专政的任务。此时,人民民主专政的阶级结构发生了改变,工人阶级队伍进一步壮大,作用加强,全体农民变成了农民阶级,知识分子人数增加并成为工人阶级的一部分,剥削阶级已不存在,原来的剥削者已变成自食其力的劳动者。因此,目前我国人民民主专政的阶级结构就可以表述为:工人阶级领导的、以工农联盟为基础的,团结一切拥护社会主义的劳动者和拥护祖国统一的爱国者。

因此,人民民主专政的阶级结构为:

第一,工人阶级是人民民主专政的领导力量,这是由工人阶级的性质和使命决定的,也是由其特点决定的。

第二,工农联盟是人民民主专政的基础,这是由工农利益的一致性和工农的联系性决定的,也是由中国的特点决定的。

第三,知识分子已成为工人阶级的组成部分。

第四,私营企业主也是拥护社会主义的劳动者的组成部分,列入人民的范畴。

4. 人民民主专政的职能

人民民主专政是对人民实行民主和对敌人实行专政两方面的结合,其职能主要包括四项:第一,民主(人民作为国家的主人参与管理国家和社会事务,享有民主权利,民主内容十分广泛);第二,专政(对内对外);第三,组织经济建设;第四,发展科学文化。

(二) 人民代表大会制度

1. 人民代表大会制度

人民代表大会制度是我国政治制度的主要内容和核心。它是我国的政体,即政权组织形式,也就是指我国执政阶级采取何种原则和方式组织政权机关来实现国家管理的制度。人民代表大会制度的内涵可以从六个方面加以认识:

一是起点:国家的一切权力属于人民。国家权力统一不可分割,因而人民作为整体是国家权力的拥有者。

二是前提:民主普选。人民在民主普选的基础上选派代表,组成全国和地方各级人民代表大会作为人民行使权力的机关。同样,人民代表是集体行使国家权力,人民代表大会的全体成员整体地代表着人民的意志和利益,但是每一个代表却只能代表一部分群众的意志,并接受这部分群众的监督,然而在投票表决时应当立足全局,把全体利益放在首位。

三是原则:民主集中制。民主集中制在高度民主的基础上实行高度集中的制度。民主集中制表现为:①在人民代表大会与人民的关系上,人民代表大会的代表由民主选举产生,对人民负责,受人民监督。在人民代表大会的活动中,法律的制定和重大问题的决策,由人民代表充分讨论,实行少数服从多数原则,民主决定。对违反人民意志和利益的或不称职的代表,人民有权依照法定程序予以罢免。②在人民代表大会与其他的国家机关的关系上,人民代表大会是国家权力机关,国家行政机关、司法机关都由人民代表大会产生,对它负责,受它监督。人民代表大会统一行使国家权力,但它所决定的事情不是自己直接去办,而是由国家的行政机关和司法机关去贯彻执行。国家的行政机关,就是我们通常说的政府;国家的司法机关包括人民法院和人民检察院。③在中央和地方国家机构的关系上,在中央的统一领导下,合理划分中央和地方国家机构的职权,充分发挥中央和地方的两个积极性。

四是核心:人民代表大会是核心。其他国家机关由人民代表大会产生,受它监督,对它负责。国家权力在本质上是不可分的,但具体行使的职权是可分的。宪法授权其他国家机关行使职权,但须受人大监督并对它负责。所以人民代表大会是全权性的国家机关。

五是形式:代表制。它是指由选民选出对其负责的代表参与政权工作或政治决策、作出决定的民主制度。在我国,由按选区和当选名额在选举单位内把有选举资格的选举人组织起来选举出等于或者少于当选名额的人民代表参加国家政治生活活动。

六是关键：对人民负责，受人民监督。人民代表大会常务委员会向本级人民代表大会负责，人民代表大会向人民负责，这表明选民可以罢免自己选出的代表，可以对任何国家机关提出批评和建议，也可以对人民代表大会提出批评和建议。

综上所述，可以把人民代表大会制度定义为：是指拥有国家权力的我国人民根据民主集中制，通过民主选举组成全国人民代表大会和地方各级人民代表大会，并以人民代表大会为基础，建立全部国家机构，对人民负责，受人民监督，以实现人民当家做主的政治制度，是我国实现社会主义民主和国家管理的基本形式。

2. 人民代表大会制度的特点

人民代表大会制度是我国的政权组织形式，是我国政权建设的经验总结，因而它具有自身的独特之处，表现在：

一是民主集中制的组织和活动原则。我国《宪法》第3条明确规定："中华人民共和国的国家机构实行民主集中制的原则。"人民代表大会制度本身就体现了这一特点。如人民代表大会由人民选举，对人民负责，受人民监督，选民有权罢免代表；人民代表必须代表和执行人民的意志，通过各级组织进行活动，实现人民当家做主的权力；人民代表大会实行合议制，即在讨论和决定问题时发扬民主，坚持少数服从多数；人民代表大会产生其他国家机关，受它监督，对它负责，其他国家机关处于从属地位；在中央集中统一领导的基础上，充分发挥地方的积极性和主动性等。

二是采取一院制的组织形式。一个国家具体采用何种组织结构，由各国国情所决定。我国的单一制结构是历史发展的结果，体现了人民权力的统一不可分割性，有助于提高工作效率，充分而又集中实现人民的意愿。

三是设置权力机关的常设机构。我国的人民代表大会在闭会期间由人大常委会作为常设机构行使国家权力，同时向人大负责，受人大监督，保证权力运行的连续性、经常性。而西方议会的活动频繁，会期都很长，没有常设机构。

3. 人民代表大会制度的适宜性

人民代表大会制度对我国来说是比较优越的制度，它的适宜性表现在：

第一，它产生于中国的具体历史条件之下，适合于中国的国情。人民代表大会制度是经历了20世纪20年代的萌芽状态，30年代的苏维埃制度，40年代的参议制度，以及后来的人民代表会议制度，逐步总结发展而来的，具有强大的生命力，西方的代议制在中国行不通。

第二，它全面反映了我国的国家性质，便于人民参加国家管理，有利于发挥人民的积极性和创造性，这一点可以从代表构成、选举制度、国家意志的体现、人民代表大会的全权性和最高性显示出来。

第三,它实行民主集中制原则,既体现了国家的"一切权力属于人民",又有利于提高国家机关的工作效率。

第四,它体现了中央和地方的一致性,既能保证中央的统一性领导,又便于充分发挥地方的主动性和积极性。

4. 人民代表大会制度的性质、地位和作用

人民代表大会制度直接反映我国的阶级本质,体现了人民民主专政的国家性质和一切权力属于人民的原则,是真正的民主共和性质,即体现了社会各阶级在国家中的地位。

人民代表大会制度是我国政治制度的核心内容,处于根本地位。它的产生不以任何制度为依据,它一经确立,即成为其他制度赖以建立的基础,如当前经济体制的改革和建立,都依赖于人民代表大会制的巩固和完善。它是组建国家机构的基础和依据。人民代表大会是由人民选举出来的代表人民行使国家最高权力的国家机关,按照民主集中制的原则进行组织与活动,由它产生中央和地方各级人民政府、人民法院、人民检察院,这些国家机关由同级人民代表大会产生,受其监督,对其负责,从而保证人民当家做主的权力。

人民代表大会制度反映了我国政治生活的全貌。每个国家都有许多具体的制度,如司法制度、财政制度、税收制度、选举制度等,它们只能反映我国政治生活的一个侧面,而人民代表大会制度则能全面反映我国的政治生活,体现我国的政治力量的源泉。

5. 坚持和完善人民代表大会制度

60 多年来的实践证明,人民代表大会制度是我国的根本政治制度,虽然经历了风风雨雨,但一直在为国家的稳定、民主的发挥、社会主义事业的发展起着积极的作用,显示出了其极大的优越性。但由于历史和现实的原因,人民代表大会制度还不够完善,这就是我们坚持和完善的原因所在。

要充分认识国体与政体的关系,使两者协调一致。例如,阶级成分的改变、代表成分的变化会引起代表大会制度的某些变化;要坚持和完善党的领导,理顺党和国家政权的关系;要加强人大自身建设(组织、制度、素质等),提高议事效率质量,保证决策的科学化;要加强人大职权的行使,主要是加强立法职能和监督职能,在目前情况下,应更加重视法律的监督实施;要完善选举制度,扩大直选范围;要加强对人大制度的研究和宣传工作,提高其科学性和民主性,显示其优越性和适宜性等。

(三)选举制度

1. 我国选举制度的基本原则

选举制度的基本原则是贯穿在选举制度运作过程中的,反映了选举制度的基本价值与功能的原理和基本精神。我国选举制度的基本原则是实现一切国家权力属于人民的宪

法精神,保障人民参与国家管理的基本权利。

(1) 选举权的普遍性原则

选举权的普遍性是指一个国家内享有选举权的公民的广泛程度,根据我国选举法规定,享有选举权的基本条件有三个,即具有中国的国籍,是中华人民共和国公民;年满十八周岁;依法享有政治权利。因犯危害国家安全罪或其他严重刑事犯罪案件被羁押、正在受侦查、起诉、审判的人,经人民法院或者人民检察院决定,在被羁押期间停止行使选举权利。

(2) 选举权的平等性原则

选举权的平等性是指每个选民在每次选举中只能在一个地方享有一个投票权,每票的效力相等。不允许任何选民享有特权,更不允许对任何选民非法加以限制或歧视,在各级人民代表大会代表名额的分配上,采取以一定人口数为基础的原则。选举法对于少数民族与汉族每一代表所代表的人口数也规定了不同比例。人口特少的少数民族至少有一名代表。

(3) 直接选举和间接选举并用的原则

由选民直接投票选举国家代表机关代表和国家公职人员的是直接选举;不是由选民直接投票选出,而是由下一级国家代表机关,或者由选民投票选出的代表选举上级国家代表机关的代表和国家公职人员的是间接选举。在我国,不设区的市、市辖区、县、自治县、乡、民族乡、镇的人民代表大会的代表,由选民直接选举。而其余级别的人大代表的选举都由下一级人民代表大会选举。这种直接选举和间接选举并用的原则主要是根据国家的经济、政治与文化发展的实际情况而确定的,具有现实的客观基础。

(4) 无记名投票的原则

无记名投票或称秘密投票。选举人在选举时只需在正式代表候选人姓名下注明同意或不同意,也可以另选他人或弃权,而无须署名。选票填好后亲手投入票箱。选举人的意思是不公开进行的,他人无权干涉,也无从干涉。在我国,全国和地方各级人民代表大会代表的选举,一律采用无记名投票的方法。对于少数文盲或者因残疾不能写选票的人,选举法规定可以委托他信任的人代写。

2. 我国选举的组织和程序

在实行间接选举的地方,由人大常委会组织本级的人大代表的选举工作;在实行直接选举的地方,设立选举委员会主持本级人大代表的选举(县级人大选举由选举委员会主持)。

选区可以按居住状况划分,也可以按生产单位、事业单位、工作单位划分。

代表候选人的提出:①选民或者代表 10 人以上联名;②各政党、各人民团体可以联合或者单独推荐(人民团体只包括工、青、妇,社会团体是没有提名权的)。候选人名单在选举日的 15 日前公布,正式候选人名单在选举日的 5 日前公布。

各级人民代表大会实行差额选举。直接选举中,候选人的名额应比应选代表的名额多 1/3 到 1 倍。间接选举中,候选人的名额应比应选代表的名额多 1/5 至 1/2。每次选举的票数,多于投票人数的无效,等于或者少于投票人数的有效。每一选票所选的人数,多于规定应选代表人数的作废,少于或者等于应选代表人数的有效。在实行直接选举的地方,选区全体选民的过半数参加投票选举有效,候选人获得参加投票代表的选民过半数的选票即为当选。在实行间接选举的地方,代表候选人必须获得全体代表的过半数选票才能当选。

人大代表的罢免:①对于县级和乡级的人大代表,原选区选民 30 人以上联名,县级人大常委会书面提出罢免要求,县级人大常委会派有关负责人员主持表决,经原选区过半数选民通过。②对于县级以上的人大代表,主席团或 1/10 以上代表联名向该级人大提出,经该级人大代表过半数通过;人大闭会期间,各级人大常委会主任会议或常委会 1/5 以上的组成人员联名向该级人大常委会提出,经常委会组成人员过半数通过。

3. 选举的物质保障和法律保障

全国人大代表和地方各级人大代表的选举经费由国库开支。

(四)民族区域自治制度

1. 民族区域自治制度

民族区域自治制度是指在中华人民共和国范围内,以少数民族聚居区为基础,建立相应的民族区域自治地方,并设立民族自治机关,行使宪法和法律规定的自治权的制度。

民族区域自治地方是指我国境内少数民族聚居并实行区域自治的行政区域,分为自治区、自治州、自治县三级,各民族区域自治地方都是中华人民共和国不可分离的部分。

我国在单一制的国家结构形式下,民族区域自治制度是与我国具体情况相适宜的制度,其优越性如下:

第一,有利于贯彻民主集中制。民族区域自治地方必须接受中央的统一领导,但又能发挥地方的主动性和积极性。

第二,可以依少数民族聚居区大小不等的情况,建立不同行政地位的民族自治地方,使少数民族能够充分行使自治权。

第三,有利于促进各民族的共同繁荣和发展。

2. 民族自治机关

民族自治机关是指在民族区域自治地方设立的行使同级一般行政区域地方国家机关职权和同时行使自治权的国家机关,包括自治区、自治州、自治县的人民代表大会和人民政府。而自治地方的审判机关和检察机关则不是自治机关,不行使民族自治权。

民族乡不属于民族自治地方，其人民代表大会和人民政府不属于自治机关，也不享有宪法和有关法律规定的自治权。

民族区域自治地方的人大及其常委会、人民政府在组成方面又有不同于一般行政区域的地方国家权力机关和人民政府的民族特点和要求：

第一，民族自治地方的人大中，除实行区域自治的民族外，其他少数民族代表也应当有适当的名额和比例。

第二，民族自治地方的人大常委会中，应当由实行区域自治的民族公民担任主任或副主任。

第三，自治区主席、自治州州长、自治县县长由实行区域自治的民族的公民担任。

第四，民族自治地方的人民政府的其他组成人员和自治机关所属工作部门的干部中，要尽量配备实行区域自治的民族和其他少数民族的人员。

自治区、自治州、自治县的人大和人民政府每届任期为 5 年。

3. 民族自治权

民族自治地方的自治机关除行使宪法规定的一般行政区域的地方国家机关的职权外，还行使宪法、民族区域自治法和有关法律规定的自治权。

（1）民族自治立法权

有权制定自治条例和单行条例；根据本地方实际情况，贯彻执行国家的法律、政策，对不适合民族自治地方实际情况的，自治机关可以报经该上级国家机关批准变通执行或者停止执行。

（2）民族自治事务管理权

民族自治地方的自治机关有管理地方财政的自治权，民族自治地方依照国家财政体制的规定，财政收入多于财政支出的，定额上缴上级财政，收入不敷支出的，由上级财政补助；在国家宏观指导下，自主地安排和管理地方性的经济建设事业；对本地方的各项开支标准、定员、定额，根据国家规定的原则，结合本地方的实际情况，可以制定补充规定和具体办法；在执行国家税法的时候，除应由国家统一审批的减税项目以外，对属于地方财政收入的某些需要从税收方面加以照顾和鼓励的，可以实行减税或免税。依法享有对外贸易自主权、教育科学文化卫生自治权、人口政策自治权、组织公安部队自治权、培养和招收民族干部自治权等。

（3）有语言文字自治权

民族自治地方的自治机关在执行职务的时候，依照本民族自治地方自治条例的规定，有权适用当地通用的一种或几种语言文字。

（五）特别行政区制度

1.特别行政区

特别行政区是指在我国版图内,根据我国宪法和法律的规定专门设立的具有特殊的法律地位,实行特别的社会、经济制度,直辖于中央人民政府的行政区域。我国现有香港特别行政区和澳门特别行政区。特别行政区具有以下特点:

第一,特别行政区直辖于中央人民政府,是与省、自治区、直辖市处于同等级而又享有高度自治的一种新的地方行政区域。

第二,特别行政区所实行的制度与内地不同,它可以保留原有的资本主义社会、经济制度和生活方式 50 年不变。

第三,特别行政区实行"高度自治",即"港人治港"、"澳人治澳"。特别行政区享有行政管理权、立法权、独立的司法权和终审权。

特别行政区设立的法律依据是我国《宪法》第 31 条的规定,"国家在必要时得设立特别行政区。在特别行政区内实行的制度按照具体情况由全国人民代表大会以法律规定"。

"一国两制"是设立特别行政区的基本指导方针。"一国两制"是"一个国家,两种制度"的简称。它是指在中华人民共和国这个统一的社会主义国家里,在相当长的时期内,祖国大陆实行社会主义制度,允许台湾、香港、澳门这三个地区实行资本主义制度。

2.中央与特别行政区的关系

中央管理的有关特别行政区的事务有:负责管理与特别行政区有关的外交事务;负责管理特别行政区的防务;任命行政长官和主要官员;决定特别行政区进入紧急状态;解释特别行政区基本法,全国人民代表大会常务委员会授权特别行政区在审理案件时对基本法关于特别行政区自治范围内的条款自行解释;修改特别行政区基本法。

特别行政区高度自治权的内容有:

① 行政管理权,凡属于特别行政区自治范围内的行政事务,均由特别行政区政府负责管理或处理。

② 立法权,除了有关外交、国防和其他按基本法规定不属于特别行政区自治范围的法律,特别行政区不能自行制定外,其余所有民事的、刑事的、商事的和诉讼程序方面的法律都可以制定。特别行政区制定的法律要报全国人大常委会备案,但备案不影响该法律的生效。对于不符合宪法、基本法的法律,全国人大常委会可将法律发回,既不修改,也不撤销,由特别行政区的立法机关决定。

③ 独立的司法权和终审权,特别行政区各级法院依法行使审判权,不受任何干涉;终审权属于特别行政区终审法院。它们对国防及外交等国家行为无管辖权。

3. 特别行政区的政治经济制度

特别行政区政治体制由行政长官、政府、立法会、法院等机构组成。行政长官具有双重身份，既是特别行政区的首长，代表特别行政区；又是特别行政区政府的首长，领导特别行政区政府，对中央人民政府和本特别行政区负责。政府是特别行政区的行政机关。立法会是特别行政区的立法机关，行使立法权、监督权和其他职权。法院是特别行政区的司法机关，独立于行政、立法之外，其活动不受任何干涉，享有司法终审权。

特别行政区保留了港澳原有的司法独立原则和行政主导作用，行政机关与立法机关既相互制衡又相互配合，基本上是实行资本主义"三权分立"的政体制度。

特别行政区实行完全市场经济的资本主义经济制度。

4. 特别行政区的法律制度

（1）特别行政区基本法

特别行政区基本法是由全国人大制定的体现"一国两制"方针的法律，它在特别行政区的法律体系中具有特殊的法律地位，高于特别行政区的其他法律，特别行政区制定的法律必须以基本法为依据，不得同基本法相抵触。

（2）被继续采用的原有法律

除同基本法相抵触或经香港特别行政区的立法机关作出修改的法律外，特别行政区原有法律基本不变。但原有法律是有特定范围的，主要是指在当地形成的法律。原有法律是否被采用要经过全国人民代表大会常务委员会审查。

（3）特别行政区立法机关制定的法律

特别行政区的立法机关对凡属高度自治范围内的事项都可立法，其制定的法律须报全国人民代表大会常务委员会备案。备案不影响法律的生效。

（4）在特别行政区实施的全国性法律

必须是载明在基本法附件三中的法律，这些法律并不能自动生效，需要由特别行政区将法律公布或由立法实施。附件上所指的全国性法律有：《关于中华人民共和国国都、纪年、国歌、国旗的决议》、《关于中华人民共和国国庆日的决议》、《国籍法》、《国旗法》、《国徽法》、《中华人民共和国外交特权与豁免条例》、《中华人民共和国领海及毗连区法》、《驻军法》等。

特定情况下，全国性法律在特别行政区的适用：如果全国人民代表大会常委会决定宣布战争状态或因特别行政区发生特别行政区政府不能控制的危及国家统一或安全的动乱而决定特别行政区进入紧急状态，中央人民政府可以发布命令将有关全国性的法律在特别行政区实施。

三、国家基本文化制度

国家的基本文化制度是一国通过宪法和法律调整以社会意识形态为核心的各种基本关系的规则、原则和政策的总和。

我国《宪法》第 19 条规定："国家发展社会主义的教育事业，提高全国人民的科学文化水平。国家举办各种学校，普及初等义务教育，发展中等教育、职业教育和高等教育，并且发展学前教育。国家发展各种教育设施，扫除文盲，对工人、农民、国家工作人员和其他劳动者进行政治、文化、科学、技术、业务的教育，鼓励自学成才。国家鼓励集体经济组织、国家企业事业组织和其他社会力量依照法律规定举办各种教育事业。国家推广全国通用的普通话。"第 20 条规定："国家发展自然科学和社会科学事业，普及科学和技术知识，奖励科学研究成果和技术发明创造。"第 21 条规定："国家发展医疗卫生事业，发展现代医药和我国传统医药，鼓励和支持农村集体经济组织、国家企业事业组织和街道组织举办各种医疗卫生设施，开展群众性的卫生活动，保护人民健康。国家发展体育事业，开展群众性的体育活动，增强人民体质。"第 22 条规定："国家发展为人民服务、为社会主义服务的文学艺术事业、新闻广播电视事业、出版发行事业、图书馆博物馆文化馆和其他文化事业，开展群众性的文化活动。国家保护名胜古迹、珍贵文物和其他重要历史文化遗产。"第 23 条规定："国家培养为社会主义服务的各种专业人才，扩大知识分子的队伍，创造条件，充分发挥他们在社会主义现代化建设中的作用。"第 24 条规定："国家通过普及理想教育、道德教育、文化教育、纪律和法制教育，通过在城乡不同范围的群众中制定和执行各种守则、公约，加强社会主义精神文明的建设。国家提倡爱祖国、爱人民、爱劳动、爱科学、爱社会主义的公德，在人民中进行爱国主义、集体主义和国际主义、共产主义的教育，进行辩证唯物主义和历史唯物主义的教育，反对资本主义的、封建主义的和其他的腐朽思想。"

四、国家基本司法制度

司法制度是指司法机关及其他的司法性组织的性质、任务、组织体系、组织与活动的原则以及工作制度等方面规范的总称。我国的司法制度包括侦查制度、检察制度、审判制度、监狱制度、仲裁制度、律师制度、人民调解制度、公证制度、司法行政管理制度、国家赔偿制度、法律援助制度等。

（一）侦查制度

侦查制度是指国家侦查机关的性质、任务、组织体系、组织与活动原则以及工作制度的总称。

1. 公安机关的地位和性质

公安机关是国家机构的重要组成部分，是政府的一个职能部门，依法管理社会治安，行使国家的行政权；同时，公安机关又依法侦查刑事案件，行使国家的司法侦查权。

2. 侦查工作制度

（1）受案、立案制度

公安机关对于公民扭送、报案、控告、检举或犯罪嫌疑人自首的，都应当立即接受，问明情况，并制作笔录，对受理的案件要迅速进行审查，对符合条件的应予立案，对疑难、复杂、重大案件决定立案的，应拟定侦查方案，视案情需要采取必要的措施。

（2）侦查程序制度

公安机关对已经立案的刑事案件，应进行侦查，全面、客观地收集、调取犯罪嫌疑人有罪或者无罪、罪轻或罪重的证据材料，并予以审查核实。根据需要采取各种侦查手段和措施，但必须严格按照法定的条件和程序进行。

（3）拘留、逮捕制度

公安机关对于现行犯或重大嫌疑分子有法定情形的，可以先行拘留；对有证据证明有犯罪事实，可能判处徒刑以上刑罚的犯罪嫌疑人，采取取保候审，监视居住等方法，尚不足以防止发生社会危险性而有逮捕必要的，应当提请检察机关批准予以逮捕。

（4）移送起诉制度

公安机关侦查终结的案件，对于犯罪事实清楚，证据确实、充分，犯罪性质和罪名认定正确，法律手续完备，依法应当追究刑事责任的，应当移送同级人民检察院审查决定是否起诉。

（5）证据制度

侦查人员必须严格依照法定程序，收集能够证实犯罪嫌疑人有罪或者无罪、犯罪情节轻重的各种证据。严禁刑讯逼供和以威胁、引诱、欺骗以及其他非法的方法收集证据。

（二）检察制度

检察制度是指国家检察机关的性质、任务、组织体系、组织和活动原则以及工作制度的总称。根据宪法和人民检察院组织法规定，人民检察院是国家的法律监督机关，行使国家的检察权。人民检察院由同级人民代表大会产生,向人民代表大会负责并报告工作。

1. 我国检察院的体制和种类

最高人民检察院是国家最高检察机关,领导地方各级人民检察院和专门检察院的工作。地方各级人民检察院包括:省、自治区、直辖市人民检察院;省、自治区、直辖市人民检察院分院,自治州和省辖市人民检察院;县、市、自治县和市辖区人民检察院;专门人民检察院主要包括军事检察院、铁路运输检察院。各级人民检察院都是与各级人民法院相对应而设置的,以便依照刑事诉讼法规定的程序办案。

2. 检察院的职权

根据人民检察院组织法和有关法律规定,人民检察院行使下列职权:①对叛国案、分裂国家案以及严重破坏国家的政策、法律、法令、政令统一实施的重大犯罪案件,行使检察权。②对直接受理的刑事案件,进行侦查。③对公安机关、国家安全机关侦查的案件,进行审查,决定是否逮捕、起诉;对侦查活动是否合法实行监督。④对刑事案件提起公诉、支持公诉;对人民法院的审判活动是否合法实行监督。⑤对刑事案件的判决、裁定的执行以及监狱、看守所和劳动教养机关的活动是否合法实行监督。⑥对人民法院的民事、行政审判活动实行监督。

3. 检察工作制度

检察工作制度是根据检察业务的范围和活动而形成的一些规则制度,主要有:

(1)侦查监督制度

侦查监督制度就是指人民检察院对公安机关(包括国家安全机关、监狱)的刑事侦查活动实行的监督制度。包括:①审查批准逮捕。宪法规定,任何公民非经人民检察院批准或决定或人民法院决定并由公安机关执行,不受逮捕。②审查起诉。人民检察院对公安机关侦查终结,移送起诉的刑事案件,经审查作出是否起诉的决定。③对侦查活动的监督。对侦查活动的监督是对公安机关的侦查活动是否违法进行的监督,包括是否刑讯逼供或变相刑讯逼供或诱供、骗供,侦查人员应否回避等内容。

(2)自侦制度

自侦制度是指人民检察院直接受理案件并立案侦查的制度。根据最高人民检察院1998 年年初制定的《关于人民检察院直接受理立案侦查范围的规定》共有 4 类 53 种案件由检察院直接立案侦查。包括:①《刑法分则》第八章规定的贪污贿赂犯罪及其他章中明确规定依照第八章相关条文定罪处罚的犯罪案件,包括贪污案、挪用公款案、受贿案等;②《刑法分则》第九章规定的渎职犯罪案件,包括滥用职权案、玩忽职守案、枉法追诉、裁判案等;③国家机关工作人员利用职权实施的下列侵犯公民人身权利和民主权利的犯罪案件,包括非法拘禁案、非法搜查案、刑讯逼供案;④国家机关工作人员利用职权实施的其他重大的犯罪案件,需要由人民检察院直接受理的时候,经省级以上人民检察院决定,可以由人民检察院立案侦查。

（3）公诉制度

根据刑法和刑事诉讼法的规定,除少数亲告罪可以自诉外,其他犯罪实行公诉制度。凡需公诉的案件,一律由人民检察院向有管辖权的人民法院提起公诉。对公安机关移送起诉的案件,一律由人民检察院进行审查,在 1 个月内作出是否起诉的决定,重大复杂的案件,可以延长半个月。经审查认为犯罪嫌疑人的犯罪事实已经查清,证据确实、充分,依法应当追究刑事责任的,应向有管辖权的人民法院提起公诉。

（4）审判监督制度

审判监督制度是指人民检察院对人民法院的民事、刑事、行政等审判活动进行监督的制度。例如,在刑事审判活动中,检察官出庭既是为支持公诉,又是以国家法律监督者的身份出庭监督法庭的审判活动。同时,检察院还有权对错误的刑事判决和裁定提出抗诉。

（5）对刑事判决的执行和监所的监督制度

它主要包括:第一,对执行死刑判决的监督。执行死刑时,人民检察院应派员临场监督、验明正身,防止错杀。第二,对监所执行刑罚的监督。包括对减刑、假释、保外就医、监外执行、缓刑等是否违法的监督。第三,对看守所和劳动教养机关的活动是否违法进行监督。

（三）审判制度

审判制度就是法院制度,包括法院的设置、法官、审判组织和活动等方面的法律制度。

1. 人民法院的组织和职权

根据现行宪法和人民法院组织法的规定,人民法院是国家的审判机关,其组织体系是:地方各级人民法院、专门人民法院和最高人民法院。各级各类人民法院的审判工作统一接受最高人民法院的监督。地方各级人民法院根据行政区划设置,专门法院根据需要设置。地方各级人民法院分为:基层人民法院、中级人民法院、高级人民法院。专门法院有军事法院、铁路运输法院、海事法院。

各级各类人民法院依照有关法律规定分级分类审理相应的民事案件、刑事案件和行政案件等,独立行使国家审判权。

2. 法院的审判组织制度

根据我国人民法院组织法和其他法律的规定,人民法院的审判组织目前有以下三种形式:

（1）独任庭

独任庭是由审判员一人审判简易案件的组织形式。依照法律规定,独任庭审判的案件是：第一审的刑事自诉案件和其他轻微的刑事案件；基层人民法院和它派出的人民法庭审判简单的民事案件和经济纠纷案件；适用特别程序审理的案件，除选民资格案件或其他重大疑难案件由审判员组成合议庭审判外，其他案件由审判员一人独任审判。

（2）合议庭

合议庭是由 3 名以上审判员或者审判员和人民陪审员集体审判案件的组织形式。人民法院对第一审刑事、民事和经济纠纷案件，除一部分简易案件实行独任审判外，其余的案件都由审判员 3 人组成合议庭进行审判；第一审行政案件一律由合议庭审判；第二审案件、再审案件和死刑复核案件全部由合议庭审判。

合议庭是人民法院审判案件的基本审判组织，其成员不是固定不变的，而是临时组成的，由院长或者庭长指定审判员 1 人担任审判长。院长或庭长参加审判案件的时候则自己担任审判长。合议庭评议案件时，如果意见分歧，应当少数服从多数，但是少数人的意见应当记入评议笔录，由合议庭的组成人员签名。

（3）审判委员会

依照人民法院组织法的规定，各级人民法院设立审判委员会。审判委员会委员由法院院长提请同级人民代表大会常务委员会任免。审判委员会由院长主持，其任务主要有三项：讨论重大的或者疑难的案件；总结审判经验；讨论其他有关审判工作的问题。

3. 审判工作的基本制度

（1）公开审判制度

根据我国《宪法》第 125 条规定，公开审判制度是指人民法院审理案件，除法律规定的特殊情况外，一律公开进行。对依法不公开审理的案件也要一律公开宣判。对依法应予公开审理的案件，法院在开庭前要公布案由、当事人的姓名、开庭时间和地点。

（2）辩护制度

《宪法》和《人民法院组织法》规定，被告人有权获得辩护。《刑事诉讼法》进一步规定，人民法院有义务保证被告人获得辩护，并对实行这一原则和制度作了具体规定。犯罪嫌疑人、被告人除自己行使辩护权以外，还可以委托一至二人作为辩护人。

（3）两审终审制度

《人民法院组织法》第 12 条规定：人民法院审判案件，实行两审终审制。两审终审制是指一个案件经过两级法院审判就宣告终结的制度。根据法律规定，下列案件实行一审终审：①最高人民法院审理的第一审案件；②基层人民法院按照民事诉讼法的特别程序审理的选民资格案件、认定公民无行为能力或限制行为能力案件、宣告失踪案件、宣告死亡案件和认定财产无主案件。

（4）合议制度

《人民法院组织法》第 10 条规定，人民法院审判案件实行合议制，除第一审的简单的民事案件和法律另有规定的案件外，都要组成合议庭进行。合议制度是指由 3 人以上审判员或 3 人以上审判员和人民陪审员组成合议庭审判案件的制度，又称合议制，它是与一个审判员独任审判相对而言的。合议庭组成人员必须是单数，一般为 3 人，实行少数服从多数的原则，可以保留少数人的意见，但须记入笔录。审判员和人民陪审员有同等的权利。

（5）回避制度

回避制度是指司法人员与其经办的案件或者案件的当事人有某种特殊的关系，可能影响案件的公正处理，因而不得参加处理这个案件的制度。

（6）死刑复核制度

死刑复核制度是指审查核准死刑案件所遵循的程序和方式、方法、规则的总称。《人民法院组织法》和《刑事诉讼法》规定，死刑案件除由最高人民法院判决的以外，应当报请最高人民法院核准。因杀人、强奸、抢劫、爆炸以及其他严重危害公共安全和社会治安而判处死刑的案件的核准权，最高人民法院在必要的时候，得授权省、自治区、直辖市的高级人民法院行使。中级人民法院判处死刑缓期 2 年执行的案件由高级人民法院核准。由最高人民法院核准死刑的案件，经中级人民法院判决后，须先经高级人民法院复核同意，再报请最高人民法院核准。如果高级人民法院不同意判处死刑的，可以提审或者发回重新审判。

（7）审判监督制度

审判监督制度又称再审制度，是指人民法院对已经发生法律效力的判决和裁定依法重新审判的一种特别的审判工作制度。因此，也可以说，审判监督制度是对两审终审制度的一项补救措施。

（8）司法协助制度

司法协助制度是指一国的司法机关（主要是法院）根据国际条约或双边、多边协定，在没有条约的情况下则按互惠原则，应另一国司法机关或有关当事人的请求，代为履行诉讼过程的一定司法行为。我国的司法协助主要包括三个方面的内容：①送达文书和调查取证；②相互承认和执行法院判决和仲裁裁决；③刑事司法协助，包括送达文书、调查取证和引渡犯罪，等等。

（四）监狱制度

监狱制度是关于罪犯收监制度，罪犯提出申诉、控告、检举的处理制度，监外执行制度，减刑、假释制度，释放制度及其罪犯管理等制度的总称。1994 年 12 月 20 日，第八届全国人民代表大会常务委员会第十一次会议通过《中华人民共和国监狱法》（以下简称《监狱法》），同日颁布实施，标志着中国监狱制度揭开了新的篇章。

1. 监狱的管理体制

监狱法规定,国务院司法行政部门主管全国的监狱工作,司法部设监狱管理局,作为司法部管理全国监狱的职能部门。各省、自治区、直辖市的司法厅(局)主管本行政区域所辖范围内的监狱工作;省、自治区、直辖市的监狱管理局在当地司法厅(局)的领导下具体管理辖区内的监狱工作。

监狱法规定,监狱的设置、撤销、迁移,由国务院司法行政部门批准。我国监狱包括关押被人民法院判处有期徒刑、无期徒刑和死刑缓期 2 年执行的成年罪犯的场所和未成年犯的场所,后者一般称未成年犯管教所。

监狱法规定,监狱的管理人员是人民警察,这一规定明确了监狱管理人员的法律地位。监狱警察是人民警察的一个警种,与公安机关人民警察、安全机关人民警察、司法机关司法警察具有同等的法律地位。

监狱法规定,国家保障监狱改造罪犯所需的经费。监狱警察经费、罪犯改造经费、罪犯生活经费、狱政设施经费及其他专项经费,列入国家预算。国家提供罪犯劳动必需的生产设施和生产经费。监狱依法使用的土地、矿产资源和其他自然资源以及监狱的财产,受法律保护,任何单位或个人不得侵占、破坏。

2. 监狱的职能和工作原则

(1) 监狱的职能

监狱是国家的刑罚执行机关。其职能是依照刑法和刑事诉讼法的规定,对被判处死刑缓期 2 年执行、无期徒刑、有期徒刑的罪犯,在监狱内执行刑罚。

(2) 监狱工作的基本原则

《监狱法》第 3 条规定:监狱对罪犯实行惩罚和改造相结合,教育和劳动相结合的原则,将罪犯改造成为守法公民。①惩罚和改造相结合原则。监狱执行刑罚,首先是对犯罪分子实施惩罚。惩罚是刑罚的固有属性,没有惩罚,就难以使犯罪分子认罪伏法、改恶从善。惩罚与改造相比,惩罚重在强制,改造重在转化。惩罚是手段,改造是目的。惩罚的目的是为了把犯罪分子改造成为守法公民,这也是我国刑罚的根本性质所在。监狱不是为惩罚而惩罚,而是把惩罚与改造活动紧密地结合起来,并有明确的目的性,即把罪犯改造成为守法公民。②教育和劳动相结合原则。为了有效地改造罪犯,还必须在执行刑罚中坚持贯彻教育和劳动相结合的原则。这里的教育是指对罪犯进行思想教育、文化教育、职业技术教育。劳动是指从事一定的生产活动。必须把教育改造和劳动改造两者很好地结合起来。

3. 刑务执行制度

刑务执行制度是指刑罚执行机关依照法律规定的执行范围将审判机关已经发生法律效力的刑事判决和裁定付诸实施的活动中有关刑罚执行事务处理的规定的总称。主要包括下述几个方面的内容：

（1）收监

收监是指监狱按照法定程序将被判处死刑缓期 2 年执行、无期徒刑、有期徒刑的罪犯收押入监的活动。收监意味着刑罚执行的开始，是一项严肃的执法活动，必须严格依照法定程序执行。

（2）对罪犯提出的申诉、控告、检举的处理

在刑罚执行过程中，监狱对罪犯提出的申诉材料，应当及时转请人民检察院或者人民法院处理，不得扣压。为方便罪犯申请，监狱应当设立犯人申诉箱，并指定专人开箱处理，人民检察院或人民法院应当自收到监狱提请处理意见书之日起 6 个月内将处理结果通知监狱。监狱对罪犯提出的控告、检举材料应当按法律规定的管辖范围予以处理。不属于监狱管辖范围的，应当及时转送公安机关或者人民检察院处理，属于监狱管辖范围的，监狱应当及时处理。

（3）监外执行

监外执行是对符合法定条件的罪犯暂予变更刑罚执行场所的一种刑罚执行制度。监外执行有两种情况：一是判决宣告时，根据刑事诉讼法的规定，罪犯有严重疾病需要保外就医，或者罪犯是怀孕或正在哺乳自己婴儿的妇女，由人民法院决定监外执行。二是在刑罚执行过程中，根据有关法规的规定，因下述情况而由刑罚执行机关决定的监外执行：罪犯患有严重疾病，短期内有死亡危险；患有严重慢性疾病，长期医治无效；年龄在 60 岁以上，身体有病，已失去危害社会可能；身体残废，失去劳动能力。刑罚执行机关决定的暂予监外执行，由监狱提出书面意见，报省、自治区、直辖市监狱管理机关批准。

暂予监外执行的情形消失后，属于人民法院决定的监外执行，如果原判刑期尚未执行完毕，应当由公安机关送交监狱办理收监手续后继续执行刑罚；属于监狱决定的监外执行，刑期未满的，负责执行的公安机关应当及时通知监狱收监；刑期届满的，由原关押监狱办理释放手续。罪犯在暂予监外执行期间死亡的，公安机关应当及时通知原关押监狱。

（4）减刑和假释

减刑是对刑罚执行期间的罪犯依照法定条件和程序减轻其原判刑罚的一项制度。对于符合法定减刑条件的，由监狱向人民法院提出减刑建议，人民法院应当自收到减刑建议书之日起 1 个月内予以审核裁定；案情复杂或情况特殊的，可延长 1 个月。假释是指对刑罚执行期间符合法定条件的罪犯附条件地予以提前释放的一项制度，对符合假释条件的罪犯，由监狱根据考核结果向人民法院提出假释建议，人民法院应当自收到假释建议书之日起 1 个月内予以审核裁定；案情复杂或情况特殊的，可延长 1 个月。

（5）释放和安置

被判处有期徒刑的罪犯，刑期届满，监狱应当按期释放，并发给释放证明书。监狱要对其服刑期间的改造表现作出书面鉴定，连同判决书抄件一并移送释放人员安置落户所

在地的公安机关。刑满释放人员持释放证明书到所在地公安机关申报落户。刑满释放人员依法享有与其他公民平等的权利。

4.狱政管理制度

狱政管理制度是指刑罚执行机关对在监狱内服刑的罪犯执行刑罚过程中实施各项具体的行政管理活动的原则、规定、办法等的总称。主要包括以下几个方面。

（1）分类制度

分类制度是指刑罚执行机关对在监狱内服刑的罪犯，根据他们的犯罪类型、刑罚种类、刑期长短、改造表现以及年龄、性别和其他情况的差异，实行分类关押、分类管理、分类教育的一种狱政管理制度。

（2）警戒、戒具和武器的使用制度

警戒包括武装警戒，即人民武装警察部队为了维护监狱的正常秩序和安全而实施的警戒活动，以及内卫警戒，即内卫看守，指刑罚执行机关在监狱的警戒线以内对罪犯实施的警戒和管理工作。除此之外，刑罚执行机关和武警部队还应当发动监狱周围的民兵组织、治保组织以及人民群众协助搞好监狱外围的联防工作，一旦发生犯罪分子越狱、暴动、骚乱或外部的犯罪分子劫狱、骚扰等情况，共同予以堵截或平息。

戒具是对有危险行为的罪犯的人身所使用的防御性器具。对老年患病、残疾罪犯以及未成年犯在一般情况下禁止使用戒具，对女犯，除个别特殊情况外，也不得使用戒具。凡加戴戒具的罪犯都不应再参加监狱内的劳动。对罪犯使用戒具，必须事先报请监狱主管领导批准，遇有特别紧急的情况，可以先加戴戒具，但应立即补办报批手续。罪犯加戴手铐、脚镣的时间，除经人民法院确定执行死刑等待执行的以外，一般为 7 天，最长不得超过 15 天。

担任警戒任务的人民武装警察部队的值勤人员和监狱的人民警察在遇有紧急情况时可依国家有关规定使用武器。

（3）通信、会见制度

罪犯在服刑改造期间，可以与他人通信。其收发的信件必须经过监狱有关部门的检查，但罪犯写给监狱的上级机关和司法机关的信件不受检查。

罪犯在服刑期间可以会见亲属或监护人。原则上不准会见非亲属关系的人，但特殊情况经监狱批准的除外。

根据监狱执行刑罚的实践，除了正常的罪犯会见制度以外，还可以在特殊的情况下，安排罪犯离监探家，回家探望亲属或者处理家庭突发的变故。罪犯离监探家的时间一般为 3 至 5 天，特殊情况不超过 7 天。

（4）生活、卫生制度

成年罪犯每天的劳动时间一般为 8 小时，确因生产需要不得不延长劳动时间的，必须报监狱主管领导批准。

罪犯的学习时间一般为每天 2 小时,睡眠时间要保证每天不少于 8 小时。未成年罪犯实行半天劳动、半天学习的制度,每天的睡眠时间不少于 9 小时。对未成年犯不能搞重体力劳动、超体力劳动以及其他有碍未成年犯身体健康的生产劳动。罪犯每天要保证一定的文体活动时间。罪犯在法定的节假日和休息日应放假休息。

罪犯的饮食标准应当按照当地同类国营企业同工种的标准供给,不得克扣。监狱的罪犯伙房需要配备专职干部进行管理,尽力调剂和改善罪犯的伙食。

罪犯居住的监房及其周围设施的建造,应当符合对罪犯监管的特殊要求,同时也要符合国家规定,如卫生、防火、防震的标准。监舍内要有必要的取暖设备。各监狱还应当按照本监狱的规模和在押罪犯的数量分别设置医务所或者医院等医疗机构,并且配备必要的医疗设备和药品。

（5）奖惩制度

奖惩是刑罚执行机关对罪犯接受教育改造和劳动改造的情况进行考核和评比,并根据考核和评比的结果对罪犯依照法律规定的条件和程序给予不同的奖励和惩罚。

对罪犯的考核包括:思想改造方面的考核;接受政治、文化、技术教育方面的考核;遵守监规纪律方面的考核;劳动改造方面的考核,等等。

对罪犯的奖励分为表扬、物质奖励和记功三种形式;处分为分警告、记过、禁闭三种形式。对罪犯的奖励或处罚情况应当如实记入罪犯的服刑档案。

（五）仲裁制度

仲裁制度是指民(商)事争议的双方当事人达成协议,自愿将争议提交选定的第三者根据一定程序规则和公正原则作出裁决,并有义务履行裁决的一种法律制度。仲裁通常为行业性的民间活动,是一种私行为,即私人裁判行为,而非国家裁判行为,它与和解、调解、诉讼并列为解决民(商)事争议的方式。但仲裁依法受国家监督,国家通过法院对仲裁协议的效力、仲裁程序的制定以及仲裁裁决的执行和遇有当事人不自愿执行的情况时,可按照审判地法律所规定的范围进行干预。因此,仲裁活动具有司法性,是中国司法制度的一个重要组成部分。1994 年 8 月 31 日颁布的《中华人民共和国仲裁法》统一了全国的仲裁制度,采用国际上通行的基本原则、基本制度、习惯做法,使我国的仲裁制度与国际仲裁制度接轨。

1. 仲裁制度的基本原则

（1）自愿原则

当事人采用仲裁方式解决纠纷,应当双方自愿,达成仲裁协议,没有仲裁协议一方申请仲裁的,仲裁委员会不予受理。

（2）独立原则

仲裁依法独立进行，不受行政机关、社会团体和个人的干涉，具体表现在：①仲裁机构不属于行政机关；②仲裁机构的设置以按地域设置为原则，相互独立，没有上下级之分，没有隶属关系；③仲裁委员会、仲裁协会与仲裁庭三者之间相互独立，仲裁庭依法对案件进行审理，不受仲裁协会、仲裁委员会的干预；④法院必须依法对仲裁活动行使监督权，仲裁并不附属于审判，仲裁机构也不附属于法院。

（3）合法、公平原则

仲裁法规定，仲裁应当根据事实，符合法律规定，公平合理地解决纠纷。

2. 仲裁体制

仲裁委员会是常设性仲裁机构，一般在直辖市和省、自治区人民政府所在地的市设立，也可以根据需要在其他设区的市设立，不按行政区划层层设立。仲裁委员会由市的人民政府组织有关部门和商会统一组建，并应经省、自治区、直辖市的司法行政部门登记。

仲裁委员会由主任 1 人，副主任 2 至 4 人和委员 7 至 11 人组成。仲裁委员会的主任、副主任和委员由法律、经济贸易专家和有实际工作经验的人员担任。仲裁委员会的组成人员中，法律、经济贸易专家不得少于 1/3。

仲裁委员会受理仲裁案件后，并不直接仲裁案件，而是组成仲裁庭行使仲裁权。仲裁庭的组织形式分为合议制和独任制两种。合议制由 3 名仲裁员组成仲裁庭，其中 1 名为首席仲裁员，负责主持案件的仲裁，独任制由 1 名仲裁员组成仲裁庭。当事人约定由 3 名仲裁员组成仲裁庭的，应当各自选定或各自委托仲裁委员会主任指定 1 名仲裁员，第三名仲裁员是首席仲裁员，应当由当事人共同选定或共同委托仲裁委员会主任指定。当事人约定由 1 名仲裁员组成仲裁庭的，应当由当事人共同选定或共同委托仲裁委员会主任指定。

中国仲裁协会是仲裁人员的自律性组织，根据章程对仲裁委员会及其组成人员、仲裁员的违纪行为进行监督。

3. 仲裁的基本制度

（1）或裁或审制度

该制度体现了对当事人选择争议解决途径的权利的尊重，其含义是：①当事人达成仲裁协议的，排除了法院对争议的管辖权，只能向仲裁机构申请仲裁，而不能向法院起诉。②当事人签订的仲裁协议虽然排除了法院对争议的管辖权，但在某些特定情况下，法院对受理的已有仲裁协议的争议拥有管辖权，这些情况包括：一是仲裁协议无效或失效的；二是一方当事人起诉后，另一方当事人应诉，进行了实质性答辩，并未就管辖权问题提出异议的，可视为放弃了原有的仲裁协议，法院可对案件继续审理。

（2）一裁终局制度

一裁终局制度的含义是指裁决作出后即发生法律效力，即使当事人对裁决不服，也不能再就同一争议向法院起诉，同时也不能再向仲裁机构申请仲裁或复议。当事人对裁决应当自动履行，否则，对方当事人有权申请人民法院强制执行。但是，当事人认为仲裁裁决确有错误，即符合法律规定的撤销情形时，可依法向法院申请审查核实，予以裁定撤销。这是对一裁终局制度的一项补救措施。

（六）律师制度

律师制度是指国家法律规定的有关律师的性质、任务、组织和活动原则，以及律师如何向社会提供法律服务的法律规范的总称。

1. 律师的性质、任务和地位

《律师法》第 2 条规定："本法所称的律师，是指依法取得律师执业证书，接受委托或者指定，为当事人提供法律服务的执业人员。"我国的律师是我国社会主义法制建设中不可缺少的一支重要力量。《律师法》第 3 条规定："律师执业必须遵守宪法和法律，恪守律师职业道德和执业纪律。""律师执业必须以事实为依据，以法律为准绳。"

律师的任务是指由国家法律明确规定的，通过律师的执业活动所要实现的目的。根据《律师法》第 2 条第二款的规定，维护当事人的合法权益，维护法律的正确实施，维护社会公平和正义就是律师的任务。律师任务的这三个方面是相辅相成、密切联系、辩证统一的关系。

律师的地位是指律师在社会生活中和诉讼过程中，所应有的地位和享有的权利，以及所起的作用。我国的律师在诉讼中处于一种独立的诉讼地位。律师既不从属于人民法院和人民检察院也不完全从属于当事人，律师参与诉讼维护当事人的合法权益，处于一种独立的诉讼参与人的地位。律师不仅享有一般诉讼参与人的诉讼权利，而且还享有与履行律师职责有关的诉讼权利。

2. 律师的执业条件

根据《律师法》第 5 条规定，申请律师执业，应当具备下列条件：拥护中华人民共和国宪法；通过国家统一司法考试；在律师事务所实习满一年；品行良好。

3. 律师执业机构

《律师法》第 14 条规定，律师事务所是律师的执业机构，是对律师行为进行规范管理的基础单位；律师执业是受律师事务所的指派，以律师事务所的名义进行的。

《律师法》规定了三种形式的律师事务所：国家出资设立的律师事务所、合伙律师事务所和个人律师事务所。以不同条件成立的律师事务所采用不同的运行机制，同时不同条件的律师事务所承担不同的法律义务。

申请设立律师事务所应当具备一定条件,并经省、自治区、直辖市以上人民政府司法行政部门审核,颁发律师事务所执业证书。律师事务所可以设立分所。律师事务所变更名称、负责人、章程、合伙协议的,应当报原审核部门批准。

律师承办业务,由律师事务所统一接受委托,与委托人签订书面委托合同,按照国家规定向当事人统一收取费用并如实入账。律师事务所和律师不得以诋毁其他律师或者支付介绍费等不正当手段争揽业务。

律师法规定,律师必须加入所在地的地方律师协会,加入地方律师协会的律师,同时是中华全国律师协会的会员。律师协会会员按照律师协会章程,享有章程赋予的权利,履行章程规定的义务。律师协会是社会团体法人,是律师的自律性组织。司法行政机关与律师协会的关系,是指导与被指导、监督与被监督的关系。

4. 执业律师的业务和权利、义务

律师可以从事下列业务:①接受自然人、法人和其他组织的委托,担任法律顾问;②接受民事案件、行政案件当事人的委托,担任代理人,参加诉讼;③接受刑事案件犯罪嫌疑人的委托,为其提供法律咨询,代理申诉、控告,为被逮捕的犯罪嫌疑人申请取保候审,接受犯罪嫌疑人、被告人的委托或者人民法院的指定,担任辩护人,接受自诉案件自诉人、公诉案件被害人或者其近亲属的委托,担任代理人,参加诉讼;④接受委托,代理各类诉讼案件的申诉;⑤接受委托,参加调解、仲裁活动;⑥接受委托,提供非讼诉法律服务;⑦解答有关法律的询问、代写诉讼文书和有关法律事务的其他文书。

律师依法拥有的权利主要有:承办法律事务进行调查的权利;查阅案卷材料的权利;同限制人身自由的人会见和通信的权利;出席法庭参与诉讼的权利;拒绝辩护和代理的权利以及律师的人身权利不受侵犯等。

律师依法应尽的义务主要有:遵守宪法和法律,恪守律师职业道德和执业纪律的义务;不得无故拒绝辩护和代理的义务;提供法律援助的义务;保密的义务;不得承办特定案件的义务;不得私自接受委托的义务;不得利用法律服务的便利牟取当事人争议的利益,或者接受对方当事人的财物;不得违反规定会见法官、检察官;不得向法官、检察官、仲裁员以及其他有关工作人员请客送礼或者行贿,或者指使、诱导当事人行贿;不得妨害作证以及不得扰乱法庭、仲裁庭秩序等。

（七）调解制度

调解制度是指经过第三者的排解疏导、说服教育,促使发生纠纷的双方当事人依法自愿达成协议,解决纠纷的一种活动。中国当代的调解制度已形成了一个调解体系,具有鲜明的特色,主要有人民调解、法院调解、行政调解和仲裁调解四种。这里主要介绍人民调

解制度。

1. 人民调解制度的性质和任务、原则

依据《宪法》第 111 条规定,人民调解委员会是基层群众自治组织,即居民委员会、村民委员会下设的一个工作委员会,其专门职责是调解民间纠纷。人民调解制度的性质是一种司法辅助制度,是一种人民民主自治制度,是人民群众自己解决纠纷的法律制度,是一种具有中国特色的司法制度。

人民调解委员会的任务为调解民间纠纷,并通过调解工作宣传法律、法规、规章和政策,教育公民遵纪守法,尊重社会公德。

人民调解应遵循合理合法原则、自愿平等原则、尊重诉权原则。

2. 人民调解的组织形式

人民调解委员会是村民委员会和居民委员会下设的调解民间纠纷的群众性组织,在基层人民政府和基层人民法院指导下工作。人民调解委员会由委员 3 至 9 人组成,设主任 1 人,必要时可设副主任。

人民调解委员会不应仅仅是消极被动地排解纠纷,而应注意调防结合,主动积极地预防、减少民间纠纷,防止民间纠纷的激化。

（八）公证制度

公证是指国家认可的公证机构根据自然人、法人或者其他组织的申请,依照法定程序对民事法律行为、有法律意义的事实和文书的真实性、合法性予以证明活动。公证制度是关于公证机构设置、公证业务范围、公证效力、公证程序等证明活动制度的总称。

我国的公证原来是指国家专设的公证处代表国家对民事法律关系依法进行的证明活动,即国家公证机关根据当事人的申请,依法证明法律行为、有法律意义的文书和事实的真实性、合法性,以保护公共财产,保护公民身份上、财产上的权利和合法利益。2000 年 10 月 1 日起,根据司法部施行的《关于深化公证工作改革的方案》,推进公证机构向事业单位转制。改革后的公证机构不再是行政机构,而成为执行国家公证职能,自主开展业务,独立承担责任,按市场规律和自律机制运行的公益性、非营利性的事业法人,今后国家不再审批设立行政体制的公证机构。全国公证员考试也将由系统内部考试改为向全社会开放,由司法部统一组织实施。为了规范公证活动,保障公证机构和公证员依法履行职责,预防纠纷,保障自然人、法人和其他组织的合法权益,2005 年 8 月 28 日,第十届全国人民代表大会常务委员会第十七次会议通过了《中华人民共和国公证法》(以下简称《公证法》)并于 2006 年 3 月 1 日起施行。

1. 公证体制

根据《公证法》，公证机构按照统筹规划、合理布局的原则，可以在县、不设区的市、设区的市、直辖市或者市辖区设立；在设区的市、直辖市可以设立一个或者若干个公证机构。公证机构不按行政区划层层设立。设立公证机构，由所在地的司法行政部门报省、自治区、直辖市人民政府司法行政部门按规定程序批准后，颁布公证机构执业证书。

中国公证协会是由公证员、公证机构、公证管理人员及其他与公证事业有关的专业人员、机构组成的社会团体法人。根据《公证法》，全国设中国公证协会，各省、自治区、直辖市设地方公证协会。中国公证协会现有团体会员 3 180 个，个人会员 18 313 人。协会的主要职责是：①协助政府主管部门管理、指导全国的公证工作，指导各地公证协会的工作；②维护会员的合法权益，支持会员依法履行职责；③举办会员福利事业；④对会员进行职业道德、执业纪律教育，协助司法行政机关查处会员的违纪行为；⑤负责会员的培训，组织会员开展学术研讨和工作经验交流；⑥负责全国公证员统一考试的具体组织工作；⑦负责公证宣传工作，主办公证刊物；⑧负责与国外和港、澳、台地区开展有关公证事宜的研讨、交流与合作活动；⑨按照《两岸公证书使用查证协议》的规定，负责海峡两岸公证书的查证和公证书副本的寄送工作；⑩负责公证专用水印纸的联系生产、调配，协助行政主管部门做好管理工作；⑪对外提供公证法律咨询服务等。

全国会员代表大会是协会的最高权力机关，每 3 年举行一次。理事会是全国会员代表大会闭会期间的常设机构，理事会议每年举行一次。

2. 公证业务范围

公证的业务主要包括：①证明民事法律行为，如证明合同、委托、遗嘱、赠与、财产分割、收养子女等；②证明有民事法律意义的事实，如证明出生、死亡、结婚、离婚、亲属关系、身份、学历、经历等；③证明有民事法律意义的文书，如证明文书上的签名、印鉴属实，证明文件的副本、节本、译本、影印本与原本相符等；④证明债权文书的执行力，如各种还款（物）协议，追偿债款的借贷契约等的执行力；⑤辅助性业务，如保全证据、保管遗嘱或其他文件，代当事人起草申请公证的文书等。实践中的公证业务还包括办理提存，开奖等公证。

3. 公证的效力

公证书一般具有以下四种效力：

① 证据效力又称证据能力。即它在法律上的证明资格。经过法定程序公证证明的法律行为、法律事实和文书，人民法院应当作为认定事实的根据，但有相反证据足以推翻公证证明的除外。

② 执行效力。经过公证处证明有强制执行效力的债权文书，一方当事人不按文书规定履行时，对方当事人可以向有管辖权的基层人民法院申请执行。

③ 法律效力。某些法律行为只有经过公证证明后才成立生效，才具有法律约束力，才受到国家的保护，如收养子女、中国公民同外国人办理婚姻登记等行为。

④ 域外效力。按照国际惯例，我国公民或法人发往域外使用的文书，经公证机构证明后，并经我国外事部门或外国驻华使、领馆的认证，可在国外发生法律上的效力，取得使用国的承认。

（九）司法行政管理制度

司法行政是指国家专门机关对有关监狱管理、劳动教养管理、法制宣传、律师、公证、人民调解、法学教育、法学研究、依法治理等司法领域的行政事务实行国家管理的活动。司法行政管理制度是关于普法、依法治理、基层人民调解、监狱、劳教、法律服务、法律援助等司法行政管理制度的总称。

1. 司法行政管理体制

司法行政机关是依法成立的行使国家司法行政职权的行政部门，它是国家机构的重要组成部分，是人民政府的职能部门之一。它负责管理司法行政和法律规定的司法工作。在司法行政机关的组织体系中，司法部对全国司法行政机关实行领导，地方各级司法行政机关受上级司法行政机关的领导，同时也受同级人民政府的领导。我国各级司法行政机关在各级党委、政府的正确领导下，坚持为巩固人民民主政权和国家长治久安服务；为改革开放和经济建设服务；为社会主义民主和法制建设服务；为保护人民民主权利，方便人民群众生活服务。开拓创新，艰苦奋斗，使司法行政各项业务工作蓬勃发展。

2. 司法部的司法行政管理职能和任务

司法部司法行政管理的职能和任务主要有：

（1）监督和指导全国监狱执行刑罚、改造罪犯的工作；

（2）监督和指导全国劳动教养工作；

（3）制定全国法制宣传教育和普及法律常识规划并组织实施、指导和检查各地区、各行业的依法治理工作，指导对外法制宣传工作，管理法制报刊；

（4）监督和指导全国的律师工作和法律顾问工作，管理社会法律服务机构和在华设立的外国（境外）律师机构；

（5）监督和指导全国公证机构和公证业务活动，负责委托港澳地区律师办理在内地使用的公证事务；

（6）指导全国的人民调解员和司法助理员的工作；

（7）管理部直属的高等政法院校，指导全国的中等、高等法学教育工作和法学理论研究工作；

（8）组织参加联合国有关预防犯罪领域的会议和活动,承办联合国有关对口部门的往来业务,组织参加国际有关人权问题的法律研讨和交流活动,开展政府间的法律交流与合作;

（9）参加与外国签订司法协助协定的谈判,负责国际司法协助协定执行的有关事宜;

（10）参与国家立法工作,组织司法领域人权问题研究;

（11）监督大型监狱、劳动教养场所国有资产的保值增值,管理直属单位的国有资产;

（12）指导全国司法行政系统的队伍建设和思想政治工作,协助省、自治区、直辖市管理司法厅（局）领导干部。

（十）国家赔偿制度

国家赔偿又称国家侵权损害赔偿,是由国家对行使公权的侵权行为造成的损害后果承担赔偿责任的活动。国家赔偿制度是关于国家赔偿原则、种类、范围、赔偿义务机关、赔偿程序等一系列制度的总称。

我国于 1994 年 5 月 12 日第八届全国人民代表大会通过《中华人民共和国国家赔偿法》(以下简称《国家赔偿法》),该法第 2 条规定:"国家机关和国家机关工作人员违法行使职权侵犯公民、法人和其他组织的合法权益造成损害的,受害人有依照本法取得国家赔偿的权利。"

我国的《国家赔偿法》规定了行政赔偿和刑事赔偿两种国家赔偿。

1. 行政赔偿

行政赔偿是指行政机关及其工作人员违法行使行政职权,侵犯公民、法人和其他组织的合法权益造成损害的,由国家承担赔偿责任的赔偿。行政赔偿是国家赔偿的主要组成部分。

行政赔偿的范围是:①违法拘留或者违法采取限制公民人身自由的行政强制措施的;②非法拘禁或以其他方法非法剥夺公民人身自由的;③以殴打等暴力行为或者唆使他人以殴打等暴力行为造成公民身体伤害或者死亡的;④违法使用武器、警械造成公民身体伤害或者死亡的;⑤造成公民身体伤害或者死亡的其他违法行为;⑥违法实施罚款、吊销许可证和执照、责令停产停业、没收财物等行政处罚的;⑦违法对财产采取查封、扣押、冻结等行政强制措施的;⑧违反国家规定征收财物、摊派费用的;⑨造成财产损害的其他违法行为。

国家不承担行政赔偿责任的几种情形有:①行政机关工作人员与行使职权无关的个人行为;②因公民、法人和其他组织自己的行为致使损害发生的;③法律规定的其他情形。

根据《国家赔偿法》,赔偿义务机关的确定分以下几种情形:①行政机关及其工作人员行使职权侵犯公民、法人和其他组织的合法权益造成损害的,该行政机关为赔偿义务机关;②两个以上行政机关共同行使职权时侵犯公民、法人和其他组织的合法权益造成损害的,共同行使行政职权的行政机关为共同赔偿义务机关;③法律、法规授权的组织在行使授予的行政权力时侵犯公民、法人和其他组织的合法权益造成损害的,被授权的组织为赔偿义务机关;④受行政机关委托的组织或个人在行使受委托的行政权力时侵犯公民、法人和其他组织的合法权益造成损害的,委托的行政机关为赔偿义务机关;⑤赔偿机关被撤销的,继续行使其职权的行政机关为赔偿义务机关,没有继续行使其职权的行政机关的,撤销该赔偿义务机关的行政机关为赔偿义务机关;⑥经复议机关复议的,最初造成侵权行为的行政机关为赔偿义务机关,但复议机关的复议决定加重损害的,复议机关对加重的部分履行赔偿义务。

行政赔偿请求人应当先向赔偿义务机关提出赔偿要求,也可以在申请行政赔偿复议和提起行政诉讼时一并提出,但不得不经赔偿义务机关处理而直接提起诉讼。

2. 刑事赔偿

刑事赔偿是指司法机关错拘、错捕、错判而引起的国家赔偿。

刑事赔偿的范围是:①对没有犯罪事实或者没有事实证明有犯罪重大嫌疑的人错误拘留的;②对没有犯罪事实的人错误逮捕的;③依照审判监督程序再审改判无罪,原判刑罚已经执行的;④刑讯逼供或者以殴打等暴力行为或者唆使他人以殴打等暴力行为造成公民身体伤害或者死亡的;⑤违法使用武器、警械造成公民身体伤害或者死亡的;⑥违法对财产采取查封、扣押、冻结、追缴等措施的;⑦依照审判监督程序再审改判无罪,原判罚金、没收财产已经执行的。

国家不承担刑事赔偿责任的几种情形有:①因公民自己故意作虚伪供述,或者伪造其他有罪证据被羁押或者被判处刑罚的;②依照《刑法》第14、第15条规定不负刑事责任的人被羁押的;③依照《刑事诉讼法》第11条规定不追究刑事责任的人被羁押的;④行使国家侦查、检察、审判、监狱管理职权的机关的工作人员与行使职权无关的个人行为;⑤因公民自伤、自残等故意行为致使损害发生的;⑥法律规定的其他情形。

根据《国家赔偿法》,赔偿义务机关的确定分以下几种情形:①行使国家侦查、检察、审判、监狱管理职权的机关及其工作人员在行使职权时侵犯公民、法人和其他组织的合法权益造成损害的,该机关为赔偿义务机关;②对没有犯罪事实或者没有事实证明有犯罪重大嫌疑的人错误拘留的,作出拘留决定的机关为赔偿义务机关;③对没有犯罪事实的人错误逮捕的,作出逮捕决定的机关为赔偿义务机关;④再审改判无罪的,作出原生效判决的人民法院为赔偿义务机关,二审改判无罪的,作出一审判决的人民法院和作出逮捕决定的机关为共同赔偿义务机关。

赔偿请求人应当先向赔偿义务机关提出赔偿要求,逾期不予赔偿或赔偿请求人对赔偿数额有异议的,赔偿请求人可自期间届满之日起30日内向其上一级机关申请复议。中级以上人民法院设立赔偿委员会,由人民法院 3 名至 7 名审判员组成。赔偿请求人要求国家赔偿的,赔偿义务机关、复议机关和人民法院不得向赔偿请求人收取任何费用。

3.国家赔偿方式

国家赔偿以支付赔偿金为主要方式。能够返还财产或恢复原状的,予以返还财产或者恢复原状。国家赔偿的计算标准如下:①侵犯公民人身自由的,每日的赔偿金按照国家上年度职工日平均工资计算。②侵犯公民生命健康权的,赔偿金按照下列规定计算:造成身体伤害的,应当支付医疗费,以及赔偿因误工减少的收入。造成部分或者全部丧失劳动能力的,应当支付医疗费以及残疾赔偿金,残疾赔偿金根据丧失劳动能力的程度确定,造成全部丧失劳动能力的,对其扶养的无劳动能力的人,还应当支付生活费;造成死亡的,应当支付死亡赔偿金、丧葬费,对死者生前扶养的无劳动能力的人,还应当支付生活费。③侵犯公民、法人和其他组织的财产权造成损害的按照下列规定处理:处罚款、罚金和追缴、没收财产或者违反国家规定征收财物、摊派费用的,返还财产;查封、扣押、冻结财产的,解除对财产的查封、扣押、冻结,造成财产损坏或者灭失的,能恢复原状的恢复原状,不能恢复原状的,按照损害程度给付相应的赔偿金;应当返还的财产损坏的,能够恢复原状的恢复原状,不能恢复的,按照损害程度给付相应的赔偿金;应当返还的财产灭失的,给付相应的赔偿金;财产已经拍卖的,给付拍卖所得的价款;吊销许可证和执照、责令停产停业的,赔偿停产停业期间必要的经常性费用开支;对财产权造成其他损害的,按照直接损失给予赔偿。国家赔偿的费用,列入各级财政预算,由各级财政按照财政管理体制分级负担。

4.国家的追偿权利

《国家赔偿法》第 14 条和第 24 条分别规定了行政赔偿和刑事赔偿中国家的追偿权利,即赔偿义务机关赔偿损失后,应当责令有故意或者重大过失的工作人员或者受委托的组织或者个人承担部分或者全部的赔偿费用。赔偿义务机关赔偿损失后,应当向有下列情形之一的工作人员追偿部分或者全部的赔偿费用:一是有国家《赔偿法》第 15 条第 4、第 5 项规定的情形的,即刑讯逼供或者以殴打等暴力行为或者唆使他人以殴打等暴力行为造成公民自身伤害或者死亡的和违法使用武器、警械造成公民身体伤害或者死亡的;二是依照审判监督程序再审改判无罪,原判罚金、没收财产已经执行的。

（十一）法律援助制度

法律援助制度是为世界上许多国家所普遍采用的一种司法救济制度,是指国家在司法制度运行的各个环节和各个层次上,对因经济困难及其他因素而难以通过通常意义上的法律救济手段保障自身基本社会权利的社会弱者,减免收费提供法律帮助的一项法律保障制度。它作为实现社会正义和司法公正、保障公民基本权利的国家行为，在一国的司法体系中占有十分重要的地位。

1. 法律援助的依据

1996年3月17日通过的新的《中华人民共和国刑事诉讼法》第34条规定："公诉人出庭公诉的案件，被告人因经济困难或者其他原因没有委托辩护人的，人民法院可以指定承担法律援助义务的律师为其提供辩护。被告人是盲、聋、哑或者未成年人而没有委托辩护人的，人民法院应当指定承担法律援助义务的律师为其提供辩护。被告人可能被判处死刑而没有委托辩护人的，人民法院应当指定承担法律援助义务的律师为其提供辩护。"这是在我国立法史上，首次将"法律援助"明确写入法律，是我国法律援助制度建设的一个重要里程碑。

1996年5月15日通过的《中华人民共和国律师法》（以下简称《律师法》）对法律援助的有关内容作了专章规定。《律师法》第六章规定，"公民在赡养、工伤、刑事诉讼、请求国家赔偿和请求依法发给抚恤金等方面需要获得律师帮助，但是无力支付律师费用的，可以按照国家规定获得法律援助。律师必须按照国家规定承担法律援助义务，尽职尽责为受援人提供法律援助。法律援助的具体办法，由国务院司法行政部门制定，报国务院批准"。这些规定明确了公民获得法律援助的范围和律师必须依法承担的法律援助义务。为了更好地保障经济困难的公民获得必要的法律服务，促进和规范法律援助工作，国务院于2003年7月16日第15次常务会上通过《法律援助条例》，并于同年9月1日起施行。该条例进一步明确"法律援助是政府的责任"，要求"县级以上人民政府采取积极措施推动法律援助工作，为法律援助工作提供财政支持"。在《法律援助条例》中，对法律援助机构的设置、法律援助的范围、法律援助的实施、法律责任等都作了明确的规定。2007年10月28日，第十届全国人民代表大会常务委员会修订通过的《律师法》虽然取消了法律援助的专章规定，但在第42条仍然规定"法律援助是律师和律师所的义务之一"。

2. 法律援助机构

目前，中国的法律援助机构已基本形成了四级组织的架构：在国家一级，建立司法部法律援助中心，统一对全国的法律援助工作实施指导和协调；在省级地方，建立省（自治区）法律援助中心，对所辖区域内的法律援助工作实施指导和协调；在地、市（含副省级）建立地区（市）法律援助中心，行使对法律援助工作的管理和组织实施的双重职能；在具备条件的县、区级地方，建立县（区）法律援助中心，具体组织实施本地的法律援助工作。不具备建立法律援助机构条件的地方，由县（区）司法局具体组织实施法律援助工作。

法律援助的三个专业实施主体是律师、公证员、基层法律工作者。律师主要提供诉讼法律援助（包括刑事辩护、刑事代理和民事诉讼代理等）和非诉讼法律援助；公证员主要提供公证事项的法律援助；基层法律工作者主要提供法律咨询、代书、普通非诉讼事项的帮助等简易法律援助。

3. 法律援助经费

中国法律援助有三个基本的资金来源,即政府出资、社会捐赠及行业奉献(主要指义务办案)。成立中国法律援助基金会,其主要职责是募集、管理和使用法律援助基金,宣传国家的法律援助制度,促进司法公正。其基金来源主要包括国内社团、企业、商社及个人的捐赠和赞助;基金存入金融机构收取的利息;购买债券和企业股票等有价证券的收益等。

五、国家军事制度

国家军事制度是指国家武装力量统率权、指挥权的归属,国家武装力量结构,以及兵役制度的总称。

(一)武装力量统率权、指挥权的归属

依照《宪法》相关规定,中央军事委员会领导全国武装力量;中央军事委员会是全国武装力量的最高军事统率机构;中央军事委员会的组成人员由中共中央委员会决定;国家中央军事委员会与中共中央军事委员会是同一机构;国家军事委员会是并列于国务院、最高人民法院、最高人民检察院的最高国家机构之一。

国家中央军事委员会主席由全国人民代表大会选举产生。

根据国家中央军事委员会主席的提名,全国人民代表大会决定中央军事委员会其他组成人员的人选。全国人民代表大会常务委员会在全国人民代表大会闭会期间,根据中央军事委员会主席的提名,决定中央军事委员会其他组成人员的人选。

国家中央军事委员会主席对全国人民代表大会和全国人民代表大会常务委员会负责。

中央军事委员会由主席、副主席若干人、委员若干人组成。中央军事委员会主席、副主席、委员可连选连任。中央军事委员会主席没有任职资格的限制。

中央军事委员会实行主席负责制。

(二)武装力量的构成

中华人民共和国的武装力量由中国人民解放军、中国人民武装警察部队和民兵组成。

中华人民共和国的武装力量属于人民。它的任务是巩固国防,抵御侵略,保卫祖国,

保卫人民的和平劳动，参加国家建设事业，努力为人民服务。

中国人民解放军现役部队是国家的常备军，主要担负防卫作战任务，必要时可以依照法律规定协助维护社会秩序；预备役部队平时按照规定进行训练，必要时可以依照法律规定协助维护社会秩序，战时根据国家发布的动员令转为现役部队。

中国人民武装警察部队担负国家赋予的安全保卫任务，维护社会秩序。

民兵在军事机关的指挥下，担负战备勤务，防卫作战任务，协助维护社会秩序。

（三）军事领导指挥体制

在中央军事委员会领导下，人民解放军设有总部、军种、兵种等领导机关；人民武装警察部队设有总部机关。

1. 中国人民解放军的领导指挥体制

中国人民解放军实行中央军事委员会领导下的总参谋部、总政治部、总后勤部、总装备部体制。总参谋部、总政治部、总后勤部和总装备部，既是中央军委的工作机关，又是全军军事、政治、后勤、技术装备工作的领导机关。其基本任务是：保障中央军委关于作战和建军的战略决策和各项方针、政策的实现。

（1）中国人民解放军的总部机关

总参谋部是中央军事委员会的军事工作机关，是全国武装力量军事工作的领导机关，在中央军委领导下负责组织领导全国武装力量的军事建设和组织指挥全国武装力量的军事行动。

总政治部是管理全军党的工作，组织政治工作的领导机关。

总后勤部是负责军队物资、卫生、技术、运输等方面供给的领导机关。

总装备部负责组织领导全军的武器装备建设工作。

（2）中国人民解放军的军种、军区领导机关

海军、空军领导机关是中央军委领导管理海、空军的业务部门和海、空部队的领导机关。

军区是按战略区域设立的军队组织，主要负责辖区内诸军、兵种部队协同作战的指挥和所属部队的军事训练、政治工作、行政管理、后勤技术保障，领导辖区内的民兵、兵役、动员工作和战场建设。军区按照所辖军事区域的大小，分为大军区，省、自治区军区，军分区和人民武装部。

2. 中国人民武装警察部队的领导指挥体制

中国人民武装警察部队隶属于国家公安系统。受国务院、中央军事委员会双重领导。各级武警内卫部队受当地政府和上级武警领导机关领导。武警边防部队、消防部队和警

卫部队归公安部门领导。武警水电部队、黄金部队和交通部队业务上分别归公安部和国土能源部、国家冶金管理总局、交通部领导。武警森林部队实行林业部门和公安部门双重领导以林业部门为主、中央和地方领导以地方为主的管理体制。

边防、消防、警卫、水电、黄金、交通和森林武警部队的军事、政治、后勤工作,均接受武警总部的指导,编制序列与内卫部队大体相同。人民武装警察部队有自己的服装式样、识别标志和军衔等级,其内务制度、纪律要求、队列基础训练和政治思想工作等则执行中国人民解放军的有关条令、条例和规定。

（四）国防部

国防部是国务院的军事工作部门。它的基本职能是:统一管理全国武装力量的建设工作,如人民武装力量的征集、编制、装备、训练、军事科研以及军人衔级、薪给等。国防部的工作由解放军总部机关分别办理。

（五）兵役制度

兵役制度是国家关于公民参加武装组织或在武装组织之外承担军事任务、接受军事训练的制度。我国实行义务兵与志愿兵相结合、民兵与预备役相结合的兵役制度。

1. 义务兵与志愿兵

每年 12 月 31 日以前年满 18 岁的男性公民,应当被征集服现役。义务兵在部队服役,是为国家尽义务。国家对义务兵家属实行优待政策。义务兵服现役的期限为 2 年。义务兵服现役期满,可以改为志愿兵。

2. 民兵与预备役

民兵是人民解放军的助手和后备力量。预备役是公民在军队外所服的兵役。义务兵和志愿兵退出现役时,符合预备役条件的,由部队确定服士兵预备役;经过考核,适合担任军官职务的,服军官预备役。28 岁以下退出现役的士兵和经过军事训练的人员,以及参加军事训练的人员,编为基干民兵;其余 18 岁至 35 岁符合服兵役条件的男性公民,编为普通民兵。

3. 军事训练制度

未服过现役的基干民兵,18～20 岁之间,应参加 30～40 天军训;专业技术民兵训练时间按照实际需要适当延长。预备役士兵的军事训练,在民兵组织中进行,或者单独进行。预备役军官在服预备役期间,应当参加 3～6 个月军事训练。高等院校和高级中学学生必须接受基本军事训练。

六、基层群众自治制度

（一）基层群众自治制度

基层群众自治制度是指基层群众通过基层群众自治组织进行自我管理、自我教育、自我服务的制度。

基层群众性自治组织，首次出现于1982年制定的现行宪法。该《宪法》第111条规定："城市和农村按居民居住地区设立的居民委员会和村民委员会是基层群众性自治组织。"基层群众性自治组织这一概念，源于1954年12月31日第一届全国人民代表大会常务委员会第四次会议通过的《城市居民委员会组织条例》中居民委员会的概念，该条例规定："为加强城市中街道居民的组织工作，增进居民的公共福利，在市辖区、不设区的市人民委员会或者它的派出机关指导下，可以按照居住地区成立居民委员会。居民委员会是群众自治性的居民自治组织。"

根据我国现行《宪法》以及《村民委员会组织法》、《居民委员会组织法》的规定，基层群众性自治组织是指依照有关法律规定，由群众按照居住地区通过自愿选举产生的成员组成的，实施自我管理、自我教育、自我服务的管理自己事务的基层群众性组织，它包括城市的居民委员会和农村的村民委员会。

基层群众性自治组织具有以下几个方面的特点：

1. 独立性

基层群众性自治组织在组织上具有独立性，它既不是国家机关的下级组织，也不属于任何社会团体和社会经济组织，与国家机关及其他社会组织之间不存在领导与被领导的关系，国家机关及其派出机构无权对它发布指示和命令。

2. 自治性

基层群众性自治组织在活动上具有自治性，它通过居民或村民的自我管理、自我教育、自我服务等途径来开展工作，实行民主选举、民主决策、民主管理、民主监督；而且基层群众性自治组织的自治涉及居住区范围内的各个方面。尽管基层人民政府或者它的派出机关对居委会和村委会的工作给予指导、支持和帮助，但不得干预依法属于居委会和村委会自治范围内的事务。

3. 基层性

从组织上看，无论是居委会还是村委会都只存在于居住地区范围的基层社区，没有上级组织，更没有全国性的、地区性的统一组织，这一点与工会、妇联等群众组织不同。从自治内容看,居委会和村委会所从事的工作都是居住范围内的公共事务和公益事业,不涉及其他地区。

(二) 基层群众性自治组织同基层政权的关系

《宪法》第111条规定,居民委员会、村民委员会同基层政权的关系由法律规定。基层政权是国家为实现其政治、经济和文化职能依法在基层行政区域内设立的国家机关及其所行使的权力的统一体(俞子清:《宪法学》,310页,北京,中国政法大学出版社,2004),是我国国家政权体系中最底层的环节,包括不设区的市、市辖区、乡、民族乡、镇的政权。这些基层政权都有其权力机关即人民代表大会,行政机关即人民政府。它们是我国的基层政权机关。基层群众性自治组织同基层政权的关系是基层群众性自治组织在实现居民或村民自治的过程中与基层政权组织在行使职权的过程中所发生的关系,包括基层群众性自治组织同基层人民代表大会以及人民政府的关系。

1. 同基层人民代表大会的关系

基层群众性自治组织要严格遵守和贯彻基层人民代表大会及其常设机构的决议、决定;同时可以依法参与有关基层人民代表大会的活动。基层人民代表大会要依法对基层群众性自治组织进行监督,保证宪法、法律法规以及有关的决议、决定在基层群众性自治组织内的贯彻实施;同时要帮助基层群众性自治组织开展自治活动。

2. 同基层人民政府的关系

《城市居民委员会组织法》和《村民委员会组织法》分别对基层群众性自治组织同基层人民政府的关系作了规定。《城市居民委员会组织法》第2条规定:"不设区的市、市辖区的人民政府或者它的派出机关对居民委员会的工作给予指导、支持和帮助。居民委员会协助不设区的市、市辖区的人民政府或者它的派出机关开展工作。"《村民委员会组织法》第4条规定:"乡、民族乡、镇的人民政府对村民委员会的工作给予指导、支持和帮助,但是不得干预依法属于村民自治范围内的事项。村民委员会协助乡、民族乡、镇的人民政府开展工作。"从这些规定可以看出,基层人民政府与基层群众性自治组织的相互关系有两个方面的内容:

一是基层人民政府与基层群众性自治组织的指导与被指导的关系;

二是基层群众性自治组织与基层人民政府的协助与被协助的关系。

二者之间的这种法定的指导与协助关系的意义主要在于,从制度上保证了基层群众性自治组织在与基层人民政府的关系中作为自治组织应有的独立性。它表明:①群众性自治组织不是隶属于基层政府的下级行政机关,基层政府或其派出机关不应对其采取直接的行政命令;②基层政府有责任对基层群众性自治组织的工作给予指导,但这种指导不具有法律上的拘束力(它强调的是基层政府具有指导的责任)；③基层群众性自治组织虽有责任协助基层人民政府或其派出机关或基层人民政府的有关部门进行工作,但应以与其自治性相适应为前提。

（三）城市居民委员会

1. 城市居民委员会的设置

根据《城市居民委员会组织法》第 6 条第 1 款的规定,居民委员会设置的原则是居民居住状况,便于居民自治。居民委员会的范围是设立居民委员会的住户范围,也即居民委员会所辖的居民户数。《城市居民委员会组织法》规定的居民委员会的范围为 100 户到 700 户。根据《城市居民委员会组织法》第 6 条第 2 款规定,居民委员会的设立、撤销、规模调整,由不设区的市、市辖区的人民政府决定。

2. 城市居民委员会的任务

根据《宪法》规定,城市居民委员会的任务是办理本居住地区的公共事务和公益事业,调解民间纠纷,协助维护社会治安,并向人民政府反映群众的意见、要求和提出建议。在《城市居民委员会组织法》中,除了上述任务外,还增加了"宣传宪法、法律、法规和国家政策,维护居民合法权益,教育居民履行依法应尽的义务,爱护公共财产,开展多种形式的社会主义精神文明建设活动";"协助人民政府或者它的派出机关做好与居民利益有关的公共卫生、计划生育、优抚救济、青少年教育等项工作"两项内容。

3. 城市居民委员会的组织

城市居民委员会由主任、副主任和委员组成。城市居民委员会的组成人员为 5～9 人,多民族居住地区,城市居民委员会中应当有人数较少的民族的成员。城市居民委员会每届任期为 3 年,组成人员可以连选连任。城市居民委员会决定问题,采取少数服从多数的原则。城市居民委员会进行工作,应当采取民主的方法,不得强迫、命令。

城市居民委员会所有组成人员均由选举产生。年满 18 周岁的本居住地区居民,不分民族、种族、性别、职业、家庭出身、宗教信仰、教育程度、财产状况、居住期限,都有选举权和被选举权;但是,依照法律被剥夺政治权利的人除外。城市居民委员会的组成人员可以由本居住地区全体有选举权的居民或者由每户派代表选举产生;根据居民意见,也可以由每个居民小组选举代表 2 人至 3 人选举产生。

城市居民委员会根据需要可以设立人民调解、治安保卫、公共卫生等委员会。居民委员会成员可以兼任下属的委员会的成员。居民较少的城市居民委员会可以不设下属的委员会,由城市居民委员会的成员分工负责有关工作。城市居民委员会可以分设若干居民小组,小组组长由居民小组推选。

4. 居民会议

居民会议是由居民委员会辖区范围内 18 周岁以上居民组成的居民自治的民主决策机构。居民委员会必须向居民会议负责并报告工作,凡涉及全体居民利益的重大问题,居民委员会必须提请居民会议讨论决定。居民会议由居民委员会召集和主持。

5. 居民公约

居民公约由居民会议讨论制定,报不设区的市、市辖区的人民政府或者它的派出机关备案,由居民委员会监督执行。居民应当遵守居民会议的决议和居民公约。居民公约的内容不得与宪法、法律、法规和国家的政策相抵触。

6. 居民委员会的工作经费和工作场所

居民委员会成员的生活补贴费的范围、标准和来源,由不设区的市、市辖区的人民政府或者上级人民政府规定并拨付;经居民会议同意,可以从居民委员会的经济收入中给予适当补助。居民委员会办理本居住地区公益事业所需的费用,经居民会议讨论决定,可以根据自愿原则向居民筹集,也可以向本居住地区的受益单位筹集,但是必须经受益单位同意,收支账目应当及时公布,接受居民监督。居民委员会的办公用房,由当地人民政府统筹解决。

（四）村民委员会

1. 村民委员会的设置

根据《村民委员会组织法》第 8 条第 1 款规定,村民委员会的设置原则是根据村民居住状况、人口多少以及便于群众自治;第 2 款规定,村民委员会的设立、撤销、范围调整,由乡、民族乡、镇的人民政府提出,经村民会议讨论同意后,报县人民政府批准。

2. 村民委员会的任务

依据《宪法》第 111 条的规定以及《村民委员会组织法》的规定,村民委员会的任务主要有:①宣传宪法、法律、法规和国家政策,维护居民的合法权益,开展多种形式的社会主义精神文明建设活动;②办理本村的公共事务和公益事业,调解民间纠纷,协助维护社会治安,向人民政府反映村民的意见、要求和提出建议;③协助乡、民族乡、镇的人民政府开展工作;④支持和组织村民依法发展各种形式的合作经济和其他经济,承担本村生产的服务和协调工作,促进农村生产建设和社会主义市场经济的发展;⑤尊重集体经济组织依法独立进行经济活动的自主权,维护以家庭承包经营为基础、统分结合双层经营的体制,保障集体经济组织和村民、承包经营户等合法的权利和利益;⑥依照法律规定,管理本村属于村民集体所有的土地和其他财产,教育村民合理利用自然资源,保护和改善生态环境;⑦多民族居住的村,村民委员会应当教育和引导村民加强民族团结,互相帮助,互相尊重；⑧村民委员会实行村务公开制度，应当保证公布内容的真实性，并接受村民的查询。

3. 村民委员会的组织

村民委员会由主任、副主任和委员组成。村民委员会的组成人员为 3 人至 7 人。村民委员会成员中，妇女应当有适当的名额，多民族居住的村应当有人数较少的民族的成员。村民委员会每届任期为 3 年，组成人员可以连选连任。村民委员会成员不脱离生产，根据情况，可以给予适当补贴。村民委员会决定问题，采取少数服从多数的原则。

村民委员会根据需要可以设立人民调解、治安保卫、公共卫生等委员会。村民委员会成员可以兼任下属委员会的成员。人口少的村的村民委员会可以不设下属委员会，由村民委员会成员分工负责人民调解、治安保卫、公共卫生等工作。村民委员会还可以分设村民小组，小组组长由村民小组会议推选。村民委员会进行工作，应当坚持群众路线，充分发扬民主，不得强迫、命令。

4. 村民委员会实行村务公开制度

村民委员会应当及时公布下列事项并保证其公布内容的真实性，接受村民的查询，否则村民有权向乡、民族乡、镇人民政府或者县级人民政府及其主管部门反映，有关政府机关应当负责调查核实，责令公布，经查证确有违法行为的，有关人员应当依法承担责任。

第一，由村民会议讨论决定的事项及其实施情况；

第二，国家计划生育政策落实方案；

第三，救灾救济款物的发放情况；

第四，水电费的收缴以及涉及本村村民利益、村民普遍关心的其他事项。

5. 村民委员会选举

村民委员会的所有组成人员均由村民直接选举产生。除依照法律被剥夺政治权利的人之外，凡年满 18 周岁的村民，不分民族、种族、性别、职业、家庭出身、宗教信仰、教育程度、财产状况、居住期限，都有选举权和被选举权。

村民委员会选举时，有选举权和被选举权的村民名单，应当在选举日的 20 日以前公布。村民委员会的选举，由村民选举委员会主持，村民选举委员会成员由村民会议或者各村民小组推选产生。选举村民委员会，由本村有选举权的村民直接提名候选人。候选人的名额应当多于应选名额。选举村民委员会，须有选举权的村民的过半数投票，选举才有效；候选人获得参加投票的村民的过半数的选票，始得当选。选举实行无记名投票、公开计票的方法，选举结果应当当场公布。选举时，设立秘密写票处。

选举村民委员会的具体选举办法由省、自治区、直辖市的人民代表大会常务委员会规定。

本村 1/5 以上有选举权的村民联名，可以要求罢免村民委员会成员。罢免要求应当提出罢免理由。被提出罢免的村民委员会成员有权提出申辩意见。村民委员会应当及时召开村民会议,投票表决罢免要求。罢免村民委员会成员须经有选举权的村民过半数通过。

6. 村民会议

村民会议是村民群众自治组织的最高组织形式,由本村 18 周岁以上的村民组成。召开村民会议,应当有本村 18 周岁以上村民过半数的人参加,或者有本村 2/3 以上的户的代表参加,所作决定应当经到会人员的过半数通过。必要的时候,可以邀请驻在本村的企业、事业单位和群众组织派代表列席村民会议。村民委员会向村民会议负责并报告工作。村民会议每年审议村民委员会的工作报告,并评议村民委员会成员的工作。村民会议由村民委员会召集。有 1/10 以上的村民提议,应当召集村民会议。

为确保村民委员会正确行使职权,保护村民的合法权益,《村民委员会组织法》第 19 条规定,涉及村民利益的以下事项,村民委员会必须提请村民会议讨论决定,方可办理:①乡统筹的收缴方法,村提留的收缴及使用;②本村享受误工补贴的人数及补贴标准;③从村集体经济所得收益的使用;④村办学校、村建道路等村公益事业的经费筹集方案;⑤村集体经济项目的立项、承包方案及村公益事业的建设承包方案;⑥村民的承包经营方案;⑦宅基地的使用方案;⑧村民会议认为应当由村民会议讨论决定的涉及村民利益的其他事项。

7. 村规民约

村规民约是具有公约性质的规范性文件。它由村民会议制定,报乡、民族乡、镇的人民政府备案,由村民委员会监督、执行。村规民约不得与宪法、法律和法规相抵触。它具有群众性、合法性、针对性和规范性等特点,是实行村民自治,进行自我管理、自我教育的重要形式。

【相关法律规范指引】

1. 1949 年《中国人民政治协商会议共同纲领》第四章经济政策、第一章总纲第 1 条、第二章政权机关、第五章文化教育政策、第六章民族政策、第三章军事制度。

2. 1954 年《中华人民共和国宪法》总纲第 1 条至第 3 条、第 5 条至第 8 条。

3. 《中华人民共和国宪法》第 6 条至第 15 条、第 19 条至第 24 条。

4. 《选举法》第 3、第 7、第 8 条。

5. 《民族区域自治法》第 2、第 3、第 5 条。

6. 《香港特别行政区基本法》第 1、第 2、第 7、第 11、第 12 条。

7. 《澳门特别行政区基本法》第 1、第 2、第 5、第 7、第 8、第 10、第 12 条。

8. 《刑事诉讼法》第 3、第 18 条。

9. 《检察院组织法》第 1、第 5、第 22 条。

10.《法院组织法》第1、第17、第24、第27、第31条。

11.《监狱法》第2、第3、第5、第6、第10、第12条。

12.《仲裁法》第2条至第5条、第9、第11条。

13.《律师法》第2、第3、第5、第7条。

14.《人民调解委员会组织条例》第2、第3、第6条至第9条、第12条。

15.《公证法》第2条至第6条、第11条。

16.《国家赔偿法》第2条至第5条、第7、第9、第15、第16、第19条。

17.《法律援助条例》第3条至第6条、第10条至第13条。

18.《国防法》第6、第10条至第13条、第22条。

19.《兵役法》第2、第3、第10、第61条。

20.《城市居民委员会组织法》第2、第3条。

21.《村民委员会组织法》第2条至第5条。

 练习题

一、填空题

1. 我国基本经济制度主要解决（　　）、（　　）、（　　）问题。

2. 在分配原则上，我国实行（　　）、（　　）的原则。

3. 人民代表大会制度是我国政治制度的（　　）和（　　）。

4. （　　）是我国政治制度的主要内容和核心。

5. 我国选举法规定，中华人民共和国年满18周岁的公民，不分民族、种族、性别、职业、家庭出身、（　　）、教育程度、财产状况和居住期限，都有选举权和被选举权。

6. 民族区域自治地方分为自治区、（　　）、自治县三级。

7. 国家的基本文化制度是一国通过宪法和法律调整以（　　）为核心的各种基本关系的规则、原则和政策的总和。

二、单项选择题

1. 我国的分配原则是（　　）。

    A. 多劳多得　　　　　　　　　　B. 少劳少得

    C. 各尽所能、按劳分配　　　　　D. 按资产分配

2. 我国的国体是（　　）。

    A. 人民民主专政　B. 人民代表大会　C. 政治协商会议　D. 多党合作

3. 我国的政体是（　　）。

    A. 人民民主专政　B. 人民代表大会　C. 政治协商会议　D. 多党合作

4. 中央与特别行政区的关系是（　　　）。

    A. 指导关系   B. 在中央监督下实行高度自治的关系

    C. 监督关系   D. 领导关系

三、多项选择题

1. 我国宪法规定的基本经济制度有（　　　）。

    A. 国有经济制度   B. 集体经济制度

    C. 非公有制经济制度   D. 个体经济制度

2. 我国社会主义公有制经济制度包括（　　　）。

    A. 国有经济制度   B. 个体经济制度

    C. 劳动群众集体所有制经济制度   D. 外资经济

3. 非公有制经济制度包括（　　　）。

    A. 个体经济   B. 集体经济   C. 私营经济   D. 外资经济

4. 人民民主专政的职能是（　　　）。

    A. 民主   B. 专政   C. 组织经济建设   D. 发展科学文化

5. 我国人民民主专政与人民代表大会制度的关系是（　　　）。

    A. 前者是国体，后者是政体

    B. 前者是后者的依据和前提，后者是前者的性质和要求

    C. 前者是国家性质，后者是政权组织形式

    D. 前者是国家权力机关，后者是国家管理机关

6. 人民行使国家权力的机关是（　　　）。

    A. 国家各级行政机关   B. 各级国家审判机关

    C. 全国人民代表大会及其常委会   D. 各级国家检察机关

7. 我国采取（　　　）的国家结构形式。

    A. 复合制   B. 单一制   C. 一国两制   D. 统一的多民族制

8. 我国选举制度的基本原则是（　　　）。

    A. 选举权普遍性原则   B. 选举权平等性原则

    C. 直接选举和间接选举并用原则   D. 无记名投票原则

四、判断并改错

1. 我国的政体是人民代表大会。

2. 我国的国体是人民代表大会。

3. 我国的国体是人民民主专政。

4. 我国的政体是人民民主专政。

五、名词解释

1. 人民代表大会制度
2. 民族区域自治制度
3. 特别行政区
4. 我国的国体

六、简答题

1. 人民民主专政的特点是什么？
2. 人民代表大会制度的特点是什么？
3. 我国选举制度的基本原则是什么？
4. 我国的司法制度有哪些？
5. 特别行政区具有哪些特点？

七、论述题

如何理解人民民主专政？

八、案例思考题

1. 1999 年 4 月 29 日，第九届全国人民代表大会常务委员会第九次会议在表决《公路法》修正草案时，常委会组成人员 155 人，125 人出席会议，表决结果是赞成票 77 票，反对票 6 票，弃权票 42 票。以一票之差未获通过。

试用本单元学习的知识，分析其原因。

【提示】 根据全国人民代表大会常委会通过法律修正案的表决要求进行判断。

2. 施某，男，20 岁，是某某市某某区某某乡村民。施某为 1992 年冬季征兵的应征公民，在乡、村干部动员其报名应征时，态度不端正，不愿履行兵役义务。后经乡、村干部耐心做工作后，勉强参加了应征体检，施某身体合格，经乡、县政治审查，施某合格。施某本应无条件服从征兵命令，参加解放军。但施某无视征兵命令，于同年 11 月外出无踪影，逃避了服兵役。为此，某某区政府征兵办公室根据有关法规，于 1993 年 2 月 25 日作出"给予一次性罚款 1 500 元"，"劳动部门两年内不予以开具招工证明，乡政府、村民委员会 3 年内不安排其进乡、村办企业工作"等四项处罚决定。施某在法定期间，既不申请复议，又不向法院起诉，也不履行处罚决定。为此，征兵办公室依法向法院申请强制执行。

试用本单元学习的知识判断征兵办公室的处罚合法吗？说明理由。

【提示】 根据《宪法》、《兵役法》的有关规定进行分析。

学习单元 11　国家权力

学习目的与要求

　　了解国家权力的产生与分配原则的知识；明确我国国家机关设置、国家权力行使与监督的基本内容，增强宪政意识。

学习重点与提示

　　国家权力；国家权力的分配原则；国家机关的设置和国家权力的行使；国家权力监督。

一、国家权力的产生与分配原则

（一）权力

　　权力是指拥有作出决策并能在一定范围内约束人们遵循的社会能力。它是一种以资源占有为基础，以合法强制为凭借，以一定的制度为规范的社会支配力。它主要有以下几个特征。

　　① 权力是一种特殊社会能力，是能够作出决策并使之获得普遍遵循的行为能力。它通常以居于显要地位、具有一定权威为条件，运用一定的强制手段去行使。

　　② 权力是一种特殊的社会关系。握有权力者和权力所及范围内的人们之间的关系是一种指令与服从的关系。

　　③ 权力具有可变性。由于社会地位及其形成的经济、政治、军事以及人心向背等诸多因素的变化，权力或加强或削弱，或扩大或缩小，或易手或改变性质。

　　④ 在法治国家须依法行使权力，因而在权力行使的同时意味着负有遵守法律的义务，非法滥用权力须承担法律责任。

　　权力在不同社会制度下具有不同性质。

（二）国家权力

1. 国家权力的概念

国家权力是指统治阶级运用国家机器实行阶级统治的一种特殊社会能力。它的主要特征有：①国家权力具有国家强制性，表现为由军队、警察、法庭、监狱等有系统的暴力组织保证其实现。②国家权力具有主权性，表现为本国不受外来干涉、侵犯和控制，同时尊重他国的独立，即对内有统治全权，对外具有独立地位。③国家权力具有普遍约束力，表现为国家权力施及本国全体公民以及境内的外国籍人、无国籍人。

2. 国家权力的分类

按权力内容的性质划分，国家权力可分为政治权力、经济权力、军事权力、立法权力、司法权力、行政权力等。

按权力所及的范围划分，国家权力可分为中央权力、地方权力。

按权力主体划分，国家权力可分为人民权力、君主权力、总统权力、公职人员权力。

按政权组织形式划分，国家权力可分为：①一权说：人民权力；②二权说：司法权、君主权；③三权说：立法权、行政权、司法权；④四权说：弹劾权、立法权、行政权、司法权；⑤五权说：西方五权——立法权、审议权、行政权、执行权、司法权，东方五权——立法权、行政权、司法权、考试权、监察权。

（三）国家权力的产生

国家权力作为一种支配社会的特殊能力是如何产生的呢？它的理论和途径主要有两个。

1. 以"君权神授，以德配天"理论为基础，以暴力取得国家权力

一般专制国家的国家权力产生于暴力。以中国为例，在中国的原始社会时期，由部落成员推举部落首领行使公共权力。部落首领换届实行"禅让"制，即部落原首领不能理政时，向部落大会推荐新首领，得到通过后，筑坛祭拜天地将权力移交给继任者。但到了原始社会末期，大禹打破"禅让"制把首领的位子以"君权神授"的名义传给了他的儿子启。启建立了中国历史上第一个国家——夏朝，把部落的公共权力演变成了国家权力。但是"君权神授"理论不能说明国家更替、改朝换代的合法性，古代的政治思想家发展了这个理论，充实了"以德配天"的思想，即天子的权力是神授予的，但天子要具备掌握权力的品德（即符合天意），否则就可以另派其他人代替他。

2. 以"法"的理论为基础,以和平取得国家权力

这种途径是在公民选举的基础上取得国家权力,即国家权力产生于公民的授权和同意。一般民主国家的国家权力产生于此。

(四)国家权力的分配原则

1. 国家权力分配

国家权力分配是国家权力在国家权力运行系统中各个组织之间的配置。在近现代宪政国家,国家权力分配具有四个层次:一是在人民与国家之间的分配,国家主权归属于人民,运行意义的具体权力分配给国家机关。二是在少数人与多数人之间的分配。这个分配通过代议制来完成。三是通过功能和地域在国家机关之间分配,首先在同一层次国家机关之间分配,然后在纵向国家机关之间进行分配。四是在国家与社会之间分配。同一类型国家权力分配模式在不同的民族国家呈现出各自国情的特点,同时它也是变化的。

2. 国家权力分配的原则

① 实现人民主权,保证国家权力的来源始终归属于人民。以宪法和法律来分配国家权力是必然和唯一选择。这也是宪政权力的合法性的基础和本质的体现。

② 确保基本人权,使国家权力的分配始终与人民的权利和利益保持一致。

③ 防止国家权力的集中化、集权化,形成权力制约和监督机制,实现法治。

④ 保障国家治理效能,达致善治。

二、我国国家机关的设置与国家权力的行使

(一)我国中央国家机关的设置与中央国家权力的行使

在我国,中央国家机关包括全国人民代表大会及其常务委员会、国家主席、国务院、中央军事委员、最高人民法院和最高人民检察院。

1. 全国人民代表大会及其常务委员会

关于全国人民代表大会的设置和权力及其行使规定如下。

(1) 全国人民代表大会的组成与任期

全国人民代表大会由省、自治区、直辖市、军队和特别行政区选出的代表组成,代表名额不超过 3 000 人。各少数民族都应当有适当名额的代表。在代表总额中规定华侨应出席全国人民代表大会的代表若干人。全国人民代表大会每届任期 5 年。在每届全国人

民代表大会任期届满的 2 个月以前,全国人民代表大会常务委员会必须完成下一届全国人民代表大会代表的选举。如果遇到不能进行选举的非常情况,由全国人民代表大会常务委员会以全体组成人员的 2/3 以上的多数通过,可以推迟选举,延长本届全国人民代表大会的任期。在非常情况结束后 1 年内,必须完成下届全国人民代表大会的选举。

（2）全国人民代表大会的性质、地位与职权

全国人民代表大会是国家立法机关,也是国家最高权力机关,行使最高国家权力。《宪法》第 62 条规定了全国人民代表大会的 15 项职权,这 15 项职权可以归纳为以下五个方面。

一是修改宪法,监督宪法实施。我国《宪法》规定,宪法的修改,由全国人民代表大会常务委员会或者 1/5 以上的全国人民代表大会代表提议,并由全国人民代表大会以全体代表的 2/3 以上的多数通过。1982 年的宪法颁布以来,已经有四次修正,目前我国《宪法》共有 31 条修正案。

二是制定和修改基本法律。基本法律是以宪法为依据的,由全国人民代表大会制定的最重要的法律,包括刑事、民事、国家机构的和其他的基本法律。基本法律一般是涉及公民最基本权利和义务的那些法律,或者是涉及国家机构以及国家机关相互之间关系、中央和地方关系的法律。此外的其他法律由全国人民代表大会常务委员会制定。

三是重大事项决定权。①人事决定权,指选举、决定和罢免国家机关的重要领导人的权力。全国人民代表大会有权选举中华人民共和国主席、副主席、中央军事委员会主席、最高人民法院院长、最高人民检察院检察长、全国人民代表大会常务委员会委员长、副委员长、秘书长和委员;有权根据国家主席的提名决定国务院总理的人选,根据国务院总理的提名决定国务院副总理、国务委员、各部部长、各委员会主任、审计长和秘书长的人选,根据中央军事委员会主席的提名决定中央军事委员会副主席和委员的人选。全国人民代表大会有权罢免以上人员。《人大组织法》第 15 条规定:"全国人民代表大会三个以上的代表团或者十分之一以上的代表,可以提出对于全国人民代表大会常务委员会的组成人员,中华人民共和国主席、副主席,国务院和中央军事委员会的组成人员,最高人民法院院长和最高人民检察院检察长的罢免案,由主席团提请大会审议。"②财政决定权,指全国人民代表大会有权批准国家预算和预算执行情况的报告。全国人民代表大会有权审查中央和地方预算草案及中央和地方预算执行情况的报告;批准中央预算和中央预算执行情况的报告;改变或者撤销全国人民代表大会常务委员会关于预算、决算的不适当的决议。国务院财政部门应当在每年全国人民代表大会会议举行的一个月前,将中央预算草案的主要内容提交全国人民代表大会财政经济委员会进行初步审查。国务院在全国人民代表大会举行会议时,向大会作关于中央和地方预算草案的报告。中央预算由全国人民代表大会审查和批准。③其他重大问题决定权,指审查和批准国民经济和社会发展计划以及计划执行情况的报告,批准省、自治区和直辖市的建置,决定特别行政区的设立及其制度,

决定战争和和平的问题等。

四是监督权。全国人民代表大会有权监督宪法的实施;有权改变或者撤销全国人民代表大会常务委员会制定的不适当的决定;有权撤销全国人民代表大会常务委员会批准的违背宪法和法律有关规定的自治条例和单行条例;在全国人民代表大会会议期间,全国人民代表大会常务委员会、国务院、最高人民法院和最高人民检察院对全国人民代表大会负责并报告工作;中央军事委员会主席对全国人民代表大会负责。在全国人民代表大会会议期间,一个代表团或者 30 名以上的代表,可以书面提出对国务院和国务院各部、各委员会的质询案,由主席团决定交受质询机关书面答复,或者由受质询机关的领导人在主席团会议上或者有关的专门委员会会议上或者有关的代表团会议上口头答复。提质询案的代表团团长或者提质询案的代表可以列席会议,发表意见。在全国人民代表大会审议议案的时候,代表可以向有关国家机关提出询问,由有关机关派人在代表小组或者代表团会议上进行说明。

五是应当由最高国家权力机关行使的其他职权。我国《宪法》采取列举的方式规定全国人民代表大会的职权,但这种列举不可能穷尽全国人民代表大会的全部职权,而国家生活中特别重大的问题又必须由全国人民代表大会处理,所以,《宪法》规定全国人民代表大会行使"应当由最高国家权力机关行使的其他职权",以留有余地。

(3) 全国人民代表大会的工作方式

全国人民代表大会开展工作的基本形式是召开全国人民代表大会会议,以全体会议的决议行使职权。根据《宪法》规定,全国人民代表大会会议每年举行一次,由全国人民代表大会常务委员会召集。如果全国人民代表大会常务委员会认为有必要,或者有 1/5 以上的代表提议,可以召开全国人民代表大会临时会议。全国人民代表大会会议公开举行,在必要时,经主席团和各代表团团长会议决定,可以举行秘密会议。国务院的组成人员、中央军事委员会的组成人员、最高人民法院院长和最高人民检察院检察长,列席全国人民代表大会会议;其他有关机关、团体的负责人,经主席团决定,也可以列席全国人民代表大会会议。

全国人民代表大会的会议形式包括预备会议、全体会议和分组会议。预备会议的目的在于保证全国人民代表大会的顺利进行;全体会议是全体代表参加的大会;分组会议则是按各代表团举行会议,但不能形成正式决议。全国人民代表大会举行会议一般兼采全体会议和分组会议的形式。在会议期间,由代表团全体会议、代表小组会议对全国人民代表大会的各项议案和有关报告进行审议,并可以由代表团团长或者由代表团推派的代表,在主席团会议上或者大会全体会议上,代表其代表团对审议的议案发表意见。

全国人民代表大会通过法律案以及其他议案,选举和罢免国家领导人都要经过以下四个阶段。

一是提出议案。可以向全国人民代表大会提出属于全国人民代表大会职权范围内的议案的主体有以下 9 个：全国人民代表大会主席团，全国人民代表大会常务委员会，全国人民代表大会各专门委员会，国务院，中央军事委员会，最高人民法院，最高人民检察院，一个代表团，30 名以上的代表联名。

二是审议议案。对国家机关提出的议案，由主席团决定交各代表团审议，或者先交有关专门委员会审议，提出报告，再由主席团审议决定提交大会表决；对代表团和代表提出的议案，则由主席团决定是否列入大会议程，或者先交有关专门委员会审议，提出是否列入大会议程的意见，再决定是否列入大会议程。

三是表决通过议案。议案经审议后，由主席团决定提交大会表决，并由主席团决定采用无记名投票方式或者举手表决方式或其他方式通过。我国《宪法》规定，宪法修正案由全国人民代表大会全体代表 2/3 以上的多数通过；法律和其他议案由全国人民代表大会全体代表过半数通过。

四是公布法律、决议。法律议案通过后即成为法律，由中华人民共和国主席签署主席令予以公布；选举结果及重要议案，由全国人民代表大会主席团以公告或由国家主席以命令形式公布。

（4）全国人民代表大会常务委员会的组成与任期

全国人民代表大会常务委员会的组成人员包括委员长 1 人、副委员长若干人、秘书长 1 人、委员若干人。全国人民代表大会常务委员会的组成人员由每届全国人民代表大会第一次会议从代表中选举产生。全国人大常委会组成人员中应当有适当名额的少数民族代表。全国人大常委会组成人员不得担任国家行政机关、审判机关和检察机关的职务。常务委员会由全国人大选举产生，全国人大有权依照法律规定的程序，罢免全国人大常委会的组成人员。全国人民代表大会常务委员会每届任期同全国人民代表大会每届任期相同。下届全国人民代表大会第一次会议开始时，上届全国人民代表大会的任期即告结束。但此时上届全国人民代表大会常务委员会的任期还没结束，它要负责召集下届全国人民代表大会第一次会议，在下届全国人民代表大会常务委员会产生后才能结束任期，这样，才能使前后两届全国人民代表大会的工作衔接起来。常务委员会的委员长、副委员长连续任职不得超过两届。

（5）全国人民代表大会常务委员会的性质、地位和职权

全国人民代表大会常务委员会是全国人民代表大会的常设机关，也是行使国家立法权的机关。全国人民代表大会常务委员会受全国人民代表大会监督，向全国人民代表大会负责，并在全国人民代表大会每次召开会议时，向全国人民代表大会报告自上次全国人民代表大会会议以来的工作情况。全国人民代表大会常务委员会作为全国人民代表大会的常设机关，有权监督国务院、中央军事委员会、最高人民法院和最高人民检察院。在全国人民代表大会闭会期间，国务院、最高人民法院和最高人民检察院对全国人民代表大会常务委员会负责并报告工作，中央军事委员会主席对全国人民代表大会常务委员会负责。

全国人民代表大会常务委员会的职权可以归纳为以下几个方面。

一是解释宪法,监督宪法的实施。《宪法》规定由常委会负责解释。同时全国人民代表大会及其常务委员会都有权监督宪法的实施。

二是根据《宪法》规定的范围行使立法权。全国人民代表大会常务委员会有权制定除由全国人民代表大会制定的基本法律以外的其他法律;并且在全国人民代表大会闭会期间,对全国人民代表大会制定的基本法律有权进行部分修改和补充,但是不得同该法律的基本原则相抵触。

三是解释法律。解释法律是对于那些本身需要进一步明确界限或补充规定的法律条文的解释。全国人民代表大会常务委员会所解释的法律,并不限于它自己所制定的法律,也包括由全国人民代表大会制定的法律。

四是决定权。①人事决定权,是指决定、任免国家机关领导人员的权力。在全国人民代表大会闭会期间,全国人民代表大会常务委员会有权根据国务院总理的提名,决定部长、委员会主任、审计长、秘书长的人选;根据中央军事委员会主席的提名,决定中央军事委员会其他组成人员的人选;根据最高人民法院院长的提请,任免最高人民法院副院长、审判员、审判委员会委员和军事法院院长;根据最高人民检察院检察长的提请,任免最高人民检察院副检察长检察员、检察委员会委员和军事检察院检察长,并且批准省、自治区、直辖市的人民检察院检察长的任免;决定驻外全权代表的任免。②财政决定权,是指全国人民代表大会常务委员会在全国人民代表大会闭会期间,审查和批准国家预算在执行过程中所必须做的部分调整的方案的权力。③其他重大问题决定权,是指全国人民代表大会常务委员会在全国人民代表大会闭会期间,有权审查和批准国民经济和社会发展计划在执行过程中所必须做的部分调整方案;有权决定批准或废除同外国缔结的条约和重要协定;规定军人和外交人员的衔级制度和其他专门衔级制度;规定和决定授予国家的勋章和荣誉称号;决定特赦;如果遇到国家遭受武装侵犯或者必须履行国际间共同防止侵略的条约的情况,有权决定宣布战争状态;决定全国总动员或局部动员;决定全国或者个别省、自治区和直辖市进入紧急状态。

五是监督权。在法律监督方面,全国人民代表大会常务委员会有权监督宪法的实施;有权撤销国务院制定的同宪法、法律相抵触的行政法规、决定和命令;有权撤销省、自治区、直辖市国家权力机关制定的同宪法、法律和行政法规相抵触的地方性法规和决议。在工作监督方面,全国人民代表大会常务委员会有权监督国务院、中央军事委员会、最高人民法院和最高人民检察院的工作;国务院、最高人民法院、最高人民检察院在全国人民代表大会闭会期间,对全国人民代表大会常务委员会负责并报告工作;中央军事委员会主席在全国人民代表大会闭会期间对全国人民代表大会常务委员会负责。

六是全国人民代表大会授予的其他职权。

（6）全国人民代表大会常务委员会的工作形式

常委会主要通过举行会议、作出会议决定的形式行使职权。全国人民代表大会常务委员会全体会议一般每两个月举行一次，由委员长召集并主持。全国人民代表大会常务委员会在举行会议、审议通过法律案和其他议案、选举和罢免国家领导人时，均须遵循下列四个程序。

一是提出议案。在全国人民代表大会常务委员会会议期间，可以向常务委员会提出议案的主体有以下几个：全国人民代表大会各专门委员会；国务院；中央军事委员会；最高人民法院；最高人民检察院；常务委员会组成人员 10 人以上联名。

二是审议议案。国家机关提出的议案，由委员长会议决定提请常务委员会会议审议，或者先交有关专门委员会审议、提出报告，再提请常务委员会会议审议；常务委员会组成人员提出的议案，由委员长会议决定是否提请常务委员会会议审议，或者先交有关的专门委员会审议、提出报告，再决定是否提请常务委员会会议审议。对列入议程的议案，提出议案的机关、有关专门委员会和常务委员会的有关工作部门应提供有关资料。常委会在听取议案说明后再分组审议，并交有关专门委员会进行审议。属于法律草案的还要交法律委员会统一审议，由法律委员会向下次或以后的常务委员会会议提出审议结果和报告，并将其他有关专门委员会的审议意见印发常务委员会，由常务委员会再次进行审议。法律草案一般要经过三次常务委员会会议的审议才能付诸表决。

三是表决通过议案。表决方案由常务委员会全体组成人员过半数通过。表决结果由会议主持人当场宣布。交付表决的议案，有修正案的，先表决修正案。任免案逐人表决，根据情况也可以合并表决。常务委员会表决议案，采用无记名方式、举手方式或者其他方式。

四是公布法律、决议。法律议案通过后即成为法律，由中华人民共和国主席签署主席令予以颁布；任免案及其他议案，由全国人民代表大会常务委员会以公告或由国家主席以命令形式颁布。

（7）全国人民代表大会及其常委会的工作机构

全国人民代表大会设各类委员会开展工作。全国人民代表大会的常设性委员会主要是指各专门委员会。专门委员会是全国人民代表大会的辅助性的工作机构，是由代表组成的、按照专业分工进行工作的机构。它的任务是在全国人民代表大会及其常务委员会的领导下，研究、审议，拟订有关议案。各专门委员会在讨论其所属的专门问题之后，虽然也做决议，但这种决议必须经过全国人民代表大会或者全国人民代表大会常务委员会审议通过之后，才具有国家权力机关所做的决定的效力。在此之前，它只是向全国人民代表大会或全国人民代表大会常务委员会提供审议的意见或报告。

目前，全国人民代表大会设立的专门委员会有民族委员会、法律委员会、财政经济委员会、教育科学文化卫生委员会、外事委员会、华侨委员会、内务司法委员会、环境与资源保护委员会、农业与农村委员会等。各专门委员会受全国人民代表大会领导;在全国人民代表大会闭会期间,受全国人民代表大会常务委员会领导。

各专门委员会由主任委员、副主任委员若干人和委员若干人组成。各专门委员会的主任委员、副主任委员和委员的人选由主席团在代表中提名,大会通过。在大会闭会期间,全国人民代表大会常务委员会可以补充任命专门委员会的个别副主任和部分委员,由委员长会议提名,经常务委员会全体会议通过。各专门委员会主任委员主持委员会会议和委员会的工作,副主任委员协助主任委员工作。全国人大各专门委员会每届任期与全国人大的任期相同。全国人民代表大会常务委员会可以根据工作需要,为各委员会任命专家若干人为顾问;顾问可以列席专门委员会会议,发表意见。

常务委员会可以根据需要设立工作委员会,工作委员会的主任、副主任和委员由委员长提请常务委员会任免。委员长会议根据工作需要,可以委托常务委员会的工作委员会、办公厅代常务委员会拟订议案草案,并向常务委员会会议说明。全国人民代表大会及其常务委员会在其认为必要的时候可组织关于特定问题的调查委员会。全国人大及其常务委员会根据调查委员会的报告,作出相应的决议。调查委员会进行调查的时候,一切有关的国家机关、社会团体和公民都有义务向它提供必要的材料。提供材料的公民要求对材料来源保密的,调查委员会应当予以保密。

关于全国人民代表大会代表的有关主要规定如下。

全国人民代表大会代表是最高国家权力机关组成人员,代表人民的利益和意志,依照宪法和法律赋予全国人民代表大会的各项职权,参加行使国家权力。

第一,参加全国人民代表大会会议的权利。全国人民代表大会代表出席全国人民代表大会会议,依法行使代表的职权。代表未经批准两次不出席本级人民代表大会会议的,其代表资格终止。

第二,提出议案的权利。全国人民代表大会代表30人以上联名,可以提出属于全国人民代表大会职权范围内的议案。1/5以上的全国人民代表大会代表可以提出修改宪法的议案。全国人民代表大会代表对全国人民代表大会及其常务委员会的工作,有提出建议、意见和批评的权利;对于提出的建议、意见和批评,由全国人民代表大会常务委员会负责落实。

第三,审议议案和报告的权利。全国人民代表大会代表审议大会的各项议案和报告。议案是属于全国人民代表大会职权范围内的;报告一般包括全国人民代表大会常务委员会工作报告,政府工作报告,最高人民法院、最高人民检察院工作报告,国民经济和社会发展计划、预算执行情况的报告等内容。

第四,有依照法律规定的程序提出质询案或者询问的权利。在全国人民代表大会会议期间,30名以上代表联名,可以书面提出对国务院和国务院领导的各部、委的质询案。受质询机关的领导人在主席团会议上或者有关的专门委员会会议上作口头答复。提出质询案的代表可以列席会议,发表意见。提出质询案的代表对答复不满意的,可以提出再作答复的要求,经主席团决定,由受质询机关再作答复。代表在审议议案和报告时,可以向有关国家机关提出询问。有关部门应当派负责人员到会,听取意见,回答代表提出的询问。

第五,提出罢免案的权利。1/10以上的全国人民代表大会代表有权联名依照法律规定的程序提出对全国人民代表大会常务委员会组成人员,中华人民共和国主席、副主席,国务院组成人员,中央军事委员会组成人员,最高人民法院院长,最高人民检察院检察长的罢免案。

第六,享有非经法律规定的程序,不受逮捕或者刑事审判的权利。在全国人民代表大会开会期间,没有经过全国人民代表大会会议主席团的许可,全国人民代表大会代表不受逮捕或者刑事审判。如果因为全国人民代表大会代表是现行犯而被拘留的,执行拘留的公安机关必须立即向全国人民代表大会主席团或者全国人民代表大会常务委员会报告。

第七,言论和表决的免责权。全国人民代表大会代表在全国人民代表大会各种会议上的发言和表决不受法律追究。

第八,执行代表职务的物质保障权。全国人民代表大会代表有在履行职务时,根据实际需要享受适当补贴和物质上的便利的权利。

第九,参观、视察等权利。代表在参观或者视察工作中发现问题,可以提交有关国家机关处理,必要时可以报全国人民代表大会常务委员会处理。

按照《宪法》、《全国人民代表大会组织法》和《代表法》的有关规定,全国人民代表大会代表还必须履行下列义务。

第一,模范地遵守宪法和法律。

第二,同原选举单位和群众保持密切联系。代表要经常深入选民中了解他们的意愿,向选举单位和群众介绍全国人民代表大会的工作情况,等等。全国人民代表大会代表联系群众的方式和渠道是很多的,其中特别重要的有两种:一是参观和视察工作;二是参加原选举单位召开的人民代表大会。

第三,保守国家秘密。

第四,在自己参加的生产、工作和社会活动中,协助宪法和法律的实施。

第五,接受原选举单位和群众监督。代表要及时向原选举单位报告自己的工作,听取他们对自己工作的意见和要求。

2. 国家主席

（1）国家主席的性质与地位

中华人民共和国主席是中华人民共和国国家机构的重要组成部分,属于我国最高权力机关的范畴。中华人民共和国主席不是掌握一定国家权力的个人,而是一种国家机关。中华人民共和国主席同全国人民代表大会或者全国人民代表大会常务委员会结合起来行使国家元首的职权。中华人民共和国主席对外代表国家。

（2）国家主席的任职条件、产生和任期

我国《宪法》第 79 条第 2 款规定：“有选举权和被选举权的年满四十五周岁的中华人民共和国公民可以被选为中华人民共和国主席、副主席。”因此，当选国家主席和副主席的基本条件有二：一是政治方面的条件，即国家主席、副主席的人选，必须是有选举权和被选举权的中华人民共和国公民；二是年龄方面的条件，即他们必须年满 45 周岁。

中华人民共和国主席、副主席由全国人民代表大会选举产生。产生国家主席和副主席的具体程序是：首先由全国人民代表大会会议主席团确定主席和副主席的候选人名单，然后经各代表团酝酿协商，再由会议主席团根据多数代表的意见确定正式候选人名单，由大会选举产生国家主席和副主席。

中华人民共和国主席、副主席的任期同全国人民代表大会每届任期相同，即都是 5 年，连续任职不得超过两届。

（3）中华人民共和国主席的职权

中华人民共和国主席的职权包括以下几项。

一是公布法律，发布命令。法律在全国人民代表大会或全国人民代表大会常务委员会正式通过后，由国家主席予以颁布施行。国家主席根据全国人民代表大会常务委员会的决定，发布特赦令、宣布进入紧急状态、发布动员令、宣布战争状态等。

二是任免国务院的组成人员和驻外全权代表。国务院总理、副总理、国务委员、各部部长、各委员会主任、审计长、秘书长，经全国人民代表大会或全国人民代表大会常务委员会正式决定人选后，由国家主席宣布其任职或免职。国家主席根据全国人民代表大会常务委员会的决定，派遣或召回驻外大使。

三是外交权。国家主席代表中华人民共和国进行国事活动，接受外国使节，例如，代表国家接受外国大使递交的国书，出席国际会议，与外国元首会谈。国家主席根据全国人民代表大会常委会的决定，宣布批准或废除条约和重要协定。

四是荣典权。国家主席根据全国人民代表大会常务委员会的决定，授予国家的勋章和荣誉称号。

我国国家副主席协助国家主席工作，副主席没有独立的职权。副主席可以受国家主席的委托，代替执行主席的一部分职权，如代替主席接受外国使节等。副主席受委托行使国家主席职权时，具有与国家主席同等的法律地位。国家主席缺位的时候，由副主席继任主席的职位。副主席缺位的时候，由全国人民代表大会补选。国家主席、副主席都缺位的时候，由全国人民代表大会进行补选；在补选以前，由全国人民代表大会常务委员会委员长暂时代理主席的职位。

3. 国务院

（1）国务院的组成与任期

中华人民共和国国务院由总理、副总理若干人、国务委员若干人、各部部长、各委员会主任、审计长、秘书长组成。国务院总理的人选，根据国家主席的提名，由全国人民代表大会决定。副总理、国务委员、各部部长、各委员会主任、审计长和秘书长的人选根据国务院总理的提名，由全国人民代表大会决定。在全国人民代表大会闭会期间，根据国务院总理的提名，由全国人民代表大会常务委员会决定部长、各委员会主任和秘书长的人选。国务院总理、副总理、国务委员、各部部长、各委员会主任、审计长和秘书长的任免决定以后，都由中华人民共和国主席公布。

中华人民共和国国务院的任期与全国人民代表大会的任期相同，即为 5 年。任期届满后，由全国人民代表大会决定，组成新的国务院。我国《宪法》规定，总理、副总理、国务委员连续任职不得超过两届。

（2）国务院的性质、地位与职权

中华人民共和国国务院，即中央人民政府，是最高国家权力机关的执行机关，是最高国家行政机关。国务院在性质上是行政机关，它所行使的权力是行政权，行政权具有执行的属性。国务院在整个国家行政机关体系中居于最高地位。它统一领导地方各级人民政府的工作，统一领导和管理国务院各部、各委员会的工作。但国务院相对于最高国家权力机关来说，处于从属地位，因为国务院是由国家最高权力机关组织产生的，它必须对全国人民代表大会及其常务委员会负责并报告工作。

根据《宪法》规定，国务院行使下列的职权。

一是行政法规的制定和发布权。国务院有权根据宪法和法律制定有关行政机关的活动准则、行政权限以及行政工作制度和各种行政管理制度等方面的规范性文件。

二是行政措施的规定权。国务院在行政管理中认为需要的时候，或者为了执行法律和执行最高国家权力机关的决议，有权采取各种具体办法和实施手段。

三是提出议案权。这些议案的内容大致可以包括五个方面：①国民经济和社会发展计划和计划执行情况；②国家预算和预算的执行情况；③必须由全国人民代表大会常务委员会批准和废除的同外国缔结的条约和重大协定；④国务院组成人员中必须由全国人民代表大会或者全国人民代表大会常务委员会决定任免的人选；⑤在国务院职权范围内的其他必须由全国人民代表大会或者全国人民代表大会常务委员会审议或决定的事项。

四是对所属部委和地方各级行政机关的领导权和监督权。国务院有权对我国地方各级国家行政机关发布指示、规定任务，进行行政领导和监督；有权改变地方各级行政机关所发布的不适当的命令和规章；有权确定其所属各部、各委员会等中央国家行政机关的工作内容、工作制度、工作任务和所担负的职能与责任；有权改变或者撤销各部、各委员会发布的不适当的决定和命令。国务院所属各部和地方各级行政机关必须接受国务院的统一领导和监督。

五是对外交、国防、民政、文教、经济等各项工作的领导和管理权。国务院根据国家宏观计划的安排，负责组织、管理和实施我国武装力量的建设；通过组织设置民政部、公安部、司法部、监察部、教育部、科学技术部、文化部、卫生部等,管理和领导国家民政、公安、文教等各项工作;通过国家计划等宏观调控手段和其他经济手段,组织、指导和监督国有企业、集体经济和其他各种经济组织依法进行生产和经营活动;经济和管理民族事务,保障少数民族的平等权利和民族自治地方的自治权利;保护华侨的正当权利和利益;领导和管理国家的对外事务等。

六是行政人员的任免、奖惩权。国务院有权依照有关法律和行政法规,任免国家行政机关的领导人员,奖励先进的工作人员,惩罚违反法纪、造成一定后果的人员。

七是批准省、自治区、直辖市的区域划分,批准自治州、县、自治县、市的建置和区域划分;决定省、自治区、直辖市的范围内部分地区进入紧急状态。

八是最高国家权力机关授予的其他职权。这主要是指全国人民代表大会及其常务委员会以决议形式,将某些属于全国性的行政工作任务,或者某些特别重要的其他临时性工作,授权由国务院办理。

（3）国务院的领导体制

国务院实行行政首长负责制,总理主持全面工作;重大问题由总理提交国务院全体会议或总理办公会集体讨论。国务院为了完成全国范围内的各项组织管理任务,必须设立相应组织机构。国务院各部、各委员会是主管特定方面工作的行政机关,受国务院的统一领导。国务院各部、各委员会的设立、撤销或者合并,经总理提出,由全国人民代表大会决定;在全国人民代表大会闭会期间,由全国人民代表大会常务委员会决定。部务会议、委务会议和委员会会议是各部、各委员会发挥集体作用的组织。

国务院根据工作需要和精简原则,可以设立若干直属机构,如国家统计局、海关总署、民航总局等主管各项专门业务,可以设立若干办事机构,如办公厅、国务院侨务办公室、国务院港澳事务办公室等协助总理办理专门事项。国务院直属机构的负责人和办事机构的负责人不是国务院的组成人员,但可以列席国务院全体会议。

4. 中央军事委员会

我国《宪法》第93条第1款规定:"中华人民共和国中央军事委员会领导全国武装力量。"因此,中央军事委员会是全国武装力量的最高领导机关。根据马克思主义的国家学说,武装力量是国家机器的重要组成部分,在国家体制中居于重要地位,这种地位理应在国家根本法中加以确认。现行《宪法》规定设置的中央军事委员会作为我国国家机构的一部分,不仅明确了武装力量在国家机构中的地位,而且对中央国家机关分工行使国家权力,加强武装力量的建设,都具有重要意义。

中央军事委员会由主席、副主席若干人、委员若干人组成。中央军事委员会主席由全国人民代表大会选举产生。全国人民代表大会根据中央军事委员会主席的提名,决定中央军事委员会其他组成人员的人选。全国人民代表大会有权罢免中央军事委员会主席和其他组成人员。在全国人民代表大会闭会期间,全国人民代表大会常务委员会根据中央军事委员会主席的提名,决定中央军事委员会其他组成人员的人选。中央军事委员会每届任期同全国人民代表大会每届任期相同。现行《宪法》没有规定中央军事委员会的具体职权。1997年3月14日施行的《中华人民共和国国防法》对中央军事委员会的国防职权作了规定,该法规定了中央军事委员会的十项职权:①统一指挥全国武装力量;②决定军事战略和武装力量的作战方针;③领导和管理中国人民解放军的建设,制定规划、计划并组织实施;④向全国人民代表大会或者全国人民代表大会常务委员会提出议案;⑤根据宪法和法律,制定军事法规,发布决定和命令;⑥决定中国人民解放军的体制和编制,规定总部以及军区、军兵种和其他军区级单位的任务和职责;⑦依照法律、军事法规的规定,任免、培训、考核和奖惩武装力量成员;⑧批准武装力量的武器装备体制和武器装备发展规划、计划,协同国务院领导和管理国防科研生产;⑨会同国务院管理国防经费和国防资产;⑩法律规定的其他职权。

中央军事委员会实行主席负责制。中央军事委员会主席有权对中央军事委员会职权范围内的事务作出最后的决策。当然,中央军事委员会是作为一个集体来领导我国的武装力量的,主席负责制并不否定民主集中制。中央军事委员会主席在对重大问题作出决策之前,必须进行集体研究和讨论,然后再集中正确的意见作出决策。

中央军事委员会主席对全国人民代表大会和全国人民代表大会常务委员会负责,从而确认中央军事委员会在中央国家机关体系中从属于代表全国人民的最高国家权力机关,也确认了我国的武装力量从属于人民。

5. 最高人民法院

最高人民法院是我国的最高审判机关。它监督地方各级人民法院和专门人民法院的审判工作,对全国人民代表大会及其常委会负责。

最高人民法院审判的案件包括:法律规定由它管辖的和它认为应当由自己审判的一审案件;对高级人民法院、专门人民法院判决和裁定不服的上诉案件和抗诉案件;最高人民检察院按照审判监督程序提出的抗诉案件;最高人民法院还可以就审判过程中如何具体适用法律的问题,进行解释;最高人民法院核准死刑案件。

最高人民法院院长由全国人民代表大会选举和罢免,连续任职不得超过两届;最高人民法院副院长、审判委员会委员、庭长、副庭长、审判员和军事法院院长由最高人民法院院长提请全国人民代表大会常务委员会任免。

6. 最高人民检察院

最高人民检察院是我国的最高检察机关。最高人民检察院领导地方各级人民检察院和专门人民检察院的工作,对全国人民代表大会及其常委会负责。

最高人民检察院检察长由全国人民代表大会选举和罢免,连续任职不得超过两届;最高人民检察院副检察长、检查委员会委员、检察员和军事检察院检察长由最高人民检察院检察长提请全国人民代表大会常务委员会任免。

（二）地方国家机关的设置与地方国家权力的行使

地方国家机构可以分为一般的地方国家机关、民族自治地方的国家机关和特别行政区的国家机关。在我国，地方国家机关包括地方各级人民代表大会及其常设机构、地方各级人民政府、地方各级人民法院和地方各级人民检察院。特别行政区的国家机关是指特别行政区行政长官、行政机关、立法机关和司法机关。本节叙述的主要是一般的地方国家机关。

1. 地方各级人民代表大会

（1）地方各级人民代表大会的组成与任期

地方各级人民代表大会由人民代表组成。人民代表通过间接选举或者直接选举的方式产生。凡省、自治区、直辖市、自治州、设区的市的人民代表大会代表，均由下一级人民代表大会选举产生；县、自治县、不设区的市、市辖区、乡、民族乡、镇的人民代表大会代表则由选民直接选举产生。地方各级人民代表大会的代表名额和代表产生办法由《选举法》规定。各行政区域内的少数民族应当有适当的代表名额。地方各级人民代表大会的每届任期都是 5 年。

（2）地方各级人民代表大会的性质、地位与职权

根据我国《宪法》有关规定，地方各级人民代表大会是地方各级国家权力机关。它决定本行政区域内的重大事项，是各级行政区域内的人民行使地方国家权力的机关。地方其他各级国家机关由它产生，向它负责，受它监督。

根据我国《宪法》和《地方各级人民代表大会和地方各级人民政府组织法》的规定，地方各级人民代表大会的职权可以概括为：

一是地方性法规的制定权。省、自治区、直辖市的人民代表大会可制定和颁布地方性法规，并报全国人民代表大会常务委员会和国务院备案；较大的市（含省、自治区人民政府所在地的市、经济特区所在地的市和经国务院批准的较大的市）的人民代表大会制定的地方性法规，须报省、自治区人民代表大会常务委员会批准后施行，并由省、自治区的人民代表大会常务委员会报全国人民代表大会常务委员会和国务院备案。

二是决定权。①人事决定权，指选举和罢免本级国家机关的负责人。②本地方重大事务决定权，具体指：县级以上的地方人民代表大会审查和批准本行政区域内的国民经济和社会发展计划、预算以及它们执行情况的报告；讨论、决定本行政区域内的政治、经济、教育、科学、文化、卫生、环境和资源保护、民政、民族等工作的重大事项。乡级人民代表大会根据国家计划，决定本行政区域内的经济、文化事业和公共事业的建设计划；审查和批准本行政区域内的财政预算和预算执行情况的报告；决定本行政区域内民政工作的

实施情况。

三是监督权。监督权是行使对本级人民代表大会常务委员会、人民政府、人民法院和人民检察院的监督权。具体体现为：县级以上人民代表大会有权听取和审查本级人民代表大会常务委员会的工作报告；有权听取和审查本级人民政府和人民法院、人民检察院的工作报告；有权改变或者撤销本级人民代表大会常务委员会的不适当的决议；有权撤销本级人民政府的不适当的决定和命令。乡、镇人民代表大会有权听取和审查乡、民族乡、镇的人民政府的工作报告；有权撤销本级人民政府不适当的决定和命令。

四是执行权。地方各级人民代表大会在本行政区域内保证宪法、法律、行政法规和上级人民代表大会及其常务委员会决议的遵守和执行。此外，还应负责保护公共财产、私人合法财产，保护社会秩序，保障公民、少数民族、妇女的合法权益，保障集体经济组织应有的自主权等。

五是在职权范围内通过和发布决议。这种决议是用以指导地方性工作，处理地方性事务，解决地方性问题。它必须是在宪法和法律授权的范围内发布，决议内容不得与宪法、法律及行政法规等相抵触，否则无效。

（3）地方各级人民代表大会的工作方式

地方各级人民代表大会的工作方式是召开会议，会议每年至少举行一次。经1/5代表提议，可以临时召集本级人民代表大会会议。县级以上的地方各级人民代表大会会议由本级人民代表大会常务委员会召集。每次会议举行预备会议，选举本次会议的主席团和秘书长，通过本次会议的议程和其他准备事项的决定。县级以上的地方各级人民代表大会举行会议的时候，由主席团主持会议。乡级人民代表大会举行会议时，选举主席团，由主席团主持会议，并负责召集下一次的本级人民代表大会会议。

（4）地方各级人民代表大会的工作机构

省、自治区、直辖市、自治州、设区的市的人民代表大会根据需要，可以设法制（政法）委员会、财政经济委员会、教育科学文化卫生委员会等专门委员会。各专门委员会受本级人民代表大会领导，在大会闭会期间，受本级人民代表大会常务委员会的领导。各专门委员会在本级人民代表大会及其常务委员会的领导下，研究、审议和拟订有关议案；对属于本级人民代表大会及其常务委员会职权范围内且同本委员会有关的问题，进行调查研究，提出建议。

县级以上的地方各级人民代表大会及其常务委员会可以组织对于特定问题的调查委员会。县级以上各级人民代表大会常务委员会及乡、民族乡、镇的人民代表大会可以设代表资格审查委员会。

（5）地方各级人民代表大会的代表

地方各级人民代表大会代表是地方各级国家权力机关的组成人员，依法享有的权利主要有：①地方各级人民代表大会举行会议时，代表10人以上联名可以书面形式提出对本级人民政府和它所属各工作部门以及人民法院、人民检察院的质询案；②在审议议案时,代表可以向有关的地方国家机关提出询问；③代表在人民代表大会及其常务委员会会议上的发言和表决,不受法律追究；④县级以上的地方各级人民代表大会代表非经本级人民代表大会常务委员会许可,不受逮捕或者刑事审判；⑤在出席人民代表大会会议和执行代表职务的时候,国家根据需要给予代表往返的旅费和必要的物质上的便利或补贴。

地方各级人民代表在享有上述权利的同时,有义务与原选举单位或者选民保持密切联系,接受原选举单位和选民的监督,宣传法律和政策,协助本级人民政府进行工作,并且向人民代表大会及其常务委员会、人民政府反映群众的意见和要求。

地方各级人民代表大会代表的选举单位和选民有权依照法律规定的程序随时撤换自己选举的代表。

2. 县以上地方各级人民代表大会常务委员会

县级以上的地方各级人民代表大会设立常务委员会。它是本级人民代表大会的常设机关,对本级人民代表大会负责并报告工作。

省、自治区、直辖市、自治州、设区的市的人民代表大会常务委员会由本级人民代表大会在代表中选举主任、副主任若干人、秘书长、委员若干人组成。县、自治县、不设区的市、市辖区的人民代表常务委员会由本级人民代表大会在代表中选举主任、副主任若干人和委员若干人组成。名额按照《地方各级人民代表大会和地方各级人民政府组织法》的规定确定。

常务委员会的组成人员不得担任国家行政机关、审判机关和检察机关的职务；如果担任上述职务,必须向常务委员会辞去常务委员职务。

常务委员会每届任期同本级人民代表大会每届任期相同。它行使职权到下届本级人民代表大会选出新的常务委员会为止。

县以上地方各级人民代表大会常务委员会的职权可以概括为以下几个方面：①在本行政区域内,保证宪法、法律、行政法规和上级人民代表大会及其常务委员会决议的遵守和执行。领导或者主持本级人民代表大会代表的选举；召集本级人民代表大会会议。②讨论、决定本行政区域内政治、经济、教育、科学、文化、卫生、环境和资源保护、民政、民族工作的重大事项；根据本级人民政府的建议,决定对本行政区域内的国民经济和社会发展计划、预算的部分变更；按照法律规定任免国家行政机关、人民法院和人民检察院的有关工作人员；在本级人民代表大会闭会期间,补选上一级人民代表大会出缺的代表和撤换个别代表；决定授予地方的荣誉称号。③监督本级人民政府、人民法院、人民检察院的工作；撤销下一级人民代表大会及其常务委员会的不适当的决议；撤销本级人民政府的不适当的决定和命令；受理群众对国家工作人员的申诉和意见。④省、自治区、直辖市和较大的市的人民代表大会常务委员会可以制定和颁布地方性法规。

常务委员会会议由主任召集，每两个月至少举行一次。县级以上的地方各级人民代表大会常务委员会主任会议可以向本级人民代表大会常务委员会提出属于常务委员会职权范围内的议案，由常务委员会会议审议。

县级以上的地方各级人民政府、人民代表大会各专门委员会，可以向本级人民代表大会常务委员会提出属于常务委员会职权范围内的议案，省级、自治州、设区的市的人民代表大会常务委员会组成人员 5 人以上联名，县级人民代表大会常务委员会组成人员 3 人以上联名，也可以向本级人民代表大会常务委员会提出议案，由主任会议决定是否提请常务委员会会议审议，或者先交有关的专门委员会审议提出报告，再决定是否提请常务委员会会议审议。常务委员会召开会议期间，常务委员会的组成人员按法定人数联名书面提出对本级人民政府、人民法院、人民检察院的质询案，由主任会议决定交受质询机关答复。

主任会议由常务委员会主任、副主任、秘书长所组成（县级由主任、副主任组成），处理常务委员会的重要日常工作。

县级以上的地方各级人民代表大会常务委员会设立代表资格审查委员会，并根据工作需要设立办事机构。

乡、民族乡、镇的人民代表大会设立主席，并可以设副主席 1 至 2 人。主席、副主席由本级人民代表大会代表中选出，任期同本级人大每届任期相同。在本级人民代表大会闭会期间，主席、副主席负责联系本级人民代表大会代表，组织代表开展工作，并反映代表和群众对本级人民政府工作的建议、批评和意见。

3. 地方各级人民政府

根据我国《宪法》有关规定，地方各级人民政府是地方各级国家权力机关的执行机关，是地方各级国家行政机关。地方各级人民政府作为地方各级国家权力机关的执行机关，对于本级人民代表大会及其常务委员会所制定的地方性法规和通过的决议，必须贯彻执行；作为地方行政机关，对于上级行政机关的决定和命令也必须贯彻执行；地方各级人民政府要对本级人民代表大会和上一级人民政府负责并报告工作，县级以上人民政府在本级人民代表大会闭会期间还要对本级人民代表大会常务委员会负责并报告工作。地方各级人民政府都是国务院统一领导下的国家行政机关，必须服从国务院的统一领导。

省、自治区、直辖市、自治州、设区的市的人民政府分别由省长、副省长，自治区主席、副主席，市长、副市长，自治州州长、副州长和秘书长、厅长、局长、委员会主任等组成。

县、自治县、不设区的市、市辖区的人民政府分别由县长、副县长，市长、副市长，区长、副区长和局长、科长等组成。

乡、民族乡的人民政府，设乡长、副乡长。民族乡的乡长由建立民族乡的少数民族公民担任。镇人民政府设镇长和副镇长。

省长、副省长，自治区主席、副主席，市长、副市长，州长、副州长，县长、副县长，区长、副区长，乡长、副乡长，镇长、副镇长分别由本级人民代表大会选举产生。县级以上人民代表大会常务委员会根据省长、自治区主席、市长、州长、县长、区长的提名,决定本级人民政府秘书长、厅长、局长、委员会主任、科长的任免,报上一级人民政府备案。

地方各级人民政府每届任期与本级人民代表大会任期相同。

地方各级人民政府的职权,可以概括为以下几个方面:①省、自治区、直辖市以及省、自治区的人民政府所在地的市和经国务院批准的较大的市的人民政府,可以依法制定规章。②执行本级权力机关的决定和上级行政机关的决定和命令;规定行政措施,发布决定和命令;执行国民经济和社会发展计划、预算;办理上级人民政府交办的其他事项。③管理本行政区域内的经济、教育、科学、文化、卫生、体育事业、城乡建设事业和财政、民政、公安、民族事务、司法行政、监察、计划生育等行政工作。④依法保护和保障公民各方面的权利,如保护社会主义公共财产;保护公民私人的合法财产;维护社会秩序;保障公民的人身权利、民主权利和其他权利;保障农村集体经济组织应有的自主权;保障少数民族的权利和尊重少数民族的风俗习惯;保障男女平等、同工同酬和婚姻自由等公民的各项权利。⑤县级以上地方各级人民政府领导并监督其下属工作部门和下级人民政府的工作;任免、考核、奖惩行政机关工作人员。

地方各级人民政府分别实行省长、自治区主席、市长、州长、县长、区长、乡长、镇长负责制。省长、自治区主席、市长、州长、县长、区长、乡长、镇长分别主持地方各级人民政府的工作。县级以上的地方各级人民政府会议分为全体会议和常务会议。全体会议由本级人民政府全体成员组成。政府工作中的重大问题,须经政府常务会议或者全体会议讨论决定。

地方各级人民政府根据工作需要和精干的原则,设立必要的工作部门。这些工作部门可称作厅、局、委员会、办公室、科等。但乡级人民政府一般不设工作部门。

省、自治区、直辖市的人民政府的厅、局、委员会等工作部门的设立、增加、减少或者合并,由本级人民政府报请国务院批准。自治州、县、市、市辖区的人民政府的局、科等工作部门的设立、增加、减少或者合并,由本级人民政府报请上一级人民政府批准。

地方各级人民政府所属各工作部门受本级人民政府的统一领导,并受上级人民政府主管部门的领导或者业务指导。

省、自治区的人民政府在必要的时候,经国务院批准,可以设立若干派出机关;市辖区、不设区的市的人民政府,经上一级人民政府批准,可以设立若干街道办事处,作为它的派出机关,代表区人民政府、市人民政府分片管理若干街道的行政事务。

4. 地方各级人民法院

中华人民共和国人民法院是国家的审判机关。人民法院的任务是审判刑事案件、民事案件、经济案件和其他案件,并通过审判活动,惩办一切犯罪分子,解决民事纠纷,以保卫人民民主专政制度,维护社会主义法制和社会秩序,保护社会主义的全民所有的财产和劳动群众集体所有的财产,保护公民私有的合法财产,保护公民的人身权利、民主权利和其他权利,保障国家的社会主义革命和社会主义建设事业的顺利进行。人民法院用它的全部活动教育公民忠于社会主义祖国,自觉遵守宪法和法律。

地方各级人民法院分为：基层人民法院、中级人民法院、高级人民法院。初任法官采用严格考核的办法,按照德才兼备的标准,从通过国家统一司法考试取得资格并且具备法官条件的人员中择优提出人选。

地方各级人民法院院长由地方各级人民代表大会选举和罢免;副院长、审判委员会委员、庭长、副庭长和审判员由本院院长提请本级人民代表大会常务委员会任免。各级人民法院任期与本级人民代表大会每届任期相同,即每届任期都是 5 年。

在省、自治区内按地区设立的和直辖市设立的中级人民法院院长,由省、自治区、直辖市人民代表大会常务委员会根据主任会议的提名决定任免;副院长、审判委员会委员、庭长、副庭长和审判员由高级人民法院院长提请省、自治区、直辖市的人民代表大会常务委员会任免。

我国《人民法院组织法》规定,国家审判权由地方各级人民法院、专门人民法院和最高人民法院行使。

各级人民法院的内部组织基本相同。各级人民法院由院长、副院长、庭长、副庭长和审判员组成。各级人民法院内设刑事审判庭、民事审判庭和行政审判庭,各级人民法院内部都设立审判委员会,作为实行民主集中制和集体领导的组织。下级人民法院的审判工作受上级人民法院监督。上、下级人民法院之间的关系是审级监督关系。

5. 地方各级人民检察院

中华人民共和国人民检察院是国家的法律监督机关。人民检察院的基本任务是通过行使检察权,开展法纪监督、直接受理刑事案件、侦查监督、支持公诉和审判监督以及监所监督工作,镇压一切叛国、分裂国家和危害国家安全的犯罪活动;打击危害社会治安、破坏社会主义经济和其他犯罪的分子,维护国家的统一,维护人民民主专政制度,维护社会主义法制,维护社会秩序、生产秩序、工作秩序、教学研究秩序和人民群众生活秩序;保护社会主义全民所有的财产和劳动群众集体所有的财产,保护公民私人所有的合法财产,保护公民的人身权利、民主权利和其他权利,保卫社会主义现代化建设的顺利进行。人民检察院通过检察活动,教育公民忠于社会主义祖国,自觉地遵守宪法和法律,积极同违法行为作斗争。

初任检察官采用严格考核的办法,按照德才兼备的标准,从通过国家统一司法考试取得资格并且具备检察官条件的人员中择优提出人选。

省、自治区、直辖市人民检察院检察长和人民检察院分院检察长由省、自治区和直辖市人民代表大会选举或罢免,省、自治区、直辖市人民检察院检察长的任免,须报最高人民检察院检察长提请全国人民代表大会常务委员会批准;省、自治区、直辖市人民检察院副检察长、检察委员会委员和检察员以及人民检察院分院副检察长、检察委员会委员、检察员由省、自治区、直辖市人民检察院检察长提请本级人民代表大会常务委员会任免。自治州、省辖市、县、市、市辖区人民检察院检察长由本级人民代表大会选举或罢免。自治州、省辖市、县、市、市辖区的人民检察院检察长的任免,须报上一级人民检察院检察长提请该级人民代表大会常务委员会批准;副检察长、检察委员会委员和检察员由自治州、省辖市、县、市、市辖区人民检察院检察长提请本级人民代表大会常务委员会任免。

省、县一级人民检察院在工矿区、农垦区、林区设置的人民检察院检察长、副检察长、检察委员会委员和检察员,均由派出该检察院的人民检察院检察长提请本级人民代表大会常务委员会任免。

地方人民检察院分为:省、自治区、直辖市人民检察院;省、自治区、直辖市人民检察院分院,自治州和省辖市人民检察院;县、市、自治县和市辖区人民检察院。省一级人民检察院和县一级检察院,根据工作需要,提请本级人民代表大会常务委员会批准,可以在工矿区、农垦区、林区等区域设置人民检察院作为派出机构。

我国人民检察院领导体制实行双重从属制,即各级人民检察院对同级人民代表大会及其常务委员会负责并报告工作,接受同级人民代表大会及其常务委员会的监督;同时,地方各级人民检察院又对上一级人民检察院负责。

检察长统一领导检察院的工作。为了保证集体领导,在各级人民检察院设立检察委员会,在检察长主持下,按照民主集中制原则,讨论决定重大案件和其他重大问题。如果检察长在重大问题上不同意多数人的决定,可以报请本级人民代表大会常务委员会决定。

三、国家权力监督

(一)国家权力监督的概念

"监督"一词从字面意义上理解,"监"意味着监视、察看、临下。"督"意味着督导、督促、纠正,还被延伸为约束、牵制、制止和制约等含义。监督就是查看与督促,其中"监"是"督"的基础和前提,"督"是"监"的结果和目的。监督是社会管理系统的重要环节,对社会的发展变化起着控制的作用。它是一定的主体对其他社会主体活动进行的监察督促。监督的目的在于提示督促、纠正错误、治理国事和保持秩序。

国家权力监督是指有关监督主体对国家机关及其工作人员行使国家权力的合法性和合理性进行的监督。监督的主要目的是为了制约国家权力的滥用和维护法律统一实施、保障公民的宪法权利。国家权力监督是在调整社会关系的过程中起着监察和督促各级各类国家机关及其工作人员公正廉洁、忠于职守,保证国家机器正常运行的重要作用。

（二）国家权力监督的构成要素

国家权力监督解决由谁监督、监督谁和监督什么的问题，即国家权力监督的主体、国家权力监督的客体和国家权力监督的内容。

1. 国家权力监督的主体

国家权力监督的主体是行使国家权力监督权的责任者和执行者，即依法独立参与监督活动，享有监督权力或权利和履行监督职责或义务的国家机关、社会组织和公民个人。在我国，国家权力监督的主体包括国家机关、社会组织和人民群众，具有广泛的参与性。

2. 国家权力监督的客体

国家权力监督的客体是指监督对象行使国家权力的行为，即国家机关及其公职人员执行公务的行为，主要是立法行为、行政管理和行政执法行为、司法行为。

3. 国家权力监督的内容

国家权力监督的内容是指对国家机关及其公职人员的公务行为合宪性、合法性的监督，包括在实体及程序上对国家机关制定规范性法律文件活动的合宪性、合法性、合理性的监督，对行政机关和司法机关的公务活动的合宪性、合法性、合理性的监督。

对行政机关和司法机关活动的督察和纠正是国家权力监督的重点内容。

（三）国家权力监督的意义

1. 国家权力监督是社会主义民主政治的必然要求

我国《宪法》规定："人们依照法律规定，通过各种途径和形式，管理国家事务，管理经济和文化事业，管理社会事务。"社会主义民主政治最重要的标志就是国家的一切权力属于人民，人民是国家的主人。人民通过民选的代表组成国家机关，行使国家管理权。人民通过法定形式对国家权力进行经常、有效地监督控制，以防止社会公共权力变成了个人私权，保证一切权力行使的合法性和正当性。所以，国家权力监督是社会主义民主政治的必然要求，只有把国家机关及其公职人员的活动置于有效监督之下，才能实现国家政治民主化，促进我国社会主义民主政治建设的健康发展。

2. 国家权力监督是维护社会主义法制统一和尊严的重要保证

我国《宪法》规定："国家维护社会主义法制的统一和尊严。"维护社会主义法制的统一和尊严实质上是维护人民意志的统一和尊严。首先，在我国立法活动中，国家权力监督主体通过对立法主体、立法过程和所制定的规范性法律文件是否符合宪法和法律的监督，保证立法活动的合法性和有效性，保证各种规范性法律文件的协调统一，从而为社会主义法的贯彻实施创造良好的条件。其次,在司法活动中,加强国家权力监督可以保证国家司法机关及其公职人员各种法律活动的合法性,避免或减少主观任意性,保证公民和社会组织的合法权益不受侵犯。对于已经发生的违法现象,可以通过法律监督权的行使,及时地予以纠正。可见,国家权力监督既是法制本身的重要组成部分,又是实现法制的自我保障机制。

3. 国家权力监督是促进政府廉洁、反对腐败的有效手段

腐败是当今世界各国普遍存在的痼疾,我国也不例外。要防止国家权力的滥用以及由此而产生的各种腐败现象,就必须逐步完善国家权力监督机制,将各级国家机关及其工作人员的活动纳入法制监督轨道,保证国家机关及其公职人员在宪法和法律的范围内活动,防止和遏制腐败现象的产生和泛滥。

(四) 国家权力监督的种类

我国现行的国家权力监督主要包括国家监督和社会监督两大类。这两大类监督体系是结合我国的具体实践建立起来的具有中国特色的社会主义国家权力监督体系。

1. 国家监督

国家监督是指以国家机关为主体实施的、具有国家强制力的监督。国家监督是我国国家权力监督的核心部分,其特点是:第一,监督的主体和监督的对象都是国家机关;第二,监督是职权行为,必须按照法定程序进行;第三,监督具有强制性的法律后果。在我国,国家监督包括权力机关、行政机关、司法机关各系统内部的监督和各机关相互之间的监督。

2. 社会监督

社会监督是指各种社会力量以各种方式和手段对国家行使权力的合法性、合理性进行的监督,它主要包括政党监督、政协监督、社团监督、舆论监督、群众直接监督等。社会监督是国家管理民主化的体现,是国家监督的社会基础,它和国家监督紧密联系、相辅相成,是我国法律监督系统不可缺少的组成部分。

【相关法律规范指引】

1. 1982 年《中华人民共和国宪法》及其修正案第 57 条至第 135 条。

2.《中华人民共和国全国人民代表大会组织法》第 25、第 37 条。

3.《中华人民共和国国务院组织法》第 3 条。

4.《中华人民共和国人民法院组织法》第二章。

5.《中华人民共和国人民检察院组织法》第 5 条。

6.《中华人民共和国地方各级人民代表大会和地方各级人民政府组织法》第 8 条至

第 10 条、第 38、第 39、第 51、第 52 条。

7.《中华人民共和国各级人民代表大会常务委员会监督法》第 2 条至第 7 条。

 练习题

一、填空题

1. 权力是指拥有作出决策并能在一定范围内约束（　　）的社会能力。我国宪法规定,地方各级人民代表大会是（　　）机关。

2. 我国最高权力机关是（　　）。

3. 我国最高行政机关是（　　）。

4. 我国最高审判机关是（　　）。

5. 我国最高法律监督机关是（　　）。

二、单项选择题

1. 全国人民代表大会每届任期（　　）。

    A. 3 年   B. 4 年   C. 6 年   D. 5 年

2. 国务院根据宪法和法律有权制定（　　）。

    A. 法律法规   B. 部门规章

    C. 行政法规   D. 自治条例和单行条例

3. 根据我国《宪法》规定,中国人民政治协商会议是（　　）。

    A. 人民团体   B. 群众组织

    C. 爱国统一战线组织   D. 国家机关

4. 现行《宪法》规定,自治区的自治条例和单行条例的审批权属于（　　）。

    A. 全国人民代表大会   B. 全国人民代表大会常务委员会

    C. 国务院   D. 自治区人民代表大会

5. 现行《宪法》规定,人民检察院是国家的（　　）。

    A. 监察机关   B. 纪律检查机关   C. 法律监督机关   D. 监督机关

6. 在我国,有权修改宪法的主体是（　　）。

    A. 全国人民代表大会   B. 全国人民代表大会常务委员会

    C. 全国人大及其常委会   D. 全国人大法律工作委员会

7. 现行《宪法》规定,市辖区、不设区的市人民政府经上一级人民政府批准,可以设立若干（　　）,作为它的派出机构。

    A. 区公所   B. 居委会   C. 派出所   D. 街道办事处

8. 根据我国《宪法》规定,乡、民族乡、镇的人民代表大会每届任期（　　）。

    A. 2 年   B. 3 年   C. 4 年   D. 5 年

9. 我国《宪法》规定,民族自治机关是自治区、自治州、自治县的(　　　)。

    A. 法院　　　　　　　　　　　　B. 人民代表大会和人民政府

    C. 检察院　　　　　　　　　　　D. 武装部

10. 我国《宪法》规定,制定基本法律的机关是(　　　)。

    A. 全国人大及其常委会　　　　　B. 全国人民代表大会

    C. 全国人大常委会　　　　　　　D. 全国人大法律委员会

11. 在我国,属于国家法律监督体系中最高层次、最高权威的监督是(　　　)。

    A. 最高行政机关的监督　　　　　B. 最高检察机关的监督

    C. 中央纪律检查委员会的监督　　D. 全国人大及其常委会的监督

三、多项选择题

1. 国家权力的主要特征有(　　　)。

    A. 具有国家强制性　　　　　　　B. 具有主权性

    C. 具有普遍约束力　　　　　　　D. 具有独立性

2. 《宪法》规定,全国人民代表大会常委会组成人员不得担任(　　　)。

    A. 国家军事机关的职务　　　　　B. 国家检察机关职务

    C. 国家审判机关职务　　　　　　D. 国家行政机关职务

3. 中华人民共和国主席的职权包括(　　　)。

    A. 公布法律、发布命令　　　　　B. 荣典权

    C. 外交权　　　　　　　　　　　D. 任免国务院的组成人员和驻外全权代表

4. 《宪法》规定,国务院行使的职权是(　　　)。

    A. 提出议案权　　　　　　　　　B. 行政人员的任免、奖惩权

    C. 派遣或召回驻外大使权　　　　D. 批准省、自治区、直辖市区域的划分

四、判断并改错

1. 在我国,按照《宪法》规定,全国人大常委会有权撤销和改变国务院的不适当的行政法规、决定和命令。

2. 国家主席是国家元首,国务院总理是国家政府首脑。

3. 中华人民共和国主席对外不能代表国家。

4. 我全国人民代表大会常委会委员长是国家元首,对外代表国家。

五、名词解释

1. 国家权力

2. 国家权力分配

3. 国家权力监督

六、简答题

全国人民代表大会的主要职权有哪些？

七、案例思考题

1. 2003 年 12 月 12 日，中国共产党中央委员会向全国人民代表大会常务委员会提出《关于修改中华人民共和国宪法部分内容的建议》。第十届全国人民代表大会常务委员会第六次会议讨论了中共中央的建议，通过宪法修正案草案，并决定依照《中华人民共和国宪法》第 64 条的规定，提请十届全国人大二次会议审议。2004 年 3 月 14 日，出席十届全国人大二次会议的代表 2 903 人，对宪法修正案草案进行投票表决，2 890 张有效票中，赞成 2 863 票，反对 10 票，弃权 17 票，宪法修正案获得通过。

试用本单元学习的知识结合案例讨论：

① 中共中央与全国人大及其常委会在宪法制定、修改、实施方面的权力关系。

② 全国人大代表对宪法修正案的表决合法吗？说明理由。

【提示】 根据立法权限及其程序进行分析。

2. 到 2004 年 6 月十届全国人大常委会第十次会议结束时为止，除通过了现行宪法和 4 个宪法修正案外，共审议通过了法律 321 件，有关法律问题的决定 128 件，法律解释 9 件。同一时期，国务院制定行政法规 960 多件，地方人大及其常委会制定地方性法规 8 000 多件，民族自治地方制定的自治条例和单行条例 480 多件。从总体上看，经过 20 多年的立法工作，我国的政治、经济生活的主要方面已经做到有法可依，以宪法为核心的中国特色社会主义法律体系初步形成。

您赞同这个观点吗？说明理由。

【提示】 从法制建设的角度进行分析。

3. 第一届全国人大常委会有委员长 1 人、副委员长 13 人、委员 65 人，共由 79 人组成；第二届有委员长 1 人、副委员长 16 人、委员 62 人，共 79 人组成；第三届有委员长 1 人、副委员长 18 人、委员 96 人、共 115 人组成；第四届有委员长 1 人、副委员长 22 人、委员 144 人，共 167 人组成；第五届有委员长 1 人、副委员长 20 人、委员 159 人，共 175 人组成。第十届全国人大常委会有委员长 1 人，副委员长 15 人，委员 160 人，共 176 人。

试问历届全国人大常委会的人员组成合法吗？说明理由。

【提示】 根据组成人员的人数和要求进行说明。

4. 1989 年，借东欧剧变、苏联解体之机，藏独分子打出"雪山狮子国"的旗号，在拉萨制造骚乱。试图在中华人民共和国的版图上建立一个独立的国家，中央政府在拉萨采取了戒严措施平息了骚乱，稳定了拉萨的社会秩序。

试用本单元学习的知识判断中央政府采取戒严措施平定骚乱的行为是否合法？说明理由。

【提示】 根据《宪法》中有关中央政府职责的规定进行分析。

学习单元 12　国家标志

学习目的与要求

　　了解国旗、国徽和国歌是国家的象征和标志，首都是国家的政治中心；明确《国旗法》、《国徽法》的基本内容，增强热爱祖国、自觉维护国家尊严的观念。

学习重点与提示

　　国家标志的含义；国家标志的正确使用。

一、国旗

　　国旗是一个主权国家的象征与标志，体现着国家和民族的尊严。它为本国人民所敬仰，也为国际社会所尊重。它通过一定式样、色彩和图案反映一个国家的政治特色和历史文化传统。

　　为规范国旗的制作与使用，1990 年 6 月 28 日，第七届全国人民代表大会常委会第十四次会议通过了《中华人民共和国国旗法》，该法详细规定了我国国旗的名称、式样、图案、色彩和使用办法。它的颁布与实施，标志着我国国旗的制作、升挂与使用走上了法治轨道。

（一）我国国旗的含义

　　根据中国人民政治协商会议第一届全体会议的决议和政协主席团通过的制旗办法，我国国旗旗面为红色的五星红旗，长方形，红色象征革命。其长与高之比为 3∶2，旗面上方缀五颗黄色五角星，象征中国共产党领导下的革命人民大团结。星用黄色象征红色大地上呈现光明。一星较大，其外接圆直径为旗高 3/10，居左；四星较小，其外接圆直径为旗高 1/10，环绕于大星右侧，并各有一个角尖对着大星的中心点，表达亿万人民心向伟大的中国共产党，如众星拱北辰。旗杆套为白色，以与旗面的红色相区别。

（二）国旗的升挂、使用

《国旗法》对国旗的使用办法作了明确规定，其主要包括以下内容：

1. 国旗的升挂范围

北京天安门广场、新华门；全国人民代表大会常务委员会，国务院，中央军事委员会，最高人民法院，最高人民检察院；中国人民政治协商会议全国委员会；外交部；出境入境的机场、港口、火车站和其他边境口岸、边防海防哨所，应当每日升挂国旗。

国务院各部门，地方各级人民代表大会常务委员会、人民政府、人民法院、人民检察院，中国人民政治协商会议地方各级委员会，应当在工作日升挂国旗。全日制学校，除寒假、暑假和星期日外，应当每日升挂国旗。

国庆节、国际劳动节、元旦和春节，各级国家机关和各人民团体应当升挂国旗；企业事业组织，村民委员会、居民委员会，城镇居民院（楼）以及广场、公园等公共活动场所，有条件的可以升挂国旗。不以春节为传统节日的少数民族地区，春节是否升挂国旗，由民族自治地方的自治机关规定。民族自治地方在民族自治地方成立纪念日和主要传统民族节日，可以升挂国旗。

举行重大庆祝、纪念活动，大型文化、体育活动，大型展览会，可以升挂国旗。

外交活动以及国家驻外使馆领馆和其他外交代表机构升挂、使用国旗的办法，由外交部规定；军事机关、军队营区、军用舰船，按照中央军事委员会的有关规定升挂国旗；民用船舶和进入中国领水的外国船舶升挂国旗的办法，由国务院交通主管部门规定；公安部门执行边防、治安、消防任务的船舶升挂国旗的办法，由国务院公安部门规定。

国家领导人以及对国家作出杰出贡献的人、对世界和平或者人类进步事业作出杰出贡献的人逝世，发生特别重大伤亡的不幸事件或者严重自然灾害造成重大伤亡时，可以下半旗志哀。

2. 国旗的升挂办法

根据《国旗法》的规定，升挂国旗应当符合以下规定。

举行升旗仪式。升挂国旗时，可以举行升旗仪式。举行升旗仪式时，在国旗升起的过程中，参加者应当向国旗肃立致敬，并可以奏国歌或者唱国歌。全日制中小学，除假期外，每周举行一次升旗仪式。

升挂国旗应当将国旗置于显著的位置。列队举持国旗和其他旗帜行进时，国旗应当在其他旗帜之外。国旗与其他旗帜同时升挂时，应当将国旗置于中心、较高或者突出的位置。在外事活动中同时升挂两个以上国家的国旗时，应当按照外交部的规定或者国际惯例升挂。

在直立的旗杆上升降国旗,应当徐徐升降。升旗时,必须将国旗升至杆顶;降旗时,不得使国旗落地。下半旗时,应当先将国旗升至杆顶,然后降至旗顶和杆顶之间的距离为旗杆全长的 1/3 处;降下时,应当先将国旗升至杆顶,然后再降下。

不得升挂破损、污损、褪色或者不合规格的国旗。国旗及其图案不得用作商标和广告,不得用于私人丧事活动。

二、国徽

(一)国徽的含义与构成

国徽是国家的象征和标志性徽章。它通过一定的图案或表现一个国家的自然条件与地理特征,或体现一个国家的历史与传统,或表现一个国家政治体制、民族精神和意识形态。

我国国徽图案于 1950 年 6 月由中国人民政治协商会议全国委员会第二次会议提出,经 1950 年 9 月 18 日中央人民政府委员会第八次会议审议通过的《中华人民共和国国徽图案》予以规定的。根据我国《宪法》的规定:"中华人民共和国国徽,中间是五星照耀下的天安门,周围是麦穗和齿轮。"该图案的具体构成是:国徽呈圆形,其中心部分是红地上的金色天安门城楼。城楼正中上方为一颗大的金色五角星;大星下边,以半弧形状环拱四颗小的金色五角星。国徽四周,由金色麦穗组成正圆形的环;在麦穗杆的交叉点上,为一个圆形齿轮。在齿轮中心交结着红色绶带;绶带向左右绾住麦穗杆而下垂,把齿轮分成上下两部。

国徽中的齿轮和谷穗象征着工人阶级领导下的工农联盟;天安门表示中国人民从五四运动以来新民主主义革命斗争的胜利和以工人阶级为领导、以工农联盟为基础的人民民主专政的中华人民共和国的诞生。一大四小五颗五角星代表着中国共产党领导下的各族人民的大团结。

为维护国徽尊严和正确使用国徽,1991 年 3 月 2 日,第七届全国人大常委会第十八次会议通过了《中华人民共和国国徽法》。

(二)我国国徽的使用办法

我国国徽法对国徽的使用办法作出了明确的规定,主要包括如下内容。

1.应当悬挂或使用国徽的情形
县级以上各级人民代表大会常务委员会;县级以上各级人民政府;中央军事委员会;

各级人民法院和专门人民法院；各级人民检察院和专门人民检察院；外交部；国家驻外使馆、领馆和其他外交代表机构。乡、民族乡、镇的人民政府可以悬挂国徽，具体办法由省、自治区、直辖市的人民政府根据实际情况规定。

北京天安门城楼，人民大会堂；县级以上各级人民代表大会及其常务委员会会议厅；各级人民法院和专门人民法院的审判庭；出境入境口岸的适当场所。

上述悬挂国徽的地方，国徽应当悬挂在机关正门上方正中处。

全国人民代表大会常务委员会，国务院，中央军事委员会，最高人民法院，最高人民检察院；全国人民代表大会各专门委员会和全国人民代表大会常务委员会办公厅、工作委员会，国务院各部、委、各直属机构、国务院办公厅以及国务院规定应当使用刻有国徽图案印章的办事机构，中央军事委员会办公厅以及中央军事委员会规定应当使用刻有国徽图案印章的其他机构；县级以上地方各级人民代表大会常务委员会、人民政府、人民法院、人民检察院，专门人民法院，专门人民检察院；国家驻外使馆、领馆和其他外交代表机构的印章应当刻有国徽图案。

全国人民代表大会常务委员会、中华人民共和国主席和国务院颁发的荣誉证书、任命书、外交文书；中华人民共和国主席、全国人民代表大会常务委员会委员长、国务院总理、中央军事委员会主席、最高人民法院院长和最高人民检察院检察长以职务名义对外使用的信封、信笺、请柬等；全国人民代表大会常务委员会公报、国务院公报、最高人民法院公报和最高人民检察院公报的封面；国家出版的法律、法规正式版本的封面等各种文书、出版物应当印有国徽的图案。

2. 不得使用国徽的情形

为了维护国徽的尊严，我国《国徽法》明确规定，国徽及其图案不得用于商标、广告；日常生活的陈设布置；私人庆吊活动；国务院办公厅规定不得使用国徽及其图案的其他场合；不得悬挂破损、污损或者不合规格的国徽。在公众场合故意以焚烧、毁损、涂画、玷污、践踏等方式侮辱中华人民共和国国徽的，依法追究刑事责任；情节较轻的，参照《治安管理处罚法》（本法实施后《治安管理处罚条例》已经于 2006 年 3 月 1 日废止）的规定处罚。

三、国歌

国歌是代表国家、表现民族精神的歌曲。1949 年 9 月 27 日，中国人民政治协商会议第一届全体会议通过了关于国歌的决议，决定在中华人民共和国国歌未正式制定前，以《义勇军进行曲》为国歌。《义勇军进行曲》是由田汉作词、聂耳作曲，诞生于 1935 年民族危机的关头。自它诞生以来，一直被称为中华民族解放的号角，在人民中广为流传，对激励我国人民的爱国主义精神起过巨大作用。为了唤起人民回想祖国缔造过程中的艰难忧患,鼓舞人民发扬爱国热情,遂决定采用《义勇军进行曲》为国歌。2004 年 3 月 14 日,第十届全国人民代表大会第二次会议通过了有关国歌的第 31 条修正案,该修正案规定"中华人民共和国国歌是《义勇军进行曲》"。这使得《义勇军进行曲》具有了宪法上的法律地位。

四、首都

首都亦称为国都、首府,是一个国家法定的中央机关和国家首脑所在地,也是各国大使馆或公使馆的驻地。通常也是一个国家政治、经济和文化的中心。早在 1949 年 9 月 27 日,全国政协一届全体会议就通过议案,决定"中华人民共和国首都定于北平,自即日起,改名北平为北京"。新中国成立后,制定的四部宪法都明确规定,我国的首都是北京。北京既是具有悠久历史的名城,又是具有灿烂文化的古都;还是具有光荣革命传统的城市。作为我国的首都,北京是全国政治、经济、文化的中心。

【相关法律规范指引】

1. 1949 年,中国人民政治协商会议《关于中华人民共和国国都、纪年、国歌、国旗的决议》第 1 条至第 4 条。

2.《宪法》及其修正案第四章国旗、国歌、国徽、首都第 136 条至第 138 条。

3.《国旗法》第 1 条至第 3 条、第 5、第 15、第 17 条至第 19 条。

4.《国徽法》第 2 条至第 6 条、第 10、第 13 条。

 练习题

一、填空题

1. 国旗是一个(　　)的象征与标志,体现着(　　)尊严。

2. 国徽是国家的象征和(　　)徽章。

3. 我国国歌是(　　)。

4. 我国首都是(　　)。

二、单项选择题

1. 我国国旗是(　　)。

　　A. 红旗　　　　　B. 五星红旗　　　　C. 五角星旗　　　　D. 五环旗

2. 美国国旗是(　　)。

　　A. 星条旗　　　　B. 米字旗　　　　　C. 太阳旗　　　　　D. 月亮旗

3. 我国国歌是（　　）。

    A. 义勇军进行曲　　B. 马赛曲　　　　C. 国际歌　　　　D. 体育进行曲

4. 我国首都是（　　）。

    A. 北平　　　　　　B. 北京　　　　　C. 南京　　　　　D. 西安

三、多项选择题

1. 下列国旗升挂的地方是（　　）。

    A. 北京天安门广场　　　　　　　　B. 新华门

    C. 公民住宅　　　　　　　　　　　D. 中央军事委员会

2. 下列不得使用国徽的情形是（　　）。

    A. 私人庆吊活动　　B. 日常生活布置　　C. 故意焚烧　　　　D. 国务院公报

四、案例思考题

1. 现年 35 岁的吕伟先是诸暨市陈宅镇沙塔村人。2002 年 6 月 7 日下午,吕伟先冲进该村老年活动室,把悬挂在室内的国旗等物撕破,随后把撕破的国旗拿到村民赵志山的家门口点燃、烧毁。赵志山妻子上前制止,吕伟先恼羞成怒,拿起铁耙冲进赵家,将赵志山殴打致轻微伤。6 月 8 日,吕伟先被警方刑事拘留。

试用本单元学习的知识分析吕伟先的行为违反了哪些法律规定? 应承担哪些责任?

【提示】 根据《国旗法》和《刑法》的有关规定进行分析。

2. 国际知名运动品牌阿迪达斯近日推出的至少两款奥运系列运动袋及 POLO 恤采用中国国旗"红底黄五星"作基本图案,在五星中最大的一颗内,赫然印着阿迪达斯三叶草的标志。有人怀疑此举可能涉嫌违反《国旗法》,阿迪达斯上述行为也遭到了网友及消费者的激烈炮轰。近日,阿迪达斯中国总部有关负责人已公开声明,声明称:"阿迪达斯一贯珍视中国政府和广大中国消费者对阿迪达斯的支持与关爱。而这两款设计的初衷,也正是阿迪达斯希望向 2008 年奥运会东道主——中华人民共和国致以敬意。"阿迪达斯已开始将这两款产品从香港全面撤柜,并决定实行全球召回。

试问阿迪达斯先后的行为是否合法? 说明理由。

【提示】 根据《国旗法》的有关规定进行分析。

3. 有媒体报道,"有人胡乱篡改国歌歌词,有人在卡拉 OK 厅等不合适的场合极其不庄重地唱国歌,既然国歌已经被赋予宪法地位,那么这些行为均应该受到刑罚"。安徽代表团人大代表、中国科学院固体物理研究所研究员朱震刚因此向大会提交《关于增加"侮辱国歌罪"的议案》。朱震刚称,宪法修正案已把国歌载入《宪法》,与国旗、国徽并列,但现行刑法有关条文只规定了"侮辱国旗、国徽罪",对侮辱国歌的行为并未规定刑罚。

他表示,奏国歌、升国旗是重大国事和外事活动的庄严程序,全体在场人员应全场起立、庄重严肃,而现在出现了许多侮辱国歌的行为,如在正式场合奏国歌时有人随意走动、有人在卡拉 OK 厅、歌舞厅等地方极不严肃地唱国歌,甚至有人用淫秽言词填唱国歌、用哀乐的曲调演唱国歌,等等。

他提议修改《刑法》第 299 条,增加第 2 款"侮辱国歌罪",具体规定为"在公众场合以反动、淫秽、歪曲的语言或文字填唱国歌曲调或者以反动、淫秽、哀乐的曲调演唱国歌歌词的行为"。

试问朱震刚的提案是否合适? 提交议案的行为是否合法? 说明理由。

【提示】 根据人大代表向大会提交议案的要求和《宪法》的有关规定进行分析。

参考书目及文献

1. 张文显主编:《法理学》,北京,高等教育出版社,2003。

2. 葛洪义主编:《法理学》,北京,中国人民大学出版社,2003。

3. 周旺生:《法理学》,北京,北京大学出版社,2006。

4. 舒国滢主编:《法理学》,北京,中国人民大学出版社,2005。

5. 徐显明主编:《法理学教程》,修订 1 版,北京,中国政法大学出版社,1999。

6. 孙笑侠主编:《法理学》,北京,清华大学出版社,2008。

7. 周永坤:《法理学——全球视野》,北京,法律出版社,2000。

8. 沈宗灵主编:《法理学》,北京,北京大学出版社,1999。

9. 徐永康主编:《法理学》,上海,上海人民出版社,2003。

10. 公丕祥主编:《法理学》,上海,复旦大学出版社,2002。

11. 卓泽渊主编:《法理学》,北京,法律出版社,2004。

12. 王勇飞、王启富主编:《中国法理纵论》,北京,中国政法大学出版社,1996。

13. 王勇飞、张贵成主编:《中国法理学研究综述与评价》,北京,中国政法大学出版社,1992。

14. 梁慧星主编:《民商法论丛》,第 4 卷,北京,法律出版社,1996。

15. [德]魏德士:《法理学》,丁小春、吴越译,北京,法律出版社,2003。

16. 曾庆敏主编:《法学大辞典》,上海,上海辞书出版社,1998。

17. 中共中央政法委员会组织编写:《社会主义法治理念教育读本》,北京,中国长安出版社,2006。

18. 中共中央政法委员会政法队伍建设指导室、中共中央政法委员会政法研究所编:《社会主义法治理念教育辅导》,北京,中国长安出版社,2006。

19. 中共中央政法委员会政法队伍建设指导室、中共中央政法委员会政法研究所编:《社会主义法治理念学习问答》,北京,中国长安出版社,2006。

20. "百名法学家百场报告会"组委会办公室编:《法治百家谈》(第一辑),北京,中国长安出版社,2007。

21. 许崇德主编:《宪法》(21 世纪法学系列教材),北京,中国人民大学出版社,1999。

22. 张千帆主编:《宪法学》,北京,法律出版社,2004。

23. 俞子清主编:《宪法学》,北京,中国政法大学出版社,2004。

24. 韩大元、李元起主编:《宪法》,第 3 版,北京,中国人民大学出版社,2005。

25. 廉希圣主编:《中国宪法教程(修订本)》,北京,中国政法大学出版社,1999。

26. 刘茂林主编:《宪法教程(修订本)》,北京,法律出版社,1999。

27. 吴家麟等编:《〈宪法学〉参考资料》北京,中央广播电视大学出版社,1991。

28. 焦洪昌:《"国家尊重和保障人权"的宪法分析》,百度——中国论文下载中心。

29. 鲁春雅、张丽娟编写,夏勇审校:《中国司法制度》,中国网制作,2008年9月4日。

30. 选举制度、文化制度的内容选自海安普法网、学习网,2008年9月5日。

31. 军事制度内容选自八一网,2008年8月1日。

32. 《中国人民政治协商会议共同纲领》(1949年9月29日中国人民政治协商会议第一届全体会议通过)。